사회복지
역사와 인물

사회복지 역사와 인물

광주 편

이용교

SOCIAL WELFARE HISTORY AND PIONEERS

인간과복지

이 땅의 사회복지 역사를 만들어 온 선각자들과

복지활동가들의 헌신에 감사드리며 이 책을 헌정합니다

'민초'들의 삶을 지켜 준 빛고을 지도자들 이야기

박종삼

(숭실대학교 명예교수, 전 한국월드비전 회장)

빛고을, 광주에 또 하나의 새로운 빛이 밝혀졌다. 예향, 의향, 미향으로 알려진 광주는 여러 특정한 역사관에 의해(자연사관, 민족사관, 민중사관, 문화사관 등) 광주의 역사를 기술한 것이었다. 조선의 개화기와 함께 선교사들에 의해 시작된 양림동의 근대역사의 전개와 그들에 의해 기록된 광주 역사는 '선교사관', '기독교사관'에 근거한 기록으로 한국의 민족사관이 결여되었다는 역사평론가들의 지적도 있었다. 그동안 다양한 역사관을 통한 역사 기록에서 소외되고 고통받던 '민초民草'들과 그들의 생명을 지켜주고 대변해 주려는 광주의 지도자들, 시민의 찬란한 민초복지운동은 땅속에 파묻혀 있었거나 다른 기록들에 가려져 있었다. 오늘날 "민주의 성도"가 이루어진 저변에는 "민초복지의 성도"라는 큰 산山이 우뚝 서 있었다. 작은 산들에 가려 광주시민이 보지 못했던 자랑스러운 광주의 큰 "민초인도주의 산"을 볼 수 있는 시야를 본 저자가 넓혀주었다. 작은 빛고을이 '큰 인도주의 실천의 이야기'를 담아냈듯이, 저자의 작은 책이 광주의 큰 이야기를 담아 시민의 민초복지 사상을 개방시켜 주려고 한다.

이 책은 다른 책에서 볼 수 없는 특별한 이념적, 학술적, 교훈적 특성을 내포하고 있다. 지금까지 광주와 호남 역사 연구의 다양한 접근에서, 처음으로 '사회복지 역사관'으로 접근했다는 점이다. 광주 민초들의 고생과 이를 도우려는 시민과 지도자들, 선교사들의 의료·교육활동, 민초 자신들의 피눈물 나는 자구책 등의 사료를 집대성하여 큰 그림을 그리고, 미래 사회복지 역사 연구의 터전을 구축했다는 공헌이다. 또한 지금까지의 관계된 사회복지 역사 연구의 사료들이 공적·학술적 검증을 인정받지 못한 '야사野史'를 철저한 역사 연구의 방법으로 '정사正史'의 위치에 '자리매김'을 시켰다고 생각한다. '사회복지사관'은 아직 역사 연구에서 본격적인 역사 연구 방법으로 대두되지 못하고 있다. 본 추천자의 견해로는 이용교 교수가 분명한 '사회복지 역사관'으로 사료의 수집, 역사 연구방법의 채택, 연구 결과에 이르고 있다는 분명한 학문적 인상을 받았다. 저자는 첫째, 연구의 대상을 빈곤, 질병, 차별 등으로 고통받고 있는 소외된 '민초'들을 역사연구 무대의 주인공으로 내세우고 있다(한센병 환자, 결핵 환자 등). 둘째, 이들을 도와야 하고, 도울 수 있는 공공당국과 시민사회의 능력, 준비성을 철저히 분석하고 있다.

셋째, 광주 지역사회에서 공공영역(일제 식민통치정부), 외국인 선교사들(제중병원, 학교 등), 지역의 지도자들(인물)에 의해 어떤 '민초복지'의 실제적 활동(구호, 치료, 제도화, 사회개발, 사회운동 등)이 어떻게 펼쳐졌는지에 대한 역사 연구 기술이 본 저서에서 일관되게 흐르고 있어서 사회복지 역사관의 개념을 잘 설명해 주고 있다고 본다.

본 추천자는 이북에서 피난하여, 광주를 '제2의 고향'으로 지난 60여년간 광주시민과 함께 민초를 돕는 복지활동에 함께 해 왔다. 광주기독병원, 여수애양원, 광주보이스타운 등 여러 가지로 광주 사회복지 역사의 무대에서 봉사해 왔다. 이번 이용교 교수의 도서를 통해 나의 활동이 광주 사회복지 역사의 흐름에서 어떤 위치를 차지했는지 분명하게 깨달았다. 이 책은 광주시민의 이야기, 우리의 이야기, 내 이야기를 기술하고 대변해 주고 있다. 본 추천자는 이 책을 읽고, 저자가 독자들에게 전하고자 하는 역사 연구의 최후의 '메시지'를 듣게 되었다. "최악의 복지 조건에서 최선의 민초복지를 우리가 해냈다. 과거는 우리가 책임졌으니, 최선의 민초복지 조건에서 최악의 복지를 만들고 있는 오늘의 사람들이 지금도 고통 속에 신음하는 민초의 복지를 위한 책무성을 미래를 향해 수행해야 할 것이다."

나는 광주, 전국 국민, 특히 사회복지 전문가들, 시민사회 지도자들, 각종 종교의 성직자들, 미래 민초복지의 주역이 될 학생들의 필독서로 이 책을 강력히 추천하고자 한다. 민초를 위한 저자의 외침을 우리 양심의 대변으로 듣게 되길 바란다. 모든 독자가 이 책으로 인해 자기 고향의

'큰 산'을 바라볼 수 있으며, 민초복지의 일역을 감당하게 되기를 바라며 추천사에 갈음한다.

필자가 1997년부터 광주대학교 사회복지학과(부)에서 사회복지학을 가르치면서 늘 관심을 가졌던 주제가 '사회복지 역사와 인물'이었습니다. 광주 사회복지의 역사를 만들어 온 선각자들은 어떤 뜻으로 사회복지를 시작하였고, 어떻게 실천하였는지를 알고 싶었습니다.

대학교에서 가르치는 '사회복지의 역사' 책은 서구 사회복지 역사를 다룬 후에 우리나라의 사회복지 역사를 다루는데, 광주의 사회복지를 거의 다루지 않았기 때문입니다. 1601년에 영국에서 구빈법이 제정되었고, 1884년에 런던에 토인비홀이 설립되었으며, 1935년에 미국 사회보장법이 제정되었다는 것은 가르쳐도 한국의 근현대 복지역사를 체계적으로 가르치지 않습니다. 한국 사회복지 역사를 가르치면서 법과 제도의 변화와 주요 사회복지시설에 대해 언급은 하지만 지역의 복지역사를 깊이 있게 가르치지 않습니다. 대학교에서 지역의 사회복지 역사와 인물을 제대로 가르치지 않기에 학생들은 복지의 뿌리를 모르고 복지현장으로 나가는 경우가 많습니다. 예컨대, 광주의 양림동과 주변을 "복지성지"라고 부를만한데도, 이를 깊이 있게 다룬 책이 별로 없습니다. 아는 사람이 없기에 가르치지 않고, 가르치지 않기에 제대로 계승 발전시키지 못하는 악순환이 반복됩니다.

이러한 악순환을 끊기 위해 필자는 2013년에 광주대학교 사회복지전문대학원 학생들과 함께 연구하여 『한국 사회복지를 개척한 인물』을 집필하였습니다. 미국 남장로교 선교사들은 1904년에 양림동산에 선교부를 세웠고, 1905년에 제중원을 개원하며, 이어서 숭일학교와 광주여학교(수피아여학교)를 개교하였습니다. 특히 1909년 4월에 광주에서 오웬 선교사가 폐렴으로 생명이 위독할 때 목포에서 포사이드 선교사가 오는 길에 나병환자 한 명을 말에 태워 온 것이 계기가 되어 1911년에 광주나병원이 생겼습니다. 이로 인해 광주 시내 인구가 1만 명일 때 전국에서 몰려온 나환자 600여 명이 거주하였기에 이에 대한 대책으로 총독부는 1916년에 소록도에 자혜의원을 세웠습니다. 광주 나환자들은 1920년대 후반에 여천군 율촌면으로 정착촌을 만들어 이주하였고 오늘날 여수애양원과 도성마을로 발전하였습니다.

제중원 윌슨 원장은 나병환자를 치료하고 간호하기 위해 선교본부에 간호사를 요청하였고, 1912년에 광주에 온 서서평 선교사는 최흥종 목사(당시 조사)와 함께 나환자의 치료, 복지, 선교 등을 체계적으로 수행하였습니다. 서서평은 13명의 딸과 1명의 아들을 양자로 키우고, 광주이일학교를 설립하여 수많은 전도부인을 양성하였습니다. 서서평 선교사의 지도를 받은 김화남, 홍승애, 오복희, 이정희 전도사 등이 사회사업에 적극 참여하였고, 어비슨의 농업실습학교에서 공부한 강순명 목사, 이현필 선생, 이준묵 목사 등도 젊은 시절에 독신전도단으로 선교와 농촌활동에 헌신하였습니다.

청년 시절에 제중원에서 조사로 일한 최흥종 선생은 윌슨·서서평과 함께 나환자를 보호하고, 3·1운동으로 옥고를 치른 후 1920년에 광주YMCA 창립을 지원하고, 1921년에 평양신학교를 졸업한 후 북문밖교회에서 목사로 재직하면서 광주노동공제회를 조직하고, 야학을 통해 민중의 삶을 개선하였습니다. 최흥종, 이현필, 정인세 등은 광주YMCA를 중심으로 일제강점기와 해방 후 다양한 사회활동을 주도하고, 여순사건과 한국전쟁의 고아를 위해 '동광원'을 설립 운영하였습니다. 한편, 수피아여학교에서 교편을 잡은 김필례 선생은 YWCA와 광주YWCA를 조직하였고, 제자인 조아라 등은 광주YWCA를 통해 선교와 아동·여성복지 그리고 시민운동을 체계적으로 펼쳤습니다.

이처럼 광주의 사회복지는 미국 남장로교 선교부가 중심이 되어 교회, 병원, 학교 등을 세워 인재를 양성하고, 광주 YMCA와 YWCA와 협력하여 선교와 복지활동을 하면서, 중앙(서울)YMCA 현동완 총무 도움으로 외부 자원을 이끌어 냈습니다. 그 상징적인 일이 제중병원에서 퇴원한 결핵환자를 보호하기 위해 송등원을 설립하고 점차 무등원으로 발전시킨 것입니다. 오갈 데 없는 나환자와 결핵환자 등을 돕는 것이 광주지역 복지공동체운동의 뿌리입니다. 일제강점기에 나환자를 보호하는 운동이 해방 후 결핵환자를 돕는 운동으로 바뀌었습니다. 여순사건이나 6·25전쟁으로 생긴 고아를 보호하기 위해 동광원, 성빈여사, 용진육아원, 영신원 등이 만들어졌습니다. 무의무탁 노인을 돕기 위해 전남성노원, 천혜경로원, 이일성로원 등을 만든 것이 노인복지의 뿌리가 됩니다. 1960년대 아동복리법, 생활보호법, 윤락행위등방지법 등으로 이루어지던 사회복지가 점차 노인복지법, 심신장애자복지법(장애인복지법), 청소년육성법, 영유아보육법 등으로 다변화되었습니다. 시간이 지나면서 요보호 시민을 위한 선별적인 복지에서 모든 국민을 위한 보편적 복지의 시대가 열렸습니다.

이 책은 광주를 중심으로 일제강점기에 나환자를 돌보고, 해방 이후 고아, 무의무탁 노인, 결핵환자 등을 돌보면서 사회복지를 개척한 역사를 다루고, 주요 인물들의 활동을 정리한 글 모음집입니다. 각 글은 특정 계기에 작성되었기에, 다소 중복되지만 가급적 원문을 살렸습니다. 다만, 당사자들의 기억에 바탕을 두고 만들어진 문헌은 특정 사건(예, 구라행진, 송등원의 설립)의 시기와 주요 인물의 역할에서 다소 다른 내용을 담고 있습니다. 공식 문서 등이 없는 경우에는 누군가 처음 진술한 사람의 글이 유포되었기에 세월이 지나면 진실을 확인하기가 쉽지 않았습니다.

필자는 1896년 광주에 전라남도 관찰부가 설치된 이후 다양한 문헌을 교차 확인하고, 역사적 사실을 확인하여 각 사건에서 인물들의 역할을 공정하게 다루기 위해 노력하였습니다. 일제강점기와 해방 후 사회운동 혹은 사회복지 관련 거의 모든 사안에서 최흥종 목사는 선도적 역할을 하고, 구체적인 실행자는 광주YMCA와 동광원의 주요 인사들이며, 한센병자·고아·무의탁노인·결핵환자에게 밥을 해준 사람은 이일학교 출신 전도부인들과 동광원 사람들이 적지 않았습니다. 많은 기록물에는 서서평 선교사, 최흥종 목사, 강순명 목사, 이현필 선생, 정인세 총무, 김준호 선생 등의 활동이 기록되었지만, 함께 일한 동역자들과 제자들의 수고는 상대적으로 소홀히 다루어졌습니다. 이 책은 사회복지 역사와 인물의 큰 흐름을 살피면서도 확인된 주요 활동가들의 이름도 기록하였습니다. 이는 후속 연구를 위해서도 꼭 필요하다고 봅니다.

이 한 권의 책으로 130여 년의 사회복지 역사를 모두 다루기에는 한계가 있습니다. 1980년 이후 사회복지 역사는 매우 제한적으로 다루었기에 후속 연구가 꼭 필요합니다. 이 책에 담긴 글은 필자가 한국사회복지역사학회의 『사회복지역사연구』를 비롯한 학술지와 학술행사 자료집에 실린 논문입니다. 발표할 기회를 준 기관과 단체에 감사드리고, 글을 쓸 때마다 검토하여 주신 전문가들께 감사드립니다.

끝으로 추천사를 써주신 학계 원로이신 박종삼 교수님, 송정부 교수님, 역대 학회장으로 애써주신 김범수 교수님, 최원규 교수님, 임원선 교수님께 감사드립니다. 지역연구에 지혜를 주신 나간채 교수님, 한신애 센터장님, 김용목 대표님, 일본에서 추천사를 보내주신 박광준 교수님, 추천사와 함께 출판까지 맡아주신 이명묵 대표님께 감사드립니다. 이 책의 발간을 계기로 더 많은 연구가 체계화되고, 다른 지역에서도 유사한 연구가 활발하게 전개되길 기원합니다.

2024년 7월 1일
무등산을 바라보며
이용교 씀

차 례

1

광주 사회복지의 역사

사회복지의 역사를 정리하고 특징을 탐색하는 것은 매우 어려운 일이다. 우리가 배우는 사회복지학은 영국, 미국, 일본 등 외국의 경험을 소개한 것이 많고, 비록 우리나라 사회복지학을 소개한 글도 대부분 전국을 다룬 것이다. 이 때문에 우리가 사는 지역에 대한 지식이 별로 없이 교과서에서 배운 지식으로 판단하는 경우가 많다.

필자는 우리나라 '사회복지역사'를 학습하고 가르칠 필요성을 절감하고 『이야기 사회복지』(1993), 『시설과 인물 1』(1999), 『한국 사회복지를 개척한 인물』(2013) 등을 기획하였다. 그중 『시설과 인물 1』은 주로 광주와 전남에서 사회복지시설을 설립한 원로를 인터뷰한 것이고, 『한국 사회복지를 개척한 인물』은 우리나라 사회복지의 원형을 만든 개척자 15명을 다룬 책이었다. 이들은 광주·전남을 중심으로 활동하면서 전국적으로 큰 영향을 미쳤다.

사회복지의 역사를 정리하고 미래를 설계하는 일은 공력이 필요하다. 관련 선행연구는 많지 않고, 자료도 흩어져 있기에 구슬을 꿰듯이 맞추어야 한다. 이 글은 시론이기에 사회복지를 공공부조, 사회보험, 사회서비스, 복지행정을 포괄하는 의미로 다룬다. 사회복지 관련 낱말은 주로 해방 이후에 사용되었기에 그 이전은 구빈사업(제도), 방빈사업(제도), 환과고독鰥寡孤獨(홀아비, 홀어미, 고아, 늙어 자식 없는 사람) 등을 다룬다.

시대구분은 조선시대 이전, 일제강점기, 해방 후 20세기, 21세기로 정리한다. 시간의 양은 조선시대 이전이 가장 길지만, 광주 사회복지는 1896년 광주가 전라남도 관찰부 소재지로 지정되면서 성장하였고, 조선시대 말과 일제강점기에 근대적 의미의 사회복지가 도입되었다. 해방 후 사회복지는 1997년 외환위기를 계기로 제정된 국민기초생활보장법(2000년 10월 시행)에 의해 그 성격이 달라지기에 20세기와 21세기로 구분하였다.

조선시대 이전의 사회복지

1) 사회적 배경

우리나라는 조선시대까지 농촌·농업·농민이 중심인 사회로 사람들은 '농자천하지대본'農者天下之大本이라 인식했다. 농사는 바람·빛·물·땅風·光·水·土의 조화로 이루어지기에 어느 하나만 부족해도 흉년이 들어 백성은 가난을 벗어나기 어려웠다. 낮은 생산성으로 백성은 보릿고개(춘궁기)를 걱정하지 않을 수 없었고, 수재, 가뭄 등 자연 재난이나 전쟁 등 사회적 재난이 생기면 민생은 매우 어려웠다.

고조선, 고구려·백제·신라 등 삼국시대, 고려, 조선 등을 거치면서 백성에 대한 국가(왕조)의 지배력은 강화되었지만, 조선시대까지는 지역 중심지인 목·군·현牧·郡·縣까지만 중앙관리가 파견되었고, 그 미만은 중앙관리의 영향력 하에서 유지들이 자치하는 형태이었다. 광주광역시 홈페이지로 보면, 조선시대 이전 광주의 역사는 다음과 같다.

> 광주지방에 국가 단위 사회가 발생한 시기는 마한시대로 추측된다. 위지동이전 한조魏誌東夷傳 韓條에 의하면 마한지역 중 구사오단국臼斯烏旦國과 불미지국不彌支國을 들 수 있는데 구사오단국은 장성군 진원면 일대로, 불미지국은 나주 일대로 보고 있다. 마한시대 각국의 인구수는 약 5천~1만여 명으로 추정된다. 이 무렵의 광주지역은 무진주武珍州이며 직할 3현인 미동부리현未冬夫里縣(남평), 복룡현(나주일대), 굴지현(창평)을 통치하였다. 당시 백제의 해상세력을 형성한 중요한 거점이 된 무진武珍(광주), 발라發羅(나주), 월나月奈(영암)는 지정학상으로 볼 때 일본이나 중국과의 교류를 쉽게 할 수 있는 중요 교통로라는 점에서 무진은 문물교역의 요지였을 것이다.
>
> 광주가 무주武州라고 기록된 것은 "신라가 그 땅을 모두 합병하여 웅주, 전주, 무주 및 여러 군현을 설치하고 고구려의 남쪽 경계 및 신라의 옛땅을 합하여 9주(상주, 양주, 강주, 한주, 삭주, 웅주, 연주, 전주, 무주)를 만들었다"고 삼국사기 무진주조에 기록이 보이며, 신라 신문

왕 6년에 그 이름이 나타난다. 무주는 근처 3현인 현웅현(남평), 용산현(나주 일부), 기양현(창평)을 직할한 전남 지역의 행정 중심지였다.

조선시대 전라도에는 좌도·우도가 있었는데 광주는 좌도에 속했다. 세종 12년 읍인邑人 노흥준이 목사 신보안을 구타하였다는 죄과로 목牧을 강등하여 무진군이라 개칭하였다가 문종 원년에 복칭되었다가 성종 20년 광산현으로 강등되고 연산군 7년에 복구되었으며, 인조 숙종대에도 현으로 강등되었다가 복구되는 사례가 있었다.

2) 구빈대책

조선시대 이전까지 백성은 여유로운 삶을 살기 어려웠다. 노동능력이 없고 보호자가 없거나 약한 고아, 독거노인, 과부, 홀아비 등은 형편이 더욱 어려웠다. 이들은 네 가지 어려운 집단인 '사궁'四窮으로 불렸고, 왕과 관리들은 독거노인과 고아에 대한 선정을 강조했다.

삼국사기, 고려사, 조선왕조실록 등과 각 지역의 읍지 등을 보면, 흉년에 지역의 유지(지주)나 사찰에서 음식을 제공하는 '시식'을 했다는 기록이 많다. 유랑민들이 많이 모이는 길목에 솥을 걸고 하루에 한 차례씩 죽을 주었다. 춘궁기에 유랑민에 대한 시식을 해야, 이들이 다른 지역으로 가지 않고 농사철이 되면 일할 수 있기에 유민을 정착시키는 것은 관리의 중요한 역할이었다. 조선시대에 광주에서의 시식은 광주에서 화순 방면으로 오가는 길목에 있는 분수원(현 지원동, 원지교 근처) 주변[1]에서 실시되었다.

---

1 광주 최초의 고아원인 무등육아원이 분수원 근처에서 설립되었고(1928년), 근거리에 전남성노원, 천혜경로원, 이일성로원이 위치한 것은 우연이 아닐 것이다. 분수원은 정암 조광조 선생이 능주로 유배갈 때 눌재 박상과 슬픔을 나눈 곳이기도 했다. https://blog.naver.com/nox9109/221877144370

3) 방빈대책

우리나라는 사철이 뚜렷하고 쌀과 보리쌀이 주곡이었기에 가을에 수확한 쌀을 보리쌀이 나오는 6월까지 먹어야 했다. 6월에 보리를 수확하면 쌀이 나오는 10월까지 약 5개월간 먹을 수 있었지만, 10월에 수확한 쌀로 8개월간 먹는 것은 어려웠다. 쌀은 떨어지고 보리쌀이 나오는 여름까지 굶주리고 기다리는 것은 고통스러운 시기였기에 '보릿고개'라 불렸다.

따라서 고구려는 진대법을 시행하고, 고려는 흑창, 의창, 상평창을 운영하였으며, 조선은 사창 등을 통해 춘궁기에 곡식을 빌려주고 추수기에 원곡과 이자를 받았다. 조선시대 광주에는 동창東倉, 서창西倉, 군향창軍餉倉, 읍창邑倉 등 4개의 중요한 창고가 있었다. 그중 읍창邑倉은 현 와이즈파크 자리(옛 가든백화점 터)에 있었다. 읍창은 '억만고億萬庫'[2] 라고도 불렸는데, 당시 광주 주민의 7할 가량이 춘궁기에 곡식을 빌리고 추수기에 곡식을 반납하였다. 읍창의 곡식은 주로 환곡을 위해 쓰였지만, 자연재해가 반복되면 궁민에게 무상으로 주는데 쓰이고, 전쟁이 나면 군량미로도 쓰였다.

4) 환과고독 구호

조선시대까지는 사회사업이란 말이 없었고, 환과고독과 같은 사궁四窮에 대한 구휼이 있었다. 그중 대표적인 복지정책은 조선 정조의 자휼전

2 억만고에 대한 조광철 학예연구사의 글. 조광철은 이 글에서 읍창과 사창을 구분하여 쓰고 있는데, 조선시대에 광주를 그린 지도에는 "사창"社倉만 표기되어 있다. 읍창과 사창은 분명하게 달랐지만, 읍창과 사창이 사라진 후에 주민들이 해당 지역을 '사창마당'으로 부르면서 읍창과 사창이 혼용될 수도 있을 것이다. http://www.gjdream.com

칙字恤典則이었다. 자휼전칙은 유기아와 행걸아를 지방관이 책임지고 돌보도록 하는 것이었는데, 4세 미만의 유기아는 민간에 수양하거나 지방관이 젖어미를 지정하여 돌보고, 4세에서 10세 이하의 행걸아는 민간에 수양하거나 지방관이 토막을 지어 겨울에서 봄까지 돌보고 보리 수확기부터 벼 수확기까지 밖에서 살도록 하였다. 만 4세만 되어도 "제 밥벌이"는 할 수 있다고 간주한 것이다. 1961년에 태어난 필자도 만 5세부터 소를 키웠던 것을 보면 당시에는 어린 아동이 밥벌이를 하였다. 유기아와 행걸아를 위한 자휼전칙은 전국에서 시행되었는데 광주에서는 관련 기록을 찾기 어렵다.

광주에 근대적 사회사업이 도입된 것은 1904년에 광주군 효천면 양림리에 '미국 남장로교 광주선교부'가 생기면서이다. 그해 12월 25일에 양림동산에 유진 벨 선교사 임시 사택을 짓고 입주 예배를 드렸다. 선교사들은 1905년에 제중원(현 광주기독병원)을 세우고, 1908년에 숭일학교, 광주여학교를 개교하였다. 또한, 1909년에 오웬 선교사를 치료하기 위해 목포에서 오던 포사이드가 나환자를 말에 태워 온 것이 계기가 되어 기와막(가마터)에서 나환자를 치료하였고, 1911년에 광주나병원을 설립하였다. 광주에서 조선시대 말과 일제강점기 초기에 한 사회사업은 주로 나환자를 치료하고 환자가 재활하도록 지원한 것이었다.

이 시기에 노인을 위한 경로잔치가 있었지만 일 년에 한두 차례였고, 과부와 홀아비에 대한 지원도 간헐적으로 이루어졌다. 심청전에 왕비가 된 심청이 소경인 아버지를 찾기 위해 '경로잔치'를 연 것으로 보아 이는 풍습이었고, 어린 자녀를 키우는 과부나 홀아비에 대한 공동체의 지원은 관행이었다.

5) 복지행정

조선시대에는 이조, 호조, 예조, 병조, 형조, 공조가 있었고 조별로 정원이 정해졌다. 이조는 인사업무, 호조는 세금업무, 예조는 과거시험, 외교 등을 맡았고, 병조는 국방업무, 형조는 법을 집행하고 죄수를 관리하며, 공조는 토목, 건축공사 등을 담당했다(조성린, 2016: 100). 복지행정은 주로 호조의 역할로 세금으로 거둔 곡식을 환곡미로 활용하고, 가뭄, 홍수 등이 나면 백성의 세금을 감면해주었다.

조상들은 삼국시대 이전부터 흉년이 들면 국가 차원에서 빈민을 구제하려고 애를 썼다. 고구려 대조왕 56년(108년)에 봄 춘궁기에 정부 보유 양곡을 빌려주고 가을에 받아들이는 제도를 실시하였다. 삼국사기, 고려사, 조선왕조실록을 보면 빈민을 구제하고 노인을 봉양하고 아동, 장애인을 보호하려고 애쓴 정황을 많이 발견할 수 있다(조성린, 2016: 107).

삼국시대 이래 왕이 노인을 찾아 위로하고 먹을 것을 주고 잔치를 베풀기도 하였는데 나이에 따라 앉는 자리도 다르고, 음식 가지 수도 차이가 있었다. 고려시대에는 관리들이 직접 노인을 방문하여 물품을 주었는데, 나이에 따라 방문하는 관리품계도 달랐고 주는 물품도 달랐다. 고려시대에 들어와서는 9월 9일 중양절에 노인들에게 잔치 베푸는 것을 의무로 생각하고, 조선시대에도 그대로 따랐다. 중요한 것은 양반, 상인常人(평민)을 구분하지 않았다(조성린, 2016: 107~108).

일제강점기의 사회복지

1) 사회적 배경

광주는 1896년에 전라남도 관찰부 소재지로 지정되면서 점차 도시로 발전되었다. 관찰부(이후 도청) 소재지가 되면서 일본인들이 광주로 밀려들기 시작하였고, 이들은 충장로 일대에서 장사를 하고 불로동, 장동과 동명동 일대에서 많이 살았다.

> 조선을 강제로 병합한 일본은 경성(서울)에 조선총독부를 설치하고, 조선을 체계적으로 통치하기 위해 1910년 9월 30일에 면面제를 시행하였다. 조선총독부의 새로운 지방제도에 따라 광주에 면(읍)장을 두었는데, 그 당시의 광주는 성벽 안을 성내면이라 했고 성외에 기례방·공수방·부동방의 3방이 있었기 때문에 1면 3방을 합병하여 광주면이라 호칭하였다. 1931년 4월 1일 지방제도 개정에 따라 광주읍으로 승격시켰다가 1935년에는 다시 부정府政을 실시 광주부로 고쳤다. 이때 행정구역은 41개 정으로 확장되었다.

일제강점기에 조선은 일본을 위한 수탈의 장소이고 상품의 소비처이었다. 일본은 부족한 식량을 조선에서 확보하기 위해 토지조사를 한 후에 과거 왕실이나 공적인 땅을 동양척식회사 등에 판매하고 일본인들은 대토지를 확보하였다. 지주제를 옹호하여 지주가 마름과 소작인을 통제하도록 하여 식민지 통치를 원활하게 하였다.

3·1운동을 계기로 문화정치를 하였지만, 1920년대에는 사회주의

사상이 영향력을 키웠고, 1929년에 광주에서는 식민지 통치에 저항하는 '학생운동'이 일어나서 전국적으로 영향을 주었다. 일제는 시간이 갈수록 식민지 통치를 강화하고, 만주사변(1931)과 중일전쟁(1937)을 치르면서 황국식민정책을 강화하였다. 조선인에게 신사참배와 창씨개명을 강제하였다.

광주는 도청 소재지로서 역할을 수행하고, 인구가 밀집하면서 광주읍은 광주천을 직강화하고, 경양방죽의 일부를 매립하여 택지를 개발하였다. 빈곤대책은 도청 사회과를 통해 이루어지고, 민간의 복지활동은 광주선교부와 교회, 광주YMCA, 광주YWCA, 계유구락부 등 다양한 단체와 독지가들을 통해 이루어졌다.

2) 빈곤대책

일제강점기에 대표적인 공공부조제도는 1944년에 제정된 '조선구호령'이다. 이는 노동능력이 없는 빈민과 각종 재해를 당한 사람을 위한 구호사업을 시행하는 근거이었는데, 일본에서 시행하던 '구호법'을 기초로 하여 모자보호와 의료보호를 가미한 것이다. 내선일체內鮮一體를 주장한 일본이 본국에서는 1929년에 제정되고 1932년부터 시행했던 법률을 조선에서는 15년 후 태평양전쟁을 치르기 위해 조선인까지 강제로 징병과 징용을 해야 하기에 도입했다.

조선구호령에서 정한 복지대상은 65세 이상의 노쇠자, 13세 이하의 유아, 임산부, 불구·폐질·상이 기타 정신 또는 신체장애로 인해 노동을 하기에 지장이 있는 자 등이었다. 급여 내용은 생활부조, 의료부조, 조산부조, 생업부조, 장제부조 등이었다. 신청주의를 원칙으로 하고 복지대상자의 자산조사를 거쳐 부조했다. 거택보호를 원칙으로 하고 예외적으로 구호시설 수용, 위탁 수용 등을 할 수 있도록 했다. 재정은 국가가 1/2 또는 7/12를 보조하고, 나머지는 해당 읍·면 등에서 부담했다.

조선구호령은 본격적으로 시행되기 전인 1945년에 해방을 맞이하면서 종료되었다. 다만, 보호대상과 보호내용은 미군정기의 복지정책에 거의 그대로 수용되었다. 1961년에 생활보호법, 아동복리법이 제정되기까지 대한민국 공공부조의 근간이 되었다는 점에서 의미가 있다.

조선구호령이 제정되기 전에는 '방면위원제도' 등을 통해 빈곤문제를 해결하고자 하였다. 일본에서 방면위원제도는 쌀 소동이 났던 해인 1918년에 오사카에서 처음 설치되었다. 도지사(또는 현지사)는 도민의 생활 실태를 파악하기 위하여, 보통학교 구를 분류기준으로 하는 '방면'을 복수의 '위원'에게 촉탁한다. 촉탁받은 방면위원은 '사회조사'를 하여 이웃돕기 차원의 '개별사회사업'을 실천하였다. 이 제도는 오사카부에서 전국으로 확산되었고, 1923년 관동대지진 때와 같이 날로 심각해지는 국민들의 궁핍을 해결하기 위해 장려되었다. 1932년에 구호법이 시행되면서 방면위원은 구호사무에 대하여 시정촌장의 보조기관으로 되어 그 활동도 신장되었다. 1936년에는 방면위원령이 제정되었고, 오늘날 민생위원제도의 원형이 되었다. 방면위원령은 지도정신, 설치주체, 임기(4년), 공평한 선임, 명예직 등을 담고 있는데, 당시 방면위원 수는 전국에 약 47,000명이었다.

일제강점기 광주에서 방면위원의 구체적인 활동에 대한 기록을 찾기는 어렵지만, 1910년대 광주인구의 10% 가량이 일본인이었고 식민지에서도 일본 제도가 적용되었기에 방면위원도 점차 정착되었을 것이다. https://url.kr/lgczd9

3) 방빈대책

일본은 1929년에 구호법을 제정하여 공공부조를 제도화시키고(1874년에 휼구규칙 제정), 1937년 모자보호법, 1941년 의료보험법 등을 제정하여 사회서비스와 사회보험에 대한 제도도 정립하기 시작했다. 의료보험법은 일본 내에서만 적용되었고 조선에서는 적용되지 않았다. 일제강점기에 조선에는 사회보험은 없었다.

다만, 1920년 4월 11일 서울에서 조직된 최초의 대중적인 노동단체인 조선노동공제회朝鮮勞動共濟會가 조선 노동사회의 지식 계발, 저축의 장려, 품성의 향상, 위생 향상, 환난 구제 및 직업 소개, 일반 노동상황 조사 등 6개 항을 강령으로 채택했다. 이 공제회는 서울·부산 등에서 노동강습소·노동야학 개설, 노동강연회 개최, 기관지 발간, 소비조합상점 개설 등을 수행하였다.

신문배달부·인력거부·지게꾼·물지게꾼 등 자유노동자와 정미공·인쇄공·연초공장 직공 등 공장노동자 등 다양한 직종의 노동자와 소작농민까지 개인 자격으로 공제회에 가입하여 창립 당시 678명이던 회원이 1921년 3월에는 전국적으로 17,259명으로 증가했다. 1920년 5월 27일 대구대회를 기점으로 전국적인 조직을 갖추었으나 결성 초기부터 노사협조단체라느니 개량주의적이라는 등의 비판을 받았다. https://url.kr/D9ZUky

광주에서는 1921년에 최흥종 목사가 조선노동공제회 광주지회를 창립하여 회장이 되면서 활동을 전개했다. 그는 1921년 1월 평양신학교를 졸업하고 바로 북문안교회(현 광주제일교회)에서 분립된 북문밖교회(현 광주중앙교회)의 담임목사로 활동했다. 최흥종의 지도로 광주노동공제회는 성인들을 위한 야학을 활발하게 수행했다.

1922년에 북문밖교회 유치원에서 보모로 일하며 밤에는 야학 교사를 한 박화성(소설가)은 70여 명의 부인과 자녀를 가르쳤다고 회고했다. 1920년대 야학은 문맹퇴치를 위해 기초교육을 실시하고 사회활동의 근거지가 되었다. 광주에서 최초 야학은 송정리노동수양회이었고, 광주청년회, 조선노동공제회(광주지회), 광주기독교청년회 등이 뒤를 이었다. https://url.kr/89YAub

4) 사회사업

일제강점기 광주의 사회사업은 1909년 4월 급성폐렴에 걸린 오웬 선교사를 치료하기 위해 목포에서 오던 포사이드 선교사가 영산포에서 내려 남평을 거쳐 광주로 오는 길에 나환자를 말에 태우고 온 것이 계기가 되어 '나환자 치료와 재활'을 중심으로 구축되었다. 이 나환자는 십여 일 후에 사망하였지만, "광주에 가면 나환자도 치료받을 수 있다"는 소문이 퍼져 광주로 몰려온 나환자가 600여 명에 이르렀다. 당시 광주 시내에 사는 주민이 1만 명 가량일 때, 이들은 봉선리 일대에서 살았다.

선교사들은 최흥종 선생이 기부한 봉선리 땅에 영국의 지원을 받아서 1911년에 '광주나병원'을 짓고, 나환자의 치료, 교육, 직업훈련,

종교활동 등을 지원하였다. 늘어나는 나환자의 치료와 음성환자의 재활을 위해 나환자를 1926년부터 여수애양원으로 이주시키고, 최흥종 목사와 서서평 선교사는 나환자에 대한 대책을 총독에게 요구하기 위해 1933년에 '구라행진'을 실시했다. 광주에서 경성(서울)까지 11일간 걸어간 구라행진은 사회복지 역사에서 가장 빛나는 사건이다. 이를 계기로 1916년에 세워진 소록도 자혜의원 주변에 '소록도갱생원'이 1939년에 크게 확장되었다.

한편, 오웬 선교사가 할아버지의 기념관을 짓기 위해 준비했던 기금과 오웬 선교사를 함께 기념하기 위해 가족과 친지들이 모은 돈으로 1914년에 '오웬기념각'을 건립하였다. 이는 광주에 현존하는 가장 오래된 서양식 건물이고, 100여 년간 문화공연장, 교회, 공회당, 학교 등으로 널리 활용되었다.

일제강점기 사회사업은 야학을 통한 문맹퇴치, 교회에서 유치원 운영, 확장 주일학교를 통한 선교와 문화활동, 이일학교에서 여성교육과 전도부인 양성, 농업실습학교를 통한 농촌개발 등이 이루어졌다. 이 활동의 중심에는 1912년에 제중원 간호사로 온 서서평 선교사가 있었다. 그녀는 만학도 여성을 위해 이일학교를 설립하여 보통과와 성경과를 운영하였다. 이곳에서 키운 인재를 통해 확장 주일학교를 운영하였고, 전도부인을 통해 선교사업과 사회사업을 체계적으로 지원하였다. 그녀는 13명의 딸과 1명의 아들을 입양하였고, 38명의 여성(가족)을 지원하였으며, 주변 선교사들에게 입양을 권유하였다. 그녀와 우월순(1949년에 우월순은 사택에서 45명의 고아로 비인가 고아원을 운영했는데, 당시 박순이 여사의 어머니 박애신 여사는 이곳에서 재봉질로 아이들의 옷을 만들며 함께 지냈다)의 영향을 받은 박순이 여사는 1952년에 충현영아원을 설립하였다. 이일학교 출신 (독신)전도부인들은 함께 살았고, 이곳은 이일성로원이 되었고(1959년), 서서평의 제자인 김화남은 전남성노원을 설립하고(1938년), 홍승애는 아들 은희남이 은성원을 설립하도록 지원하였다. 서서평의 제자들은 광주에서 노인복지, 아동복지, 장애인복지 등을 개척하였다.

광주에서 가장 오랜 역사를 가진 사회복지시설인 무등육아원의 연혁을 보면, 사회복지시설의 제도화 과정을 알 수 있다. 1928년 6월 13일에 부랑걸식 폐질환자 22명으로 개원하였고, 1930년 12월 1일에 광주공제조합으로 칭하고, 1956년 2월 6일에 광주무등육아원으로 개칭되었다.

일제강점기 광주 사회사업에서 특징적인 것은 '농업실습학교'를 통해 농촌을 개발하고 인재를 양성했다는 점이다. 세브란스병원 원장 아들인 고든 어비슨은 광주YMCA 협동간사로 임용되어 농촌개발활동을 활발하게 수행했다. 그는 수피아여학교 앞에 농업실습학교를 설치하고 인재를 양성했다. 이곳에서 성장한 강순명 목사는 천혜경로원을 설립하고(1952년), 이현필 선생은 정인세 등과 함께 동광원을 설립하며(1950년), 이현필 선생의 제자들은 귀일원을 설립하였다. 이준묵 선생은 후에 해남읍교회에 담임목사로 일하며 해남YMCA의 창립을 주도하고(1946년), 등대원을 설립했다(1953년).

한편, 일제강점기에는 지역 유지들이 주민을 위한 공간을 건립하고 기부하며 공동체 형성에 기여하였다. 1921년에 광주 부자 최명구는 환갑잔치를 대신하여 '구 시청사거리(당시 광주면사무소 주변)'에 홍학관興學館을 지어 시민들이 공회당으로 활용하게 했다. 건물은 목조 단층이었고 유리 창문들이 벽을 따라 줄줄이 달려 있었으며 안에 들어서면 넓게 깐 마루가 펼쳐져 있었다. 680여 평 부지 중 건물이 들어선 자리를 빼고도 너른 마당이 있어 전체적인 모습이 시골 학교를 연상시켰다. 1920~30년대 광주의 거의 모든 청년단체가 바로 이곳에서 활동했다. https://url.kr/ynqK6K

광주에서 가장 오래된 경로당인 수령당(현 수영경로당)은 광주 부자인 지응현이 1926년에 건물을 지어 기부했다고 한다. 동구 불로동 11-2에 있는 이 경로당은 한때 광주 노인들이 가장 애용했던 장소이다. 또한 양파 정낙교는 1914년에 사직공원 입구에 양파정楊波亭이란 누정을 지어 시민의 휴식 장소로 제공했다. 현재 양림동에 있는 이장우 가옥은 본디 양파의 집이었다.

지응현은 덴마크의 그룬트비 활동에 감동 받아 인재를 양성하기 위해 1934년 10월 30일 쌍촌동에 응세농도학원(현 광주가톨릭대교구청, 광주가톨릭대학교 평생교육원 터)을 설립하였다. 이 학교는 쌍촌동 일대 25만 평을 축산실습지로 삼고, 내방동 일대 300두락을 경작실습지로 삼은 기숙학교이었다. 겨울에는 학교에서 이론 교육을 하고, 봄부터 가을까지는 학생들에게 실습지를 제공하여 농사를 짓도록 하였다. 응세농도학원과 실습지는 일제강점기 말에 군용으로 징발되어 국군광주통합병원 등으로 이용되었다. 본디 청소년들이 사용했던 이 땅이 군용에서 벗어났기에 어린이·청소년과 가족을 위한 공원으로 개방되어야 한다는 여론이 높다.

일제강점기에 광주 부자들은 현준호, 정낙교, 지응현, 최명구, 최석휴, 최선진, 최상현 등이었는데[3], 이들 중 일부는 공회당(홍학관), 경로당(수령당), 정자(양파정), 학교(응세농도학원) 등을 지어 사회공헌을 하였다.

5) 사회사업 행정

한일합방 당시 총독부 내무부 지방국 지방과에서 휼구恤救 및 자선사업에 관한 사항을 맡았다. 내무부 지방국에 제1과와 제2과를 두고 제2과가 사회사업을 담당하였다. 그 후 내무부 지방국이 내무국으로 고쳐졌고 내무국 제2과에서 사회사업 지도를 담당했다. 1921년 총독부에 사회과를 설치한 것을 본받아 각 도는 내무국에 사회과를 신설하여 사회사업을 지도하였으며 1924년에는 그 사무가 다시 내무부 지방과로 귀속되었다.

사회사업시설로는 육아시설, 임산부상담소, 탁아시설, 영아건강상담소, 빈궁아 교육기관, 불량아 감화시설, 맹아아 보호시설, 육아협회 등 각종 어린이 보호시설이 전국적으로 1934년까지는 설립되었다. 어린이 보호사업 이외에도 공설 일용품시장, 인사상담소(관인 직업소개소), 경성부립도서관, 방면사업, 공익 전당포 등을 설치하여 구빈뿐 아니라 방빈사업을 위한 시설을 갖추었다. 중일전쟁 시작 후 인보, 상부상조와 국민 자각을 향상시킨다는 명목으로 인보관을 확대하였다. 민간 사회사업의 연락·조사 연구기관으로 조선사회사업연구회가 조직되었다. 이 협회는 오늘날 사회복지협의회와 유사한 업무를 가진 협의

---

3 https://url.kr/C2hEll

체이었으나 당국의 통제하에 있었다. https://url.kr/uwyhrd

해방 후 20세기의 사회복지

1) 사회적 배경

해방 후 20세기 말까지 광주는 인구가 크게 증가하고 지역도 확장되었다. 1945년 8월 15일 일본이 연합국에 패망하자 미군정이 2년 11개월 동안 실시되었다. 1948년 8월 미군정이 종료되고 1948년 8월 대한민국 정부 수립과 함께 광주부는 1949년 광주시로 바뀌었다. 1986년 11월 1일 '광주직할시 설치에 관한 법률'이 공포되어 부산·대구·인천에 이어 네 번째 직할시로 승격되었다. 1988년 1월 1일에 송정시와 광산군이 광주직할시에 편입됨으로써 면적은 501.44㎢로 크게 늘어났다. 1995년 3월 1일 서구에서 남구가 분구되고, 2024년 5개 자치구에 97개 행정동으로 운영되고 있다.

해방 이후 산업화, 도시화, 핵가족화 등을 거치면서 한국 사회가 급격하게 변화되었다. 전남은 1948년에 여순사건을 경험하고, 한국전쟁 이후에는 지리산 주변에 빨치산이 남았기에 이를 토벌하는 동족상잔을 겪었다. 1980년 5월에는 광주민중항쟁을 통해 시민은 절대 공동체를 경험하였고, 이후 이 사건의 진상규명, 책임자 처벌, 명예 회복 등을 요구하고 광주민주화운동으로 공인받는 과정을 경험하였다.

광주는 일제강점기에 대한민국의 사회복지를 개척하였지만, 사회복지학을 체계적으로 가르치는 대학교는 다른 지역보다 늦었다. 1990

년에 광주대학교 사회복지학과와 광주보건대학 사회복지학과가 개설될 때까지 사회복지학을 가르치는 대학은 없었다. 그에 따라 사회복지시설·기관·단체에 일하는 사회복지사의 다수는 다른 지역 대학교나 국립사회복지연수원 등에서 배워 대학교육의 지역연계가 낮고, 사회복지계의 조직화와 사회적 영향력도 다소 미흡했다.

2) 공공부조

해방 후 공공부조는 조선구호령을 이어받은 1946년 미군정의 '후생국보3C호'를 거쳐 1961년 생활보호법으로 제도화되었다. 이 법의 복지대상은 65세 이상의 고령자, 18세 미만의 아동, 임산부, 불구·폐질자, 기타 요보호자이었다. 이는 조선구호령의 "13세 이하의 유아"에서 "18세 미만의 아동"으로 바뀌고 정부 수립 후 국민학교 6년이 무상의무교육이 된 것을 제외하면 거의 달라진 것이 없었다.

생활보호법에 의한 보호내용은 생계보호, 의료보호, 해산보호, 자활보호, 장제보호이었는데, 이는 조선구호령의 생활부조, 의료부조, 조산부조, 생업부조, 장제부조에서 낱말만 바뀐 것이었다. 생활보호제도는 경제성장과 정부 재정의 확충으로 생계보호를 시작으로 점차 의료보호(1977년 의료보험의 도입을 계기로), 자활보호 등이 내실을 기하고, 교육보호가 신설되었다. 교육보호는 초기에는 중학교의 입학금과 수업료를 지원하였고, 점차 실업계 고등학교를 거쳐 일반계 고등학교까지 지원하였다.

생활보호 등 공공부조를 전문화하기 위해 1987년에 도입된 사회복지전담공무원은 복지행정을 혁신하고, 1997년 외환위기를 계기로 공공부조의 대상은 생산연령대(18~64세)로 확대되어 "생산적 복지"를 추구하였다. 이를 제도적으로 지원하기 위해 1999년에 국민기초생활보장법이 제정되고 생활보호법은 폐지되었다.

3) 사회보험

사회보험은 1964년 산업재해보상보험의 적용을 시작으로 1977년 의료보험(현 국민건강보험), 1988년 국민연금, 1995년 고용보험, 2008년 노인장기요양보험이 도입되었다. 사회보험은 노령, 질병, 산업재해, 실업 등으로 인한 일상생활의 어려움 등 사회적 위험에 대한 대책이라는 점에서 전국적으로 적용된다. 다만 광주는 전남이란 배후지역을 갖고 있기에 교육도시, 행정도시의 성격이 강해서 공무원연금, 군인연금, 사립학교교직원연금 등에 가입한 사람이 상대적으로 많다. 또한, 전남지역의 환자가 광주로 오기에 인구 대비 의원·병원과 약국도 많은 편이다.

4) 사회복지사업

해방과 6·25전쟁을 거치면서 사회복지사업은 아동복지를 중심으로 발전되었다. 특히 6·25전쟁은 전쟁고아를 발생시켜 아동복지시설에 대한 수요를 폭발적으로 늘렸다. 하지만, 전남지역은 해방과 6·25전쟁을 다른 지역과는 조금 다르게 경험했다. 1948년 남한에 단독정부를 수립하기 위해 총선거를 하는 것을 반대한 제주도민들이 시위를 하고, 경찰이 이들을 폭력으로 진압하면서 4·3사건이 발생되었다. 이를 진압하기 위해 여수에 주둔한 14연대를 파견하고자 할 때, 이들이 제주도 출동을 반대하면서 여순사건이 발생하였다. 초기에는 좌익이 우익인사를 죽이고, 3일 만에 진압되면서 우익이 좌익인사와 주민을 대규모로 살해했다. 여순사건의 피해자 아동을 돕기 위해 이현필 선생과 제자들은 1949년 초봄 화순군 도암면 청소골에 고아원을 만들고, 이것이 계기가 되어 1950년에 광주에서 동광원이 설립되었다. 한때 600명 이상이 되었던 고아들은 종교적 이유로 고기를 먹지 않는 등 보호양식으로 당국과 갈등을 빚어 1954년 8월에 해산되고 아동들은 전남의 군 단위 8개 보육원으로 분산되었다. 이 무렵 해남에서는 이준묵 목사에 의해 등대원이 만들어졌다(1953년). 당시 전쟁고아의 속성이 매우 다양했다는 것을 백선육아원에서 찾을 수 있다. 지리산토벌대장인 백선엽 장군의 이름을 딴 육아원은 지리산에서 빨치산을 토벌하는 과정에 생긴 고아를 광산군 지역에서 돌보았다.

광주의 대표적인 사회복지사업은 일제강점기에는 '나환자 치료와 재활'이었는데, 해방 후에는 '결핵환자의 치료와 재활'이었다. 광주제중병원은 결핵병동에서 결핵환자를 집중적으로 치료하고, 어느 정도 치료되면 퇴원시켰다. 퇴원한 환자들이 거주할 곳이 마땅치 않아 최흥종 목사 등이 중심이 되어 송등원을 설립하고, 이후 무등원을 운영하였다. 제4수원지를 조성하면서 무등산 곳곳에서 살던 결핵환자들은 제석산 아리랑고개 주변으로 삶터를 옮겼다. 이들이 살던 곳은 오늘날 귀일원, 소화자매원 등이 운영되고 있다. 두 시설은 이현필 선생의 뜻을 이어받은 정인세, 김준호 등에 의해 운영되었다.

6·25전쟁과 지리산토벌작전 등으로 전쟁고아는 넘쳐났고, 이들을 보호하기 위해 1952년에 동구 광산동 79번지에 있는 광주YWCA 회관에서 아동(소녀) 12명과 함께 광주성빈여사가 설립되었다. 성빈여

사는 광주YWCA 총무인 조아라 여사에 의해 창설되었는데, 그녀는 전라남도 후생국 후생과 부녀계장(1947.10~1954.4)을 겸했다. 당시에는 부녀복지를 담당하는 공무원이 낮에는 행정기관에서 일하고 밤에는 사회복지시설을 감독하였는데, 영신원을 1956년에 설립한 서경자 이사장도 도청직원이었다. 아동복지시설은 외국 원조단체의 지원으로 운영되었고, 도청은 쌀과 보리 등 곡식을 지원하는 수준이었다.

이 시기에는 노인복지시설도 제도화되었다. 독신전도단을 창단하고, 1933년에 광주농업실습학교의 설립과 활동에 참여한 강순명 목사는 1952년 7월 13일에 광주그리스도의 교회에서 목회하던 중 천혜경로원을 설립하였다. 당시 아동복지시설은 외국 원조단체 등의 지원을 받았지만, 노인복지시설은 공적인 지원이 거의 없었기에 설립자가 희생적으로 운영할 수밖에 없었다.

광주에서 초기 노인복지시설은 서서평 선교사의 제자들이 설립한 경우가 많았다. 2002년에 사회복지법인 화남원으로 설립된 전남성노원의 뿌리는 일제강점기까지 거슬러 간다. 김화남 전도사는 1938년 4월에 양림동 53번지(현 양림동행정복지센터 건너편)에 '전남성노원'을 개원하였다. 그녀는 서서평의 제자이면서 전남노회 최초 여전도사이었다. 신사참배 수용 등 다양한 쟁점으로 기독교계는 여러 차례 분화되었는데, 서서평의 제자들도 종교적 신념의 차이가 있었다. 이에 이일학교의 출신 중 독신자들은 1960년 11월 10일 이일성로원을 설립하고 11월 18일 이정희 원장이 취임했다. 보건사회부로부터 재단법인 설립허가를 받은 것은 1965년 5월 4일이었다.

서서평의 제자 중 홍승애는 아들 은희남이 (무등산) 은성원을 통해 장애인복지와 부랑인복지분야를 개척하도록 지원하였다. 그녀는 1919년 수피아여학교 재학중 삼일운동에 주동자로 참여하였고, 1946년 양림교회 전도사로 취임하고, 이일성경학교 교사, 기독병원 전도사로 근무하였다.

해방과 6·25전쟁 직후에는 사회복지사업이 아동복지를 중심으로 이루어졌지만, 점차 노인복지와 장애인복지가 제도화되었다. 1970년 사회복지사업법이 제정되면서 사회복지시설에 대한 정부의 지원과 감독이 강화되고, 1981년에 아동복리법이 아동복지법으로 전면 개정되고, 같은 해에 노인복지법, 심신장애자복지법이 제정되면서 사회복지시설은 더욱 체계화되었다. 1980년대 말과 1990년 초에 영구임대아파트가 전국 주요 도시에 건립되면서 지역사회복지관이 증설되었고, 이후 노인복지관, 장애인종합복지관 등이 설치되면서 주민이 복지시설을 널리 이용하였다.

이 시기에 광주 사회복지는 전국적인 양상과 유사성을 가지면서도 좌우 갈등으로 인한 고아를 돌보기 위한 아동복지시설이 많았다. 또한 결핵환자, 부랑인, 장애인, 노인 등 사회적 약자를 돕기 위한 활동도 매우 조직적으로 이루어졌다. 이러한 활동에 최흥종 목사와 이현필 선생의 영향력이 컸고, 서서평·유화례, 김필례·조아라로 이어지는 인맥이 많았다. 이현필은 1949년부터 제자들과 함께 아동복지시설(이후 동광원)을 운영하였고, 제자들은 동광원이란 수도공동체를 통해 귀일원을 운영하였으며, 소화자매원의 설립자 김준호 선생, 인애동산의 설립자 김인제 선생도 그의 제자이었다. 일제강점기에 구라행진(1933년)을 했던 최흥종 목사와 서서평 선교사의 영성을 이어받은 후배들과 제자들이 광주에서 고아, 결핵환자, 장애인, 부랑인 등 사회적 약자를 위해 사회사업을 이어갔다.

1980년대 이후 사회복지는 활동 영역이 세분화되고, 1991년 영유아보육법에 의한 어린이집은 개인도 조건만 갖추면 운영할 수 있게 되었다. 사회복지사업에 쉽게 참여할 수 있는 환경은 복지 욕구에 적극 대응할 수 있다는 장점과 함께 '이윤 동기'로 참여하는 사람도 생기면서 부작용도 생겼다. 이로 인해 1990년 이후 사회복지사업의 정체성은 도전받게 되었다.

이 시기에 사회복지사업의 분야가 아동복지, 노인복지, 장애인복지, 지역복지, 가족·여성복지 등으로 세분화되면서 사회복지계 내에서 소통과 협력, 민관 협력 등을 위해 사회복지협의회가 조직되었다. 1970년에 한국사회복지협의회로 개칭된 이 단체는 1952년 2월 15일에 창립된 한국사회복지연합회에서 출발되었다. 1961년에 한국사회복지사업연합회로 개칭되었다가, 1970년에 한국사회복지협의회로 바뀐 후 오늘에 이른다. 사회복지연합회의 회원은 초기에는 주로 아동양육시설이 대부분이었고, 점차 노인복지, 장애인복지, 모자복지(한부모가족복지)시설로 확대되었다. 한국사회복지협의회는 1984년 11월에 시·도 협의회를 조직하고, 1998년 12월에 시·도 협의회를 독립법인으로 설립했다. 전남사회복지협의회는 1984년에 조직되었고, 광주사회복지협의회는 1987년 2월 23일에 창립되었다. 광주사회복지협의회를 조직할 때 아동복지시설연합회의 재산을 기반으로 기본재산을 형성했다.

한편 전남사회복지사협회는 1975년 5월 1일에 조직되었고(초대 회장 소진택), 이후 광주·전남사회복지사협회로 개칭되었다가, 1998년에 전남사협이 독립하면서 광주사회복지사협회로 발전되었다. 2024년이면 광주사회복지사협회는 49주년을 맞이하고 사회복지사의 권익을 옹호하는 협회, 인권에 기반한 사회복지를 실천하는 사회복지사의 역량을 키우는 단체로 성장하고 있다. 1972년에 민간에서 공동모금이 시작되고, 1975년에 정부 주도로 이웃돕기모금이 시작되었으며, 1998년 광주사회복지공동모금회가 조직되었다.

5) 복지행정

정부 수립 이후 한동안 복지행정은 사회과, 부녀복지과 등에서 이루어졌고, 점차 가정복지국, 복지건강국 등으로 격상되었다. 6·25전쟁 직후에는 전쟁고아와 과부 그리고 상이군경을 지원하는 것이 중심이었고, 1961년 생활보호법의 제정으로 공공부조를 보다 체계적으로 펼칠 수 있었다. 공공부조를 수행할 마땅한 재원이 별로 없었기에 미국이 주는 잉여농산물을 활용하여 식량을 제공하고(배급), 1977년 의료보험이 시행되면서 의료보호가 체계화되고, 이후 교육보호가 중학교, 실업고, 인문고 순으로 확장되었다.

1977년 의료보험의 시행은 본격적으로 사회보험의 시대를 열었다. 1964년에 산업재해보상보험이 시행되었지만, 이는 산업재해를 당한 일부 노동자에게만 적용되었기에 시민들이 사회보험을 피부로 느끼기는 어려웠다. 1988년에 농어민에게 의료보험이 확대되고, 국민연금이 도입되었으며, 1995년에 고용보험이 도입되어 '4대 보험'의 시대가 열렸다. 1997년 외환위기를 계기로 10인 혹은 5인 이상 사업장에만 적용되었던 사회보험이 1인 이상 고용 사업장으로 확대되었다.

복지행정은 1987년에 사회복지전담공무원이 도입되면서 혁신의 전기가 마련되었다. 이전에는 행정직이나 별정직(아동복리지도원, 부녀복지상담원 등) 공무원이 사회과에서 복지행정을 하였는데, 1987년부터 사회복지사만 응시하는 사회복지전담공무원(처음에는 7급 별정직, 점차 8급, 9급으로 바뀌고, 현재 9급 사회복지직)으로 채용되기 시작되었다. 이들은 초기에는 빈민이 많은 읍·면·동사무소에 배치되고, 점차 전국 모든 시·군·구청과 읍·면·동사무소에 배치되어 복지행정을 혁신하였다. 현재는 일반 종합행정기관에서 일하는 공무원 중에서 사회복지직이 행정직 다음으로 많다.

복지행정은 사업의 내용, 소요 예산, 담당 인력 등에서 점차 확장되었다. 복지행정은 생활보호대상자를 다루는 업무에서 모든 시민이 보편적으로 누리는 복지로 바뀌었다. 1991년 영유아보육법의 제정으로 영유아보육이 점차 보편화되고, 노인에게 경로연금(오늘날 기초연금)의 도입으로 현금 급여가 늘어나면서 복지행정이 영유아에서 노년까지 전 생애 인구집단을 위한 급여로 확장되었다. 1997년 외환위기를 계기로 생산 연령층에 있는 사람도 노동력을 팔지 못하면 위기에 처할 수 있게 되면서 정부가 모든 시민을 위한 사회안전망을 강화하고, '생산적 복지'를 강조한 것은 보편적 복지의 시대가 열리고 있음을 보여준다. 특히 1995년에 시·도와 시·군·구에 단체장과 지방의원을 직접선거로 선출하는 지방선거가 실시되면서 이들은 주민 밀착형 복지사업을 개발하는데 좀 더 역점을 두었다.

해방과 정부 수립 이후 초기에 광주에서 복지행정을 담당했던 대표적인 사람은 조아라, 서경자, 소진택, 이영애 등이었는데, 이들은 사회복지시설의 설립과 지원에도 큰 역할을 했다. 조아라 선생은 전남도청 부녀계장을 하면서 성빈여사를 창설했고(1952년), 서경자 선생도 도청 사회과 부녀계에서 일하며 도립모자원의 총무를 겸직하다가 광주영신원을 설립하였다(1956년). 소진택 선생은 도청에서 일하며 적십자병원에서 영아를 돌보는 것이 계기가 되어 대한사회복지회 광주전남지부장이 되었고, 이영애 선생은 전남 부녀복지상담원으로 공직을 시작하여 도청 사회여성국장을 역임했다.

21세기의 사회복지

1) 사회적 배경

대한민국의 새천년은 우울하게 시작되었다. 김영삼 정부는 1인당 국민소득 2만 불을 앞두고 1996년 10월 11일에 OECD 회원국이 되었다. 아시아에서 일본에 이어 두 번째였고 세계에서 29번째 회원국이 되었다. 한국은 2010년에 개발원조위원회 가입으로 한국전쟁 직후 원조를 받던 최빈국에서 원조를 주는 나라로 탈바꿈했다. 하지만 한국은 OECD 가입 후 1년 만에 외환위기를 맞이하여 국제통화기금IMF로부터 구제금융을 받았다. 파산하였거나 파산 직전의 기업은 구조조정에 내몰리고, 수많은 사람이 실업의 고통을 겪었다.

외환위기 속에서 치른 선거에서 당선된 김대중 대통령은 '국민의 정부'를 표방하고, 민주주의와 시장경제 그리고 생산적 복지를 국정기조로 삼았다. 이어서 노무현 대통령은 '참여정부'라 칭하고, 국민이 다양한 분야에서 참여하여 사회발전에 동참하도록 했다. 이후 집권한 이명박 정부와 박근혜 정부는 민주주의를 후퇴시키고 사회갈등을 키웠다.

광주광역시의 시장은 박광태, 강운태, 윤장현, 이용섭, 강기정 시장으로 이어졌다. 광주에서 단체장과 지방의원은 민주당 계열이 집권하였고, 사회복지분야는 사업, 예산, 인력 등에서 확대되었다. 중앙정부에서 사회복지를 강조한 조류 속에서 지방자치단체도 다양한 노력을 경주하였다. 참여정부에서 복지사업의 다수가 지방정부로 이관되었기에 세수가 부족한 광주는 복지수요에 복지행정이 늘 미치지 못했다. 하지만 전국 수준에서 볼 때 광주광역시는 제약된 환경 속에서도 민관이 협력하여 복지공동체를 모색하고 있다는 평가를 받고 있다.

2) 공공부조

1999년 9월 7일에 제정된 국민기초생활보장법은 생산적 복지의 상징처럼 인식된 적이 있었다. 생활보호법은 보호자가 없거나 있어도 보호할 능력이 없는 요보호 시민의 최저생활만을 정부가 부분적으로 보호하였지만, 2000년 10월부터 시행된 국민기초생활보장제도는 가구당 소득인정액이 최저생계비에 미치지 못하고 부양의무자가 없거나 있어도 부양 능력이 낮은 국민은 누구든지 정부의 급여를 받을 수 있도록 했다. 이는 헌법상 보장된 모든 국민의 인간다운 생활을 보장하기에는 미치지 못하지만, 최저생활을 국가가 보장하겠다는 약속을 지키기 위한 제도이다. 2014년 2월에 발생된 송파 세모녀 사건을 계기로 긴급복지제도는 대상을 가구당 소득이 중위소득의 75% 이하인 가구로 확대하고 지원내용도 확충시켰다.

기초생활보장과 긴급복지를 넘어 특정 인구집단의 소득보장을 위한 사회수당이 확충되었다. 대표적인 것이 하위 70% 노인에게 월 20만 원(2024년에는 334,810원)까지 지급하는 기초연금의 도입과, 만 18세 이상 등록장애인 중 1~3급 장애등급을 가진 기초생활수급자와 차상위계층에게 장애연금의 지급이다. 이밖에도 정부는 18세 이상 중증장애인이 아닌 저소득 장애인에게 장애수당, 18세 미만 저소득 장애아동에게 장애아동수당을 지급한다.

3) 사회보험

기존 4대 보험에 2008년 7월부터 노인장기요양보험이 도입되어 '5대 사회보험' 시대가 열렸다. 이 보험은 노인이나 노인성 질환으로 일상생활에 어려움을 겪는 사람에게 재가급여, 시설급여 등을 제공한다. 이 보험의 도입은 노인복지시설 중 노인의료복지시설의 확충을 가져왔다. 노인요양시설 등은 건강보험공단으로부터 노인장기요양지정기관으로 지정을 받아서 요양등급판정을 받은 사람들에게 재가급여(방문요양, 방문목욕, 방문간호, 주·야간보호, 단기보호 등)나 시설급여 등을 제공하고 건강보험공단에 수가를 청구한다. 광주 남구는 노인장기요양보험의 시범 사업지역으로 지정되어 다른 지역보다 먼저 노인복지시설 등 인프라를 구축했다.

4) 사회서비스

새천년이 시작되면서 사회서비스는 주거형 시설보호에서 이용시설이나 재가복지로 큰 틀이 바뀌었다. 과거 대표적인 사회복지시설은 고아원(아동양육시설), 양로원, 재활원이었는데, 새천년에는 공동생활가정이 장려되고, 지역아동센터 등이 급증하였다. 보호자가 없거나 있어도 보호할 여건이 되지 않는 아동만을 위한 복지가 아닌, 보호자가 있더라도 일시적으로 보살핌이 필요한 아동에 대한 복지가 크게 강조되고, 가정형 보호를 지향하기 때문이었다.

1995년 이후 지방자치가 정착되면서 시·군·구 단위에서 복지시설이 설립·운영되었다. 과거에는 장애인종합복지관이 시·도에 한 개소에 불과했지만, 구 단위에 장애인복지관이 증설되고, 노인복지관도 모든 구에 1개소 이상씩 건립되었다. 광주 남구 노대동에는 빛고을노인건강타운이란 대규모 노인여가복지시설이 설치되고, 광주 북구에도 효령노인복지타운이 설치되어 시가 출연한 광주광역시사회서비스원이 운영한다.

지역사회서비스지원단을 통해 다양한 사회서비스가 바우처의 형식으로 도입되었고, 장애인활동보조인(현 활동지원사)이 도입되어 중증장애인은 일상생활에 필요한 활동보조를 지원받을 수 있다. 경기가 불안하고 고용이 침체되면서 노인일자리사업, 청년일자리사업 등 공공일자리가 강조되고 있지만, 많은 공공일자리가 질 낮은 서비스만 제공한다는 비판에서 자유롭지 못하다.

5) 복지행정

광주광역시는 복지행정을 주로 복지건강국, 여성가족국에서 담당하고, 일가정양립지원본부(옛 여성발전센터)를 직영한다. 구청에서는 희망복지국(복지환경국)이 복지행정을 주로 맡고, 복지정책과, 복지지원과, 고령정책과, 장애인복지과, 여성가족과, 아동청소년과 등으로 세분되어 있다. 과거에 비교할 때 복지사업, 예산, 인력은 크게 확충되었다. 2024년의 광주광역시 복지예산은 전체 예산의 약 40%를 차지하고, 5개 구청의 복지예산은 전체의 60% 이상이다. 복지사업은 주로 국비로 이루어지는 사업, 국비와 지방비로 이루어지는 사업이 많고, 극히 일부만 시비 혹은 구비만으로 이루어진다. 광주의 경우 국비에 매칭하는 사업비를 감당하기도 버거운 상황이라 새로운 사업을 하기는 힘들다.

최근 광주광역시는 복지건강국에 사회복지직 공무원의 수를 늘리고, 일부 직은 사회복지직과 행정직으로 병렬시켜 늘려가고 있지만, 복지예산의 비중을 고려할 때 수가 매우 적고, 순환보직으로 자주 바뀌어 전문성이 떨어진다는 비판을 받고 있다. 2018년까지 모든 주민센터가 행정복지센터로 바뀌면서 복지행정은 '맞춤형 복지'로 크게 바뀌었다.

이러한 변화를 보다 역동적으로 맞이하기 위해서는 공무원과 민간 사회복지계가 더욱 긴밀하게 협력해야 한다. 이 점에서 2015년에 광주사회복지회관이 만들어지고, 이곳에 광주사회복지협의회와 광주사회복지사협회가 입주하여 사회복지사 등의 역량을 개발하는 것은 바람직한 일이다. 광주광역시가 설립한 광주복지재단(현 광주광역시사회서비스원 정책연구실)도 복지정책과 사업의 싱크탱크로서의 역할을 수행할 것으로 기대된다.

광주 사회복지의 미래

광주 사회복지는 사회적 약자의 생명을 지키겠다는 영성의 산물이었다. 1909년에 나환자를 치료하고 재활을 지원하는 것은 광주에서 시작되었다. 가족은 물론이고 이웃조차도 기피하던 나환자를 위해 광주나병원을 건립하여 체계적으로 치료하였다. 이것이 계기가 되어 여수 애양원, 소록도 자혜의원(현 국립소록도병원)으로 발전되었다. 국립소록도병원 역사가 100년이 넘었는데, 최흥종 선생과 서서평 선교사가 주도한 1933년 구라행진이 있었기에 소록도는 나환자를 위한 치료와 재활공간으로 확장될 수 있었다. 해방 후에는 결핵환자를 돕기 위해 송등원, 무등원, 귀일원을 건립하였고, 제4수원지 건설로 무등산에서 이주한 환자들을 돕기 위해 무등원은 소화자매원 등으로 발전되었다. 이 땅에서 가장 낮은 사람을 위해 헌신한 사람들이 광주를 대한민국 복지성지로 발전시켰다. 이러한 전통은 광주에서 사회복지를 실천하는 사람들이 '인권에 기반한 사회복지실천'을 통해 지속적으로 이어가야 할 것이다.

광주 사회복지는 복지공동체를 열어가겠다는 열망을 담았다. 광주의 사회복지시설 중에서 가장 오래된 '무등육아원'에서 본 바와 같이 복지는 공동체운동의 산물이었다. 부랑인을 집단적으로 돕겠다는 뜻이 광주공제조합의 형식으로 나타난 것이다. 한때 600여 명의 아동을 돌보던 동광원도 70여 명의 지역유지들이 뜻을 모아 만들었다. 이러한 전통은 시간이 바뀌어도 복지공동체를 열어가기 위해 꼭 필요하다. 특정 개인이나 일부 사람들이 아니라 다수 주민이 보다 행복하게 잘 살 수 있는 공동체를 열어가겠다는 것은 오늘날 마을만들기 사업에도 되살릴 수 있는 정신이다.

광주 사회복지는 사회적 약자를 위한 복지공동체운동이었고, 그러한 운동이 인맥을 통해서 계승·발전되었다. 일제강점기에 사회복지를 개척한 대표적인 인물은 우월순, 최흥종, 서서평, 김화남 등이었고, 해방 후에는 강순명, 이현필, 정인세, 김준호, 이정희, 조아라, 홍승애 등으로 이어진다. 최흥종 목사는 강순명의 장인이고, 강순명 목사는 이현필의 선배이며, 이현필은 김준호 등의 스승이다. 최흥종이 폐결핵환자를 위해 송등원 등을 설립하도록 주선하면 이현필과 김준호 등이 이끌고, 동광원 사람들이 중심이 되어 운영하는 방식이었다. 이현필 선생은 결핵환자를 돌보다 결핵으로 사망에 이를 정도로 혼신을 다해 섬겼다. 서서평 선교사가 1922년에 설립한 이일학교에서 공부한 제자들은 전도부인이 되었고, 그중 김화남은 전남성노원, 이정희는 이일성로원을 설립하고, 홍승애는 아들 은희남이 (무등산) 은성원을 통해 장애인복지를 하도록 지원하였다. 또한, 김필례의 지도를 받은 조아라는 광주YWCA를 통해 여성 인재를 키우고, 본인은 성빈여사, 계명여사 등을 통해 소녀를 포함한 여성을 위한 복지활동을 지속적으로 실천했다. 사회복지가 영성에 바탕을 둔 운동으로 체화되기 위해서는 우수한 인력의 양성이 꼭 필요한데, 광주 사회복지는 어느 지역에서도 찾아보기 어려운 복지인맥을 형성했다. 최흥종, 정인세로 대표되는 광주YMCA, 김필례, 조아라로 대표되는 광주YWCA, 이현필, 김준호로 대표되는 동광원이 그 중심에 있었다. 향후 사회복지가 발전되기 위해서는 이웃과 더불어 사는 공동체를 열어가겠다는 정신과 '하룻밤 재워주기 운동'과 '일작운동一勺運動'과 같은 실천 기술이 이어져야 할 것이다.

광주 사회복지는 자립형 복지를 추구했다는 점에서 큰 의미가 있다. 예컨대 나환자가 사는 방식도 광주나병원과 여수애양원은 자립을 꿈꾸었다. 이는 얻어먹을 힘이라도 있으면 노동을 통해 자존심을 지키며 살겠다는 의지와 기술 덕분이다. 동광원도 노작활동과 복지를 함께 발전시켰는데, 이는 농업실습학교의 전통을 이어받은 것이다. 사회적 약자도 자신의 삶을 보다 주도적으로 살려면 외부 지원을 줄이고 스스로 살아갈 때 가능하다. 노동력이 없는 사람까지 자립을 강요하는 것은 부적절하지만, 일을 통한 기쁨을 누릴 수 있는 삶이 바람직하다.

광주 사회복지 역사를 보면, 복지계 인사들이 지역사회와 활발하게 소통하고 주민조직화를 통해 사회를 변화시켰다. 일제강점기에 최흥종은 나환자를 돕기 위해 사회 저명인사를 참여시켜 나병근절책연구회를 조직하고, 도시빈민의 문제를 해결하기 위해 계유구락부를 조직하여 복지를 실천했다. 서서평 선교사는 이일학교를 통해 배움의 기회를 잃기 쉬운 만학도를 대상으로 보통과와 성경과를 운영하여 전도부인을 양성했다. 조선인을 간호부로 양성하고 조선간호부회를 만들어서 대한간호협회로 발전시켰다. 사회복지사는 개인과 집단의 변화를 넘어 지역사회와 조직을 변화시키고, 마침내 세상을 바꾸는 전문가라는 점에서 우리가 본받아야 할 점이다.

최근 한국의 사회복지는 일부 시민을 위한 복지에서 모든 시민이 누리는 복지로 바뀌고 있다. 시민이 시·군·구나 읍·면·동 행정복지센터에 신청하면 받을 수 있는 복지급여가 360가지에 이르고, 대부분의 복지급여가 당사자나 가족이 신청해야 받을 수 있다는 점에서 생애주기별 맞춤형 복지교육이 절실하다. 정부는 2018년까지 전국 3,500여 개소의 주민센터를 행정복지센터로 바꾸었는데, 사회복지계는 사회복지사 등의 역량을 개발하고, 민관·민민협력을 통해 복지공동체를 열어가는 데에 앞장서야 한다. 거주시설에서 이루어지는 복지에서 지역복지로, 24시간 보호에서 생활의 일부를 지원하는 복지로, 단일 서비스 제공에서 맞춤형 사례관리로 바뀌는 상황에서 사회복지사의 전문성은 더욱 요망된다.

이에 광주복지재단은 복지 분야 싱크탱크로서의 역할을 성실히 수행하고, 광주사회복지사협회 등 다양한 복지단체도 목적사업에 충실하면서도 '모든 시민을 위한 생애주기별 맞춤형 복지교육'을 적극 실시하여, 시민의 복지 감수성을 획기적으로 높여야 한다. 모든 시민이 누리는 복지를 위해서는 이웃을 위한 복지와 함께 자신과 가족을 위한 복지도 보다 체계적으로 구현할 수 있는 능력이 요망되기 때문이다.

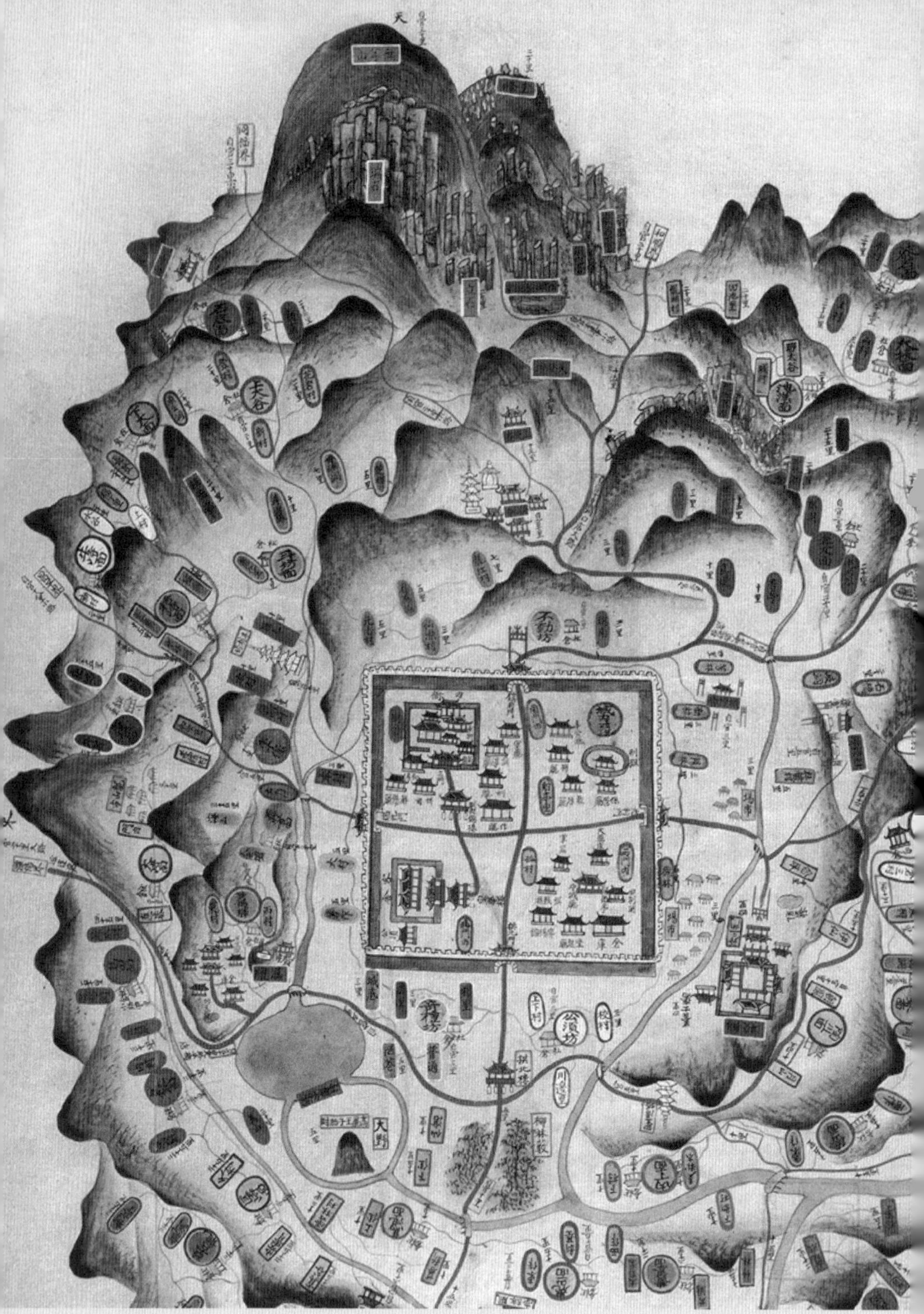

광주 고지도

1872년 당시 광주 지도.
1910년 일제강점기 광주는 1면 3방의 "광주면光州面"으로 성벽 안 성내면城內面, 성 밖 기례방奇禮坊(대인동, 북동, 신안동, 임동)과 공수방公須坊(백운동, 양동, 월傘동, 충장동)과 부동방不動坊(남동, 서남동, 양림동, 지원동, 학동)이 보인다.(자료. 규장각한국학연구원)

광주제중원

1905년 광주에 온 미국 남장로교 의료선교사 놀란이 유진 벨 선교사의 임시사택에서 11월 20일 문을 열어 9명의 환자를 진료한 것이 광주제중원의 시작이다.

광주나병원과 나환자촌

광주제중원 2대 원장 윌슨과 포사이드가 중심이 되어 '인도와 동양 한센병선교회'의 도움으로 봉선리 일대에 1911년에 광주나병원과 1912년에 나환자촌을 세웠고, 서서평 선교사와 최흥종 조사(후에 목사)가 나환자들을 지원했다.(자료, 양국주)

저자의 인품과 사상에 관한 인상 깊은 기억

나간채(전남대학교 명예교수, 바른역사시민연대 대표)

전공 분야가 다른 사람이 책 추천사를 쓰는 것이 맞는 일인가? 잠깐 동안이지만 멈칫했다. 나 자신이 사회학을 공부한 사람으로서 감히 복지 분야 저서에 대하여 거론하는 게 다소 망설여졌기 때문이다. 그러나 금방 기쁜 마음으로 수락했다. 이유는 두 가지다.

책이 하나의 사회적 생산물이라고 할 때, 그것이 태어나는 데는 두 가지 요소가 결합되어 있다. 하나는 생산에 필요한 재료이고 다른 하나는 생산한 사람, 즉 저자에 관한 것이다. 여기에서 비록 책의 내용에 관련해서 전문가가 아니라고 하더라도, 생산자에 대해서는 나름대로 상당한 인연이 있고, 그 인연으로 인해 인품과 사상에 관한 인상 깊은 기억이 살아있다면 감히 소감을 쓸 수 있다고 생각했기 때문이다.

저자와의 만남은 지금으로부터 10여 년 전 저자께서 사단법인 광주연구소 소장을 맡으면서 시작되었다. 더 진한 인연은 이 연구소가 추진한 『민주장정 100년, 광주·전남지역사회운동사』 연구용역 수행의 마무리 작업을 함께 하면서 깊어지게 되었다. 당시 저는 연구용역 수행의 책임자였고, 저자는 연구총서 편집위원장을 해주셨다. 이 연구사업은 광주광역시와 전라남도가 공동으로 재정지원을 했고, 생산물인 연구총서는 요약본을 포함하여 13권으로 구성되었다. 그 당시 15인 집필자가 보내온 원고(200자 원고지 약 5만 매)를 일

일이 검토하여 완성본을 만들어내기까지 편집위원장이 흘린 땀과 노고를 지금도 나는 잊을 수 없다. 그리하여 그 당시에 편집위원장이 직접 작업하여 서명해서 나에게 주었던 자필 교정본을 지금도 생각나면 펴보고 있다.

이 일을 생각하면 저자의 인품과 사상을 충분히 미루어 짐작한다. 그 열정과 집중력 그리고 진실에 대한 치열한 도전 정신을 기억한다. 하나의 책이란 그 분야에서 정립된 지식과 경험을 기록한 결과이지만, 저자가 다른 경우에 동일한 내용을 담는 것은 아니다. 그 저자의 인품과 사상에 따라 용어의 선택이나 문장구성에 일정한 차이가 있음을 부정할 수 없다. 그러므로 그 터전에서 싹이 트고 자라난 이 책의 빛과 향이 멀리까지 번져 세상에 새로운 빛을 비출 것으로 믿는다.

저자는 1997년 이후 광주대학교에서 일하면서 학생 교육뿐만 아니라 사회적 실천에도 관심을 가져왔다. 저술 부문에서도 사회복지 분야에서 감히 추종하기 어려울 만큼 방대한 양의 저술활동(50여 권)을 축적해 왔다. 또한 인간복지 실현을 위한 대중교육, 사회복지사협회 발전을 위한 실천 활동 등을 지원하고 이끌어 왔다.

이제 세월이 흘러 기존 활동을 정리하고 마무리하는 작업의 하나로 펴낸 『사회복지 역사와 인물』은 복지 분야를 넘어서 사회 일반에 폭넓은 호소력이 있는 저작이라 할 것이다. 이를테면, 서서평 선교사의 헌신적 생애, 최흥종 목사가 치열하게 실천한 구호사업과 구라행진 등은 탁한 세상에 맑은 샘물이 아닐 수 없다. 이 책이 하나의 등불이 되어 어두운 세상에 밝은 빛으로 비춰주기를 기대하는 바이다.

2

전남
사회복지의
역사와 인물

서구식 복지의 시작

우리나라에 서구식 사회복지는 선교사의 활동으로 시작되었다. 선교사는 선교가 주된 목적이지만 주민과 밀접하게 접촉할 기회를 만들기 위해 진료소를 열고, 신자와 그 자녀를 위해 학교를 열며, 고아 등 사회적 약자를 위한 사회복지시설을 개소하였다. 조선 후기 프랑스 가톨릭 선교사 메스트로는 1854년 '영해회'를 만들고, 보호자가 없는 아동을 위한 고아원을 열었다. 서울시청 옆에 있는 미국문화원 주변인 '똥골東谷(종로구 관철동)'에 천주교고아원을 세웠고, 이후 종현으로 옮겨 (명동)성당과 고아원을 함께 운영하였다.

전라도에 서구식 사회복지를 도입한 사람은 미국 남장로교 선교사들이었다. 남장로교 선교사 7인이 조선에 들어온 것은 1892년이었다. 전라도 지방에서 선교하기 위해 테이트 목사 남매는 1894년 3월 19일 서울을 출발하여 6일만에 전주에 도착하여 전주지부를 열었다. 전주 서문교회는 전라도 최초의 교회이다. 남장로교 선교부가 전주에 생긴 것은 1890년대 중국 네비우스 선교사에 의해 제시된 한국 선교 구역 구분에 따라 호남과 호서지방 일부를 선교지로 삼았기 때문이었다. 전주는 전라도의 수부(관찰사가 있는 지역)이었기에 제일 먼저 선교부를 두었다.

미국 남장로교회가 한국에 선교사를 파송하게 된 것은 1892년이었다. 북장로교회는 1884년 알렌을, 1885년에 언더우드, 헤론 등을 파송함으로써 한국(조선)선교를 시작했으나 남장로교회는 한국에 선교사 파송을 고려하지 않고 있었다. 그런데 언더우드가 1891년 첫 안식년을 맞아 미국으로 가게 되었는데, 한 가지 목적은 한국선교에 대한 보고였고, 다른 한 가지는 한국으로 올 선교사를 모집하는 일이었다.

그해 10월 언더우드는 내쉬빌에서 열리는 전국신학생선교연맹 Inter-Seminary Missionary Alliance에 참석하여 한국선교를 호소하였다. 이 호소가 영향을 주어 전킨 등 선교지원자가 생겨났고, 남장로교는 한국에 선교사를 파송할 수 있게 되었다. 남장로교 해외선교부는 1892년 9월 17일 7인을 한국선교사로 파송하는 예배를 드렸다. 이들이 내한한 남장로교회의 제1진 선교사들이었는데, 레이놀즈(이눌서)목사 부부, 전킨(전위렴)목사 부부, 테이트 목사(최의덕)목사와 누이동생 테이트양(최마태), 그리고 데이비스양이었다.

전남에 서구식 사회복지가 시작된 것은 1895년 4월 9일에 남장로교의 제2진 선교사로 온 유진Eugene Bell과 오웬C.C. Owen에 의해서였다. 유진 벨의 한국명은 배유지이고 당시 27세였다. 나주선교부를 개척하도록 위임받은 유진 벨은 어학선생 변창연과 함께 1896년 11월 3일부터 6일까지 나주지역을 답사했으나 주민 반대에 부딪쳐 거주지도 얻지 못하고 나주지부 설치에 실패했다. 나주는 전남 중심지이었지만, 단발령이 계기가 되어 지역 유생이 고위 관리를 살해할 정도인 유교적 분위기로 기독교 선교사에게 배타적이었다.

유진 벨과 변창연 일행은 목포로 옮겨가 1897년 3월 5일에 장막을 치고 첫 예배로 '목포교회'를 시작하고, 1898년 9월 11일에 유진 벨 가족이 목포로 이사하여 목포선교부를 설립했다. 목포는 부산, 원산, 인천에 이어서 1897년 고종의 칙령에 의해 네 번째로 개항된 항구이고, 작은 마을이 도시로 바뀌는 과정에서 발전 가능성이 높았다. 외부세력에 대한 저항이 적었고, 각지에서 몰려든 주민의 입장에서 선교부의 진료와 교육이 매력적인 유인책이었다. 목포선교부는 목포양동교회를 세우고(1898년), 1903년 9월에 목포영흥학교(초대 교장 변요한 선교사)와 목포여학교(초대 교장 스트레퍼 선교사, 정명여학교로 개칭)를 설립했다. 한편, 유진 벨은 1901년 4월 12일에 선교활동을 하기 위해 한양에서 자동차를 몰고 광주로 향하던 중 교통사고로 아내 로티 위더스푼 벨을 잃었다.

목포선교부를 개척한 유진 벨과 오웬은 1904년 연말에 광주로 활동무대를 옮겼다. 먼저 김윤수 집사를 보내 광주에 거처를 확보하고 광주군 효천면 양림리에 주택이 거의 완성되자 1904년 12월 19일 유진 벨은 오웬과 함께 이주하였다. 그해 12월 25일 성탄절에는 유진 벨과 오웬 가족, 변창연, 요리사들이 주민을 초청하여 40여 명이 함께 예배드렸는데, 이것이 광주시내 최초 교회의 시작이었다(당시 광산군, 현 광산구 영산강 유역에는 몇 개의 교회가 이미 세워졌기에 "최초"교회라고 보긴 어렵다는 주장[4]도 있다). 남장로교 선교부는 1908년 광주에 숭일학교, 광주여학교(후에 수피아여학교)를 설립하는 등 교육과 의료활동(제중원, 현 광주기독병원), 교회개척에 힘썼다. 유진 벨은 한국에서 30년간 일하고 1925년 9월 28일에 사망해 양림동산(현 선교사 묘역)에 안장되었다.

유진 벨과 오웬은 선교활동을 하면서 제일 먼저 진료소를 개소하였다. 오웬은 의사였기에 진료활동을 열정적으로 하였고, 진료를 받은 환자와 그 가족은 자연스럽게 교인이 되었다. 경찰 간부(총순)인 김윤수 씨도 모친 질병 치료를 계기로 선교사를 알게 되었다. 그는 1900년 3월 5일에 개신교에 입교하여 선교부 활동을 적극 지원했다. 진료소는 약간의 진료비를 받았지만, 가난한 사람에게는 무료 진료로 복지활동도 하였다. 하지만 목포에서 활동은 선교, 의료, 교육활동에 집중하고 사회복지시설을 설치·운영하지는 않았다. 체계적인 사회복지사업은 1909년 4월 오웬이 폐렴에 걸려 치료하기 위해 목포에서 활동하던

---

4 광주권 최초 교회는 1901년 4월 1일 유진 벨과 오웬의 전도로 광주군 송정면 신촌리에서 시작된 잉계교회와 우산리교회이고, 이를 송정중앙교회와 송정읍교회(현 송정제일교회)가 이어받았다.
https://www.kidok.com/news/articleView.html?idxno=205053&replyAll=&reply_sc_order_by=I

포사이드 선교사가 광주로 오는 길에 나환자를 데리고 온 것이 계기가 되어 광주나병원(1911년)이 생기면서이었다. https://url.kr/7GJTnj

가장 소외된 나환자의 보호

사회복지는 이 땅에서 가장 소외된 사람을 섬겼다. 20세기 초 가장 소외된 사람은 가족도 이웃도 보호하기를 꺼린 나병환자이었다. 지금은 한센병자로 불리지만 당시에 이들은 하늘이 내린 형벌이란 뜻을 가진 '천형天刑' 환자로 여겨졌다. 한센병은 나병이라고 불리었고 나병균에 감염되어 발생한다. 나병은 6세기에 처음 발견되었으나 현재는 전 세계적으로 24개국을 제외한 나머지 지역에서 연간 1만 명당 1건 미만으로 발생하는 드문 질환으로 바뀌었다. 나병균은 대부분 비강을 통해 배출되며 치료받지 않은 환자와 장기간의 긴밀한 접촉을 통해 호흡기나 상처가 있는 피부를 통해 전파되는 것으로 추정된다. 조선시대 말에 나병은 호남, 영남, 충청을 중심으로 널리 퍼졌는데 당시 환자를 격리하여 보호하는 것이 효과적인 관리책으로 여겨졌다. 세계 여러 나라는 주거지에서 멀리 떨어진 지역이나 섬에 환자를 격리하는 방안을 강구했다.

전남에서 나환자를 체계적으로 치료한 계기는 1909년 4월에 폐렴에 걸린 오웬을 치료하기 위해 목포에서 광주로 온 포사이드가 여성 나환자를 말에 태워 온 사건에서 비롯되었다. 포사이드가 도착했을 때 오웬은 이미 사망했었다. 제중원의 다른 환자들이 나환자와 함께 사용할 수 없다고 하여 선교사 사택을 짓기 위해 쓰인 '가마터'에 임시

보호조치를 하였다. 이 환자는 10여 일 만에 사망하였지만, "광주에 가면 양코백이들이 나환자도 치료해준다"는 소문이 퍼져 전국에서 환자들이 광주로 몰려들었다. 이에 제중원은 양림동에 있는 민가를 나병원으로 활용하고, 의사의 조사로 일한 최흥종이 효천면 봉선리(현 봉선동)에 있는 땅을 희사하고, 대영나환자구료회가 지원한 돈 등으로 광주나병원을 건립하여 이들을 치료하고 보호하였다.

1909년 사건을 계기로 최흥종은 평생 동안 나환자와 결핵환자를 돕는 일에 헌신하였다. 최흥종은 1880년 광주 불로동에서 태어나 광주의 주먹(별명이 '최망치')으로 지내다가 1904년 12월 25일 배유지 목사 사택에서 열린 예배에 참석한 이후로 기독교인으로 개종하였다. 그는 우월순 의사의 조사로 의사가 될 수 있었으나 포사이드가 데리고 온 나환자를 만난 후 거듭나서 봉선리 땅 1,000평을 기증하여 광주나병원을 건립하도록 지원하였다.

대영나환자구료회가 지원하여 설립한 나병원은 부산·대구·광주 3곳에 있었다. 그중 부산나병원은 1909년 감만동에 설립되었고, 대구나병원은 1909년 6월 27일에 제중원(현 계명대 동산의료원) 근처 초가 1동을 마련하여 환자 10명을 수용·치료하였다. 부산나병원은 이후 일신기독병원이 되고, 대구나병원은 1924년에 대구애락원으로 바뀌었다. https://url.kr/uejZ2z

당시 삼남지역에 나환자가 많았고 이들을 보호·치료하기 위해 부산, 대구, 광주에 나병원을 만들었다. 그런데 왜 조선총독부는 1916년에 전남 고흥군 소록도에 나환자를 위한 자혜의원을 만들고, 그 주변에 갱생원을 만들어 확장시켰을까? 총독부는 모든 도에 관립으로 자혜의원을 1개씩 만들고(전국 18개소) 전남에만 광주 자혜의원(현 전남대학교병원)과 별도로 1916년 2월 24일에 나환자들을 격리·치료하기 위해 조선총독부령 제7호를 공포하고, 소록도에 19번째로 자혜의원을 설립하였다.

소록도小鹿島는 '어린 사슴의 형상'을 닮았다 해서 붙여진 이름이며 선정된 이유는 온화한 기후와 풍부한 물, 육지와 인접해 있었기 때문이었다. 나환자를 주민과 격리하기 위해 섬을 선택했고, 육지와 섬 사이 거리는 환자가 탈출할 수 없는 거리이면서도 육지에서 물자를 날리기에 적당한 거리인 곳을 선정했다. 소록도 자혜의원이 설립되기 전 나병원이 없었던 것은 아니었지만 상당수의 환자들이 유랑으로 떠돌거나 걸식으로 연명하던 때였기에 치료도 받고 장기간 살 수 있는 곳으로 소록도를 선택했다. 나환자를 섬에 격리시킨 것은 당시 세계적인 추세이었고, 위생을 강조한 일본은 이미 본토에서 시행하였다.

소록도 자혜의원은 1916년 설립 당시 주민들의 강렬한 반대에도 불구하고 섬 전체의 1/5에 해당하는 299,704평을 강제로 매입하여 주민들을 이전시키고 설립되었다. 1917년 본관을 비롯한 건물 47동(388평)을 점차적으로 준공하고, 5월 17일 73명의 환자로 자혜의원을 개청하였다. https://url.kr/hCyuPA

소록도 자혜의원은 단순한 병원이 아니고 주변에 나환자가 집단으로 거주하는 공간을 마련했다는 점에서 거주시설과 통합 운영되었다. 시간이 지남에 따라서 전국 중증 나환자를 소록도에 집단 수용 보호하면서 소록도 갱생원은 더욱 커졌다. 시설의 확대 건립에는 수용환자들의 노동력을 동원하였다. 1934년 소록도 갱생원, 1949년 중앙나요양소, 1951년 갱생원, 1957년 소록도갱생원, 1960년 국립소록도병원, 1968년 국립나병원, 1982년 국립소록도병원으로 이름이 바뀌어 오늘에 이른다.

조선나병예방법이 제정된 1935년부터는 전국 부랑 나환자들이 강제로 수용되면서 환자수가 급격하게 증가했지만, 일제가 이들을 환자가 아닌 반反사회인으로 취급하는 바람에 부작용도 속출했다. 외로운 환자들끼리 동거하려면 불임수술 동의서를 의무적으로 제출하도록 해 1000여명이나 반강제적으로 불임수술을 받아야 했다. 급기야 1942년에는 이들에게 비인간적인 생활을 강요하던 원장이 피살되는 일도 벌어졌다. 1945년 8월에는 의사와 직원들 간의 병원 운영권 싸움에 환자들이 휘말려 84명이나 살해되는 참극이 발생했다. https://url.kr/mfnZxU

1916년에 소록도에 나환자 전문병원인 자혜의원이 설립되게 된 배경에는 광주나병원의 역할이 매우 컸다. 부산, 대구 등에도 나병원이 있었지만, 수용인원이 그렇게 많지 않았는데 광주나병원의 주변에는 한때 600여 명이 살았다. 따라서 소록도가 나환자 보호시설로 선택된 것은 광주에 있는 나환자를 가까운 곳으로 이주시키려는 조선총독부와 전남도청의 이해관계가 맞았다. 조선총독부가 1935년에 조선나병예방법을 제정한 것도 최흥종 목사를 비롯한 조선인들이 조선나병근절책연구회를 만들고, 나환자를 체계적으로 치료하고 정착할 수 있는 대책을 세워달라는 '구라행진'의 산물이었다.

소록도에 자혜의원이 생겼음에도 불구하고 광주 시내에서 살던 인구가 1만 명 가량일 때 600여 명의 나환자가 광주천 상류 지역인 봉선리에 살아서 이들을 이주시켜야 한다는 여론이 비등했다. 광주나병원은 1909년에 포사이드 선교사가 나환자를 치료한 것이 동기가 되어 나환자치료소가 운영되었고, 우월순 선교사에 의해 1911년 4월 25일 효천면 봉선리에 설립되었다. 1913년에는 나환자교회로 봉선리교회가 설립되었고, 1915년에 한센병 환자 교육을 위한 봉선리 초등학교가 설립되었다가 이후 폐교되었다. 1923년에 조선총독부 사립병원 취제규칙에 의하여 정식병원 인가를 받았다. 하지만, 주민들이 지속적으로 광주나병원의 이전을 주장하여 1926~1928년에 여천군(현 여수시) 율촌면으로 단계적으로 이동하였다. 1935년 3월 15일 애양원으로 개칭하여 재원자 749명을 신앙과 진료로 돌보았다.

애양원은 1952년 미감아 수용을 위한 명성보육원을 설치하였으나 폐소되고, 1955년 4월 12일 나환자를 위한 대학과정인 한성신학교를 설립하였다. 1956년 8월 21일 재단법인 애양원으로 인가를 받았다. 1962년 한성신학교가 폐교되고 1967년에 재단법인 여수애양재활병원으로 개칭되어 병원이 활발히 운영되고 있다. 1988년 3월 21일 사회복지법인 애양원으로 변경하여 9월 29일에 여수애양평안요양소 시설 허가를 받고, 1989년 5월 8일에는 애양재활기술보도소 시설 허가를 받았다. 1999년 12월 역사관을 신축하고 2005년 5월 집중치료실ICU을 설치하였다. 현재 사회복지법인 여수애양병원은 한센병 환자와 일반장애인들에게 의료적, 직업적, 정신적으로 재활을 도모하고 기독교의 복음을 전하는 등 전인치유의 사업을 수행하고 있다. https://url.kr/w35Quz

광주나병원, 애양원, 여수애양병원의 역사를 보면, 나병환자에 대한 국가의 정책과 사회의 대책이 어떻게 변화되었는지를 알 수 있다. 초기에는 나환자를 치료하고 이들이 자활할 수 있도록 돕는데 집중하였다. 나환자는 치료를 받아도 사회적 차별이 심해 주민과 섞여 살기가 쉽지 않았기에 함께 마을을 이루고 살면서 같은 교회와 학교를 다녔다. 어린 나환자와 그 가족(자녀)을 위해 보육원을 운영하기도 하였으니 초기 나병원은 정착촌과 함께 성장하면서 교회, 학교, 보육원을 운영하였다. 나환자의 수가 줄면서 치료된 사람이 살 수 있도록 정착촌 운동을 펼치고, 가족의 돌봄을 받기 어려운 나환자를 위해 양로원을 운영하기도 했다.

나환자의 치료와 정착을 위한 소록도 자혜의원과 애양원의 활동 성과는 달랐다. 자혜의원과 소록도갱생원은 일제가 식민통치의 일환으로 매우 억압적으로 운영하였다. 갱생원에 사는 주민은 환자와 미감아로 구분하였고, 전염을 이유로 면접할 때도 신체적인 접촉을 피하게 했다. 해방 이후에도 병원이 중심이 되고 주민은 생활보호대상자로 생계보호 등을 받았다. 하지만, 애양원은 환자와 운영자(초기에는 남장로교 선교부, 점차 손양원 목사 등 한국인 목회자)가 합심하여 운영하였다. 스스로 교회를 열고, 학교를 만들며, 정착촌을 만들어 자립의 길을 걸었다. 나병원은 점차 나환자가 줄면서 일반 환자를 함께 받아서 재활 전문병원으로 성장했다. 어떤 꿈을 갖고 실천하느냐에 따라 다른 모습으로 발전한다는 것을 확인할 수 있다.

목포는 전남 사회복지의 텃밭

목포 유달산 아래에 있는 '공생원'은 일제강점기인 1928년에 윤치호 전도사가 설립한 곳으로 의미가 크다. 고아원, 양로원 등이 주로 외국인 선교사에 의해 설립되던 시절에 한반도 남쪽 작은 도시인 목포에서 한국인 청년에 의해 공생원이 설립된 것은 매우 이례적인 '사건'이었다. 1905년에 경성에서 최초 근대식 고아원을 설립한 이필화는 사재 3,500원(당시 쌀 한가마가 2원에 미치지 못함)을 경성고아학교의 설립에 투자한 자산가이었다. 『우리나라 복지발달사』를 쓴 조성린 박사의 '경성고아원에 대한 소고'에 따르면 이필화는 이를 고아학교로 발전시켰고 대성종교회를 통해 사회운동을 펼쳤다. 이필화의 경성고아원은 왕실의 후원을 받기도 하고 장안사의 '관기자선연주회' 등 민간의 지원을 받기도 했다.

1908년에 이길선李吉善이 경성 중부 교동校洞에 건립한 장안사는 같은 해 7월경부터 공연을 시작하였다. 장안사는 1908년 7월 13일 경성고아원 건립비를 후원하기 위하여 관기官妓 100여 명을 동원해서 관기자선연주회를 3일간 개최하여 그 수익금을 모두 경성고아원에 기부하였다. 이후 경성고아원은 법적 분쟁이 생기고 일제에 의해 제생원으로 거듭난다.

경성고아원에 대한 소고

경성고아원은 1905년 한 개인의 사재私財로 창설된 우리나라 최초의 근대적인 고아시설이다. 즉 광무9년(1905) 9월 대성大成종교인 이

필화李苾和가 사재 3,500원을 지불하고 한성부 중부 광이동[5] 11통5호(현 종로구 관철동) 소재 전 포목도가都家였던 38칸의 가옥을 남태희로부터 매입하여 수리비 2,000원으로서 고아 수용 교육시설로 개조하여 동년 10월에 경성고아학교라는 명칭으로 고아교육사업을 시작하였다.

이필화는 전통적인 유교가문 출신으로 유교적인 윤리도덕을 신봉하고 젊은 세대에 대한 공맹孔孟의 도의교육을 무엇보다도 중요시하였다. 또 그는 물질적인 유산보다도 교육을 통한 시회정의, 인류애, 겸손한 마음 및 충성심 등의 정신적 교육을 하는 것이 그들에게 더 소중하고 유익한 것이라고 생각하였다. 이와 같은 이유로 그는 고아사업을 시작하고 또 대성종교회를 고아학교 내에 창설하여 한성 및 지방에 있는 유림儒林들을 모아 유교에 관한 강독도 하고 연구도 하며 이에 소요되는 비용은 전적으로 이필화 본인이 부담하였다. 이와 같이 유교 강독과 연구를 하는 동시에 당시 국내에 강력히 침입하고 있는 일본의 침략세력에 저항하는 애국운동을 하였다.

경성고아학교는 거리를 방황하는 고아들을 수용하여 이들을 양육하고 교육하며 또 이들 중 역병疫病으로 고생하는 아동들에게는 의료보호를 하는 것을 목적으로 하였다. 즉 거리를 유랑하고 있는 고아들에게 의식주를 제공하고 현대식 교육을 실시하며 또 병을 앓는 사람은 치료를 해 주었다. 초창기부터 이필화는 2명의 교사와 2명의 의사를 채용하여 이들에게 매월 30원의 후한 급료給料를 지급

---

5 광이동은 광희동의 오자인 듯.

하였다. 이 당시의 30원은 백미白米 17가마 반에 해당하는 금액이었다. 그러나 경성고아학교 개설 당시에 이필화는 건강상태가 좋지 않아 학교 운영을 직접 감당할 수 없어 손의구와 배동현 등 2명에게 전적으로 위임했다.

한편 광주대학교 한규무 교수에 따르면, 경성보육원은 일제강점기 "빈약한 조선 사람의 손으로 경영하는 경성 안의 유일한 고아원"이며 1920년 1월 3일 설립되었다고 알려져 있다. 실제로는 김병찬이 자택에 고아들을 모아 돌본 것(1919년 10월)을 계기로 이를 후원하기 위한 경성고아구제회가 조직(1920년 2월)되어 고아원을 운영하였다. 다시 경성고아원으로 개원(1921년 5월) 했다가 재단법인 경성보육원으로 전환(1922년 5월)되었으며 이어 안양분원이 설치(1936년 9월)되는 복잡한 과정을 거쳤다. https://url.kr/2TA8rv

첫째, 공생원은 청년 기독교인 윤치호가 예수의 삶을 살기 위해 만들었다는 점이다. 윤치호는 목포 양동교회 전도사로 만 19세 때 공생원을 설립하였다. 경성고아원을 설립한 이필화가 상당한 재력가이고, 1920년 경성보육원(고아원)은 경성고아구제회가 중심이 되어 운영했다는 점에서 한 청년이 시작한 공생원과 차이가 있다. 그는 1909년 6월 13일, 전남 함평군 대동면 상옥리 옥동 마을에서 태어났다. 12세 때 부친을 여의고 소년가장이 되었으나 마틴(Julia A. Martin: 1869~1944) 선교사의 도움으로 서울의 피어선 성경학원(피어선신학교, 현 평택대학교)에 입학하여, 이후 전남 최초 교회인 목포 양동교회에서 전도사로 활동하였다. 당시 목포는 부산, 인천과 더불어 조선의 3대 항구로 급격히 발전하고 이로 인해 많은 걸인과 고아들이 넘쳐났다. 이 시기에 목포에 온 윤치호는 7명의 부랑아를 데려와 함께 생활하기 시작했고, 1928년 10월, "함께 어우러져 살아가는 곳"이라는 의미로 '공생원共生園'을 설립하였다. 주민들과 마찰로 이곳저곳 옮겨 다니다가, 1930년 4월에 목포 유지들과 양동교회의 도움으로 대반동에 목조 원사를 신축하여 1932년 12월 15일에 정식으로 설립인가를 받고, 이후 1937년 4월 죽교동(대반동) 현 위치에 자리를 잡았다.

둘째, 공생원은 자립형 고아원이었다는 점에서 의미가 크다. 초기 고아원은 숙식을 함께 하는 기숙학교의 양식이었다. 이는 초기 신식학교인 이화학당도 유사했다. 신식교육을 받길 꺼리는 상황에서 고아 혹은 부모가 양육하기 어려운 상황의 아동을 모아서 숙식을 제공하고 가르치는 기숙학교와 유사했다. 그런데, 공생원은 목포역 주변에서 부랑아를 모아서 숙식을 제공하면서 '일거리를 주는 곳'을 지향했다. 그는 아이들의 먹을거리 마련을 위해 동냥을 마다하지 않아 '거지대장'으로 불리기도 했다. 공생원이 '나사렛 목공소'로부터 시작되었다는 것은 예수처럼 살려는 뜻을 잘 반영한 것이다. 나사렛의 청년 예수가 "네 이웃을 네 몸과 같이 사랑하라"를 실천하였듯이 유치호 전도사도 아동이 목공소를 통해 일하고 삶의 기회를 잡을 수 있도록 하였다.

셋째, 공생원은 한국인 윤치호가 설립하고 일본인 윤학자가 계승 발전시켰다. 공생원 설립 10주년이던 1938년 10월 15일, 윤치호는 일본인 다우치 치즈코(1912~1968, 한국명 윤학자)와 결혼했다. 윤학자는 목포의 선교사들이 세운 정명여학교 음악교사로 근무하였는데, 공생원에서 음악으로 봉사하면서 부부의 연을 맺었다. 식민지하에서 조선인과 일본인 청년이 결혼하기가 쉽지 않았을 터인데 두 사람은 기독교인이라는 공통점이 있고, 윤학자가 공생원에서 봉사활동을 하면서 애정을 키웠다. 윤학자는 1951년 윤치호 원장이 식량을 구하러 전남 도청이 있는 광주로 갔다가 숙소에서 행방불명되면서 공생원을 책임지고 운영하였다.

넷째, 공생원이라는 이름 때문에 해방후 좌우익이 경쟁할 때 혼란을 겪기도 했다. 공생원은 "함께 어우러져 살아가는 곳"이라는 좋은 뜻을 가졌지만, 좌우익이 갈등하고, 동족살상으로 이어질 때 혼란을 겪었다. 1950년 북한군이 목포에 진입하였을 때 이들 부부는 '고아들을 두고 우리만 도망칠 수 없다'며 공생원을 지켰는데, 인민군 치하에서 갖은 고초를 겪었다. 인민재판에 회부되었다가 마을 사람들의 변호로 풀려났지만, 대신 공생원에 인민위원회 사무실을 설치하고 죽교동(대반동) 인민위원장직을 맡아야 했다. 9월 말 목포에서 인민군이 후퇴한 후에는 인민군을 도왔다는 이유로 체포되었다. 무혐의로 1951년 1월에 석방되었지만, 얼마 후 식량구호 요청을 하기 위해 광주에 갔다가 행방불명되고 말았다(당시 42세). 공생원을 만들겠다는 한 사람의 꿈이 이데올로기에 의해 어떻게 굴절되었는지를 알려주는 사례이다.

다섯째, 공생원에서 시작된 사업이 후대에 노인복지, 장애인복지 등 다각도로 발전되었다. 윤치호 원장의 행방불명 후에도 윤학자 여사는 일본으로 돌아가지 않고 시설을 운영했다. 1968년에 56세의 나이로 세상을 떠나기까지 희생과 봉사로 아이들을 돌보았다. 그의 장례는 목포 최초로 '시민장'으로 치러졌다. 당시 신문기사에 "3만여 명의 조객이 모였고, 목포가 흐느껴 울었다"고 했으며, 1965년 제정된 목포 시민의 상 제1호 대상자가 일본인 윤학자 여사였다는 것만 보아도 그가 얼마나 지역민의 존경과 사랑을 받았는지 짐작할 수 있다. 1963년에 박정희 대통령으로부터 문화훈장 국민장, 1967년에는 일본 정부로부터 훈장을 받는 등 민간대사로서 한일가교의 역할을 담당하기도 했다.

아들 윤기 회장은 『어머니는 바보야』라는 책을 통해 어린 시절 공생원에서 생활을 썼다. 원장 자녀들이 고아와 함께 자란 내용이다. 윤치호 전도사와 윤학자 여사의 정신을 이어받은 공생복지재단은 이들 부부의 외손녀 정애라 원장이 운영했다. 윤기는 한국사회복지사협회 회장을 역임하고 일본에서 '마음의 고향'이란 재일교포를 위한 노인복지시설을 운영하고 있다. 제주장애인요양원을 운영하는 신원복지재단 정석왕 대표도 그 후손이다. 공생원에서 뿌린 복지의 씨앗은 아동복지를 넘어 노인복지, 장애인복지 등으로 널리 퍼졌다. "하나의 밀알이 땅에 떨어져 죽으면 많은 열매를 맺는다"는 믿음이 실현되고 있다.

목포에 아동복지시설이 설립된 것은 무안군 작은 마을에 불과했던 목포가 부산, 인천에 이어 3대 항구로 발전하면서 외지인이 많이 들어왔다는 것과 밀접히 관련된다. 목포는 신의주까지 가는 국도 1호선의 시발점이었고, 서울에서 목포까지 호남선 철도의 종착역이었다. 조선시대까지 목포는 수군(책임자 만호)이 지키는 곳이었지만, 일본 식민세력은 호남의 쌀과 면화 등을 가져가는 물류 중심지로 발전시켰다. 항구와 역 주변에서 일하는 가난한 사람과 부랑인이 많은 목포에 양동교회 윤치호 전도사의 활동이 빛났다. 그는 자립형 시설인 '공생원'

을 꿈꾸었고, 자원이 부족한 목포에서 새 복지모델을 개척했다.

공생원이 만들어진 1928년은 일본에서 '구호법'이 제정되는 시기이었다. 일본은 1874년에 제정된 공적 구빈법인 휼구규칙을 폐지하고 그 대안으로 1929년에 구호법을 제정하고 1932년에 시행하였다. 이 법은 일본 구민법사상 처음으로 빈곤자의 보호를 공공의 의무로 규정하였다. 구호법은 구호기관, 구호내용, 구호방법, 구호비 분담 부분을 명시하였고, 구호대상을 빈곤자와 생활불능자로 한정하였다.

이 법은 일본에서 적용되고 식민지 조선에는 적용되지 않았다. 당시 조선은 일본의 영향을 받았기에 "13세 미만의 고아를 국가가 보호한다"는 뜻을 실천하려는 사회운동이 일어났다. 광주에서 최초 아동양육시설인 무등육아원도 1928년 6월 13일 부랑걸식 폐질환자 22명으로 개원하였다. 일본 구호법을 조선에 적용한 것은 1944년에 제정된 조선구호령이었다.

민심을 얻어 지도자로 성장

전남에서 서구식 사회복지의 도입은 남장로교 선교사(윌슨, 서서평 등)가 했지만 이를 지역사회에 뿌리를 내린 사람은 주로 기독교인인 최흥종, 윤치호, 강순명, 이현필, 정인세, 김준호, 김화남, 홍승애, 이정희 등 조선인 선각자들이었다.

초기 사회복지는 선교·의료·교육·복지를 함께 하는 '선단식'이었다. 교회에서 성경을 배운 기독교인들은 예수님처럼 '사랑의 실천'

으로 사회복지를 실행했다. 선교사, 의료인, 교육자, 복지인은 따로 있는 것이 아니라, 한 사람이 다양한 측면에서 활동했다. 가장 대표적인 인물인 윌슨, 최흥종, 서서평의 삶에서 살필 수 있다. 광주 제중원 원장인 윌슨(한국명 우월순, 우일선, 1880~1963)은 1909년 이후 나환자가 늘어나자 본국에 간호사의 파견을 지속적으로 요구했다. 그 결과 미국 남장로교에서 1912년에 서서평 의료선교사(엘리자베드 J. 쉐핑, 1880~1934)를 파견했다. 윌슨과 조사인 최흥종이 중심이 되어 광주나병원을 운영하던 시기이었다. 윌슨, 최흥종, 서서평은 동갑이었는데, 의사, 조사, 간호사로서 한센병자를 치료하면서 자활에 적극 협력하였다. 이들이 세운 광주나병원은 나환자와 그 가족의 교회이고, 학교이며, 복지관이었다. 윌슨은 은퇴한 후 여천군으로 옮겨진 애양원에서 선교사, 의사, 사회사업가를 복합적으로 수행하였다. 그는 손재주가 좋아 나환자에게 구두수선, 땜질 등을 통해 자활하는 법을 가르쳤다. 오늘날 수많은 사회복지시설(거주시설) 강당은 일요일에 교회가 되고, 주말이나 방학에는 교육공간으로 활용되는 것은 이러한 전통이 살아있기 때문이다.

기독교 선교사와 조선인 기독교 지도자의 활동은 제자 양성을 통해 주민의 삶을 변화시켰다. 구체적인 사례를 광주YMCA, 어비슨농업실습학교에서 찾을 수 있다. 3·1운동 이후 숭일학교에서 YMCA활동을 했던 청년들이 중심이 되어 1920년 오웬기념각에서 광주기독청년회YMCA를 조직하고 다양한 사회운동을 실천했다. 대표적인 것이 피폐된 농촌을 살리기 위해 1925년부터 야학, 신용협동조합 등을 전남 각처에서 조직하고 문맹퇴치, 농민운동, 농사법개량, 농산물 제값

받기운동 등을 전개했다. 이러한 활동을 체계적으로 하기 위해 조선 YMCA는 미국에 농사전문가를 파견해달라고 요구하였다. 이에 1926년에 북미YMCA는 캐나다 출신 미국인 농사전문가인 어비슨Gordon W. Avison, 1891~1967을 광주YMCA로 파견하였다. 그는 조선시대 말에 고종황제의 어의이면서 제중원, 세브란스의전을 발전시킨 근대 의료의 선구자인 올리버 R. 어비슨 박사Oliver R. Avison, 1860~1956의 아들이다. 그는 사재를 털어 1933년에 양림리 수피아여학교 앞에 농업실습학교를 세워 지도자를 양성하였다. 이 학교는 일제의 탄압으로 1938년에 중단되었다. 농업실습학교에서 성경을 배우고 농업기술을 익힌 강순명, 이현필, 이준묵 등은 이후 대한민국을 대표하는 기독교 지도자와 사회운동가로 성장했다.

식민지하에서 복지활동은 농민·노동운동과 연계되면서 보수적인 기독교계와 일제의 탄압을 받기도 했다. 기독교는 미국 북장로교와 남장로교가 중심이 되어 조선에 전파되고, 이후 다양한 교파가 조선에 들어왔다. 식민지하에서 선교활동은 일제가 허용하는 범위에서만 가능했다. 주류 기독교계는 타협 속에서 선교활동을 했는데, 1930년대 말 내선일체 정책에 따라 학교와 교회 그리고 마을에서 신사참배가 강요되면서 수용 여부로 갈등을 빚었다. YMCA를 통해 농민운동과 노동운동에 관여한 최흥종 목사와 YWCA를 조직한 김필례 선생은 영혼구제를 넘어 사회구제를 강조했다. 수피아여학교 유화례 교장은 "그래도 교문을 닫을 수 없다"는 이유로 신사참배를 나간 교사와 학생이 학교에 돌아올 때 교문을 잠가서, 끝내 학교는 폐쇄되었다. 최흥종 목사는 일찍이 1917년에 북문밖교회(광주중앙교회)의 예배처를 세우고,

광주 삼일운동을 준비하였다가 14개월여 옥살이를 하였다. 석방 이후 1921년 1월에 목사 임직을 받아 북문밖교회에서 유치원을 세우고, 야학을 실시하였으며, 그해 9월부터 시베리아 선교사로 2년간 사역하였다. 그 후 나환자의 재활을 위하여 살았으며, 신사참배하는 한국교회를 향하여 1935년에 "사망통지서"를 보내 사회적 죽음을 선택했다. 그는 교회를 지키기 위해 일제가 요구하는 신사참배를 수용한 목회자를 '늑대'에 비유하면서 "목사의 말이 아닌 성경을 믿어야 한다"고 선언하여 교계와 갈등을 빚었다. 그는 해방 후 1966년 죽는 날까지 결핵환자들과 함께 기거하면서 영적인 아버지로 지냈다. 광주시와 시민은 최흥종 목사를 광주 시민장으로 예우하였으며, 그의 유해는 대전 국립묘지 독립유공자묘역에 있다. https://www.yangrim.shop/7

당시 다수 기독교인은 신사참배를 불가피하다고 생각했지만, 농업실습학교에서 공부한 강순명, 이현필, 이준묵 등은 '독신전도단'을 꾸려 농촌지역을 순회하면서 전도활동을 하고, 제자를 훈련하였다. 이들은 산중에서 살아 '산중파'로 불리고, 주류 교회의 활동에 동참하지 않는다는 이유로 파문을 당하기도 했다. 하지만, 한국 기독교의 역사에서 이들의 영성과 활동은 추앙받고 있다. 해방 후 강순명 목사는 1952년 천혜경로원을 세워 노인복지를 실천하였고, 이현필 선생과 그 제자들은 동광원을 세워 아동복지를 실천하고 귀일원을 통해 장애인복지를 실천했다. 이준묵 목사는 해남읍교회를 담임하며 1953년 해남등대원을 세워 아동복지를 실천하고, 1946년 해남YMCA를 조직하는 등 지역사회운동에 헌신하였다.

선각자들은 개인의 선행을 넘어 전문인력을 양성하고 사회운동으로 발전시켰다. 이 시기에 인재양성을 가장 조직적으로 한 사람은 서서평 선교사이었다. 그녀는 한 달이나 걸려 봉사를 다녀온 어느 날, 조선 여인들의 인권을 안타까워했다. 부인이면 "대전댁"같은 명칭을, 어리면 "큰년", "작은년"으로 불리며, 자기 인격권이나 정체성에 대해 생각해 보지도 못하고 사는 여성들을 위해서도 일했다. 그녀는 이름을 지어주고 학대받는 상황에서 해방되는 길을 개척했다. 1922년에 학대받는 여성들, 배울 기회를 가지지 못한 여성들을 계몽하기 위하여 침실에 모여 하던 공부를, 1926년에 미국인 친구인 니일Neel의 후원을 얻어 정식으로 지은 것이 이일학교이다.

이일학교는 문해교육을 하는 보통과와 성경을 학습하는 성경과로 운영되었다. 이일학교는 사회적 약자이었던 여성의 지도력을 키우는 기관이었다. 일제강점기만 해도 여성의 지위는 매우 낮았으며, 힘없는 계층의 여자들은 성매매에 희생되는 경우가 꽤 있었다. 그녀는 공창폐지운동, 금연·금주운동을 펼치기도 했다. 이일학교는 여성을 위한 최초 성경학교(신학교)이었는데, 후에 전주에 있는 한예정신학원과 합쳐 한일여자신학교(현 한일장신대학교)가 되었다. 뿐만 아니라 서서평은 여성이 전문직을 갖고 사회에 진출할 수 있도록 간호부를 양성하는데 집중했다. 제자들을 간호부로 키우고 1923년에 조선간호부회를 조직해 국제간호협의회에 가입시키려고 노력했다. 당시 일본의 반대로 국제협회에는 가입하지 못했지만, 조선간호부회는 오늘날 대한간호협회로 성장했다.

1922년 10월에 만들어진 '부인조력회'는 전도활동을 활발히 하였고 광주와 전남지역에 교회를 성장 발전시키는 산실이었다. 당시 광주의 대표적인 교회는 북문안교회(금정교회, 제일교회), 북문밖교회(중앙교회), 양림교회, 향사리교회(서현교회)이었고, 주로 나환자가 출석하는 봉선리교회가 있었다. 일요일 오전에는 광주 외곽 마을로 가서 '확장 주일학교'를 열고, 오후에는 교회에서 예배를 본 후 상황을 보고했는데 부인조력회 회원와 주일학교 학생이 주도하였다. 확장 주일학교는 시간이 지나면서 교회 개척의 중심이 되었다. 당시 목회자는 교회 일에 전담하기 어려웠는데, 부인조력회가 '성미운동誠米運動'을 펼치면서 교회의 자립을 시도할 수 있었다.

서서평은 3·1운동에 참여하여 서대문형무소에서 옥살이를 하는 최흥종 등의 옥바라지를 하여, 일제로부터 경성에서 활동하지 못하도록 되었다. 이후에도 그녀는 조선인들에게 성경의 출애굽기를 가르치며 해방의 꿈을 가지도록 했다. 자신의 월급을 쪼개서 13명의 양녀와 1명의 양자를 키우기도 했다. 1934년에 영양실조 등으로 사망하였지만, 그녀가 키운 양녀와 양자는 성장하고, 부인조력회는 여전도회, 조선간호부회는 대한간호협회로 발전하였다. https://url.kr/pSlrcw

당시 북문밖교회에 부녀자를 위한 야학이 생겼고, 많은 교회가 야학을 열었다. 북문밖교회는 낮에 유치원으로 사용한 건물을 밤에 야학으로 활용했고, 1922년 유치원교사인 박화성(소설가)은 야학교사로 봉사했다. 많은 교회가 야학을 연 이유는 문맹을 퇴치하자는 명분과 함께 신자들이 한글을 깨쳐야 성경을 읽고 찬송가를 부를 수 있었기 때문이었다. 당시 농촌으로 돌아가자는 사회운동이 광범위하게 펼쳐져 학생과 청년들이 농촌으로 가서 야학을 하고, 농민회를 조직하였다. 이들은 일제의 감시가 심한 상황에서 야학을 통해 주민을 접촉하고 조직화할 수 있었다. 심훈의 상록수로 유명한 최용신과 박동혁의 활동은 그 한 단면이었다. https://url.kr/qO19ih

Ⅲ 흘린 역사는 아동복지의 씨앗

사회복지 역사를 공부하면 '상처'를 피해가기 어렵다. 사회복지시설은 아동복지시설에 뿌리를 두고 있다. 최초 서구식 아동복지시설은 천주교고아원이었지만, 이전에도 조선식 사회복지시설이 있었다. 조선 정조 때 제정된 '자휼전칙'(1783년)을 보면 유기아와 행걸아를 발견하면 지방관은 부모나 친척 등 연고자를 찾아주고, 연고자가 없으면 지역 유지에게 수양을 권했다. 여의지 않으면 진휼청 밖에 흙집을 지어 보릿고개까지 보호하고 이후 4살 이상은 나가서 살 수 있도록 하였다.

흔히 한국에서 고아원이 많은 이유는 전쟁고아 때문이라고 한다. '전쟁고아'라는 낱말은 전쟁 중에 생긴 고아이고, 이들을 돌보기 위해 고아원이 생겼다는 주장이다. 한편으로 맞는 말이지만, '전쟁고아'라는 낱말에는 복합적인 의미가 있다. 고아원이 6·25전쟁 직후에 폭발적으로 늘어난 것은 사실이지만, 광주에서 광주공제조합(현 무등육아원) 이후 설립된 '동광원'은 '여순사건'으로 생긴 고아를 보호하기 위해 시작되었다. 탁발 전도단을 만들어 제자들에게 신앙훈련과 전도훈련을 시켰던 이현필 선생은 여순사건으로 고아들과 유리하는 사람들이 많아지자, 탁발 수도를 그만두고 1949년에 전남 화순군 화학산 청소골에서 고아원을 시작했다. 1950년 1월에 광주에서, 정인세 선생을 통하여 YMCA를 중심으로 '동광원'이란 이름의 고아원이 생기자 이 선생과 제자들은 YMCA가 시작한 동광원의 고아들을 헌신적으로 섬겼고, 결국 동광원은 이현필 선생의 신앙운동단체가 되었다.

1950년 6·25전쟁으로 고아들이 발생했고 동광원의 원아들은 무려 600여 명이 되었다. 이 공동체 사람들은 고아들을 성실히 돌보는 한편 신앙으로 이끌었다. 이현필 선생의 말씀대로 고기를 안 먹인다든지, 인간성 타락을 방지하는 의미에서 학교 교육을 시키지 않았다. 하지만 한때 '산중파'로 불린 이현필 선생의 지도방식은 주변에서 민원이 제기되고 결국 전남도청은 동광원을 폐지하고 각 지역에 고아를 분산 배치하였다.

그중 일부 고아를 해남읍교회 이준묵 목사가 거두어 해남등대원을 발전시켰다. 해남등대원의 연혁을 보면 1953년 3월 개원과 이준묵 원장 취임, 1957년 4월 사회복지법인 해남등대원 설립인가(정원 105명), 1964년 2월 아동복지시설 인가로 표기되어 있다. 화순자애원은 1950년 7월 23일에 김영배가 설립하고, 1956년에 5월 11일에 사회복지법인 화순자애원 법인 인가를 받았으며, 선명회(현 월드비전)에 가입했다. 함평시온원은 1953년 8월 6일 함평읍 기각리에서 개원(설립자 김수업), 1956년 10월 28일에 재단법인 허가를 받고 1957년 2월 18일에 사회복지시설 인가를 받았다. 순천성신원은 1948년 8월 1일에 개원하여 순천무요회에서 11명의 전재고아를 수용하고, 1952년 순천YWCA가 인수 운영하고(당시 원생 30명), 1954년 2월 15일에 1대 이광식 목사가 성신원 대표와 시설장으로 취임했다. 해방과 6·25전쟁을 겪으면서 생긴 전쟁고아를 보호하는 아동복지시설장은 다수가 기독교 목사이거나 장로이었다.

그런데, 여순사건과 6·25전쟁 그리고 지리산 토벌작전을 통해 생긴 고아는 '전쟁고아'라기보다는 '양민학살 사건 피해자'인 경우가 많았다. 당시 낮에는 군인과 경찰 편에 서고 밤에는 산사람(혹은 밤손님) 편에 설 수밖에 없었던 양민들이 서로 죽이고 죽임을 당하는 경우가 많았다. 서로 아는 처지에 성인 남자는 죽였지만 차마 여자와 아이들까지는 죽일 수 없었기에 고아들이 늘었다. 그 피 흘림의 결과는 백선육아원에서 잘 드러난다. 백선육아원(현 백선바오로의집의 전신)은 지리산 토벌대장 백선엽 장군이 1952년에 세운 고아원이었다. 백선엽 장군의 회고록인 『老兵이 걸어온 길』을 보면 백선육아원을 만들고 운영한 내용을 알 수 있다. 이 기록은 설립자의 입장에서 쓰여진 것인데, 수많은 고아는 '토벌'의 피해자인 경우가 많았다.

노병老兵이 걸어온 길, 백선육아원 설립

> 지리산 토벌작전을 시작하면서 나는 생포한 빨치산과 귀순자·투항자 등을 수용할 시설이 필요할 것이라 생각하고 광주와 남원에 수용소를 만들었다. 예상은 적중했다. 대대적인 토벌작전과 심리전을 병행해 가면서 수용소가 붐비기 시작했다. 3개월의 작전기간 중 생포하거나 투항한 사람은 7,000여 명에 달했다. 그들은 수용소에서 군 수사기관과 경찰·검찰, 그리고 미군 수사기관과 합동으로 구성된 조사단 심사에 따라 처리됐다.

수용소에 잡힌 아이들 위해 결심

빨치산의 위협에 못 이겨 어쩔 수 없이 입산한 선량한 주민 등 혐의가 경미한 사람들은 즉각 석방했다. 국방경비대법상 이적행위 혐의로 기소된 구속자들은 혐의의 경중에 따라 처리됐다. 나는 틈날 때마다 두 수용소를 찾아가 조사가 엄정히 이뤄지고 있는지 살폈다. 수용자 처우에도 많은 신경을 썼다.

내 눈에 걸리는 것은 아이들이었다. 부모를 잃은 빨치산 아이들과 입산자 가족도 수용소에 들어왔는데, 제대로 돌볼 수가 없었다. 수용소 안에서 출산한 여자 빨치산도 있었고, 수용소 바깥 눈밭에 버려진 아이들도 있었다. 더러는 친척이 찾아와 아이들을 데려가기도 하고, 유아들은 경찰이 입양을 알선하기도 했지만 해결책이 되지는 못했다.

예산도 예산이지만, 그들을 돌볼 손이 없어 아이들은 수용소의 찬 마룻바닥에 방치되다시피 했다. 그 아이들이 불쌍해서 나는 육아원을 만들기로 결심했다. 전남·북에 한 곳씩 시설을 만들기로 하고, 김점곤 참모장에게 행정당국과 협조해 마땅한 건물을 물색해 보도록 지시했다. 마침 광주 교외 송정리역 근처에 마땅한 적산가옥 한 채가 있다고 했다.

전북에는 마땅한 건물이 없었다. 설립 자금을 마련하기 위해 우리는 모금운동을 시작했다. 사령부 간부들이 모금활동을 전개하자, 이을식 전남도지사가 적극 협력해 줬다. 미군 고문관들도 적극 호응했고 광주 교육총본부도 구호품을 보내왔다. 그렇게 해서 200여 명의 고아들을 수용할 수 있었다. 그렇게 태어난 것이 백선육아원白善

育兒院이다.

백선육아원을 생각할 때마다 나는 한국전쟁 종군기자 출신인 로버트 피어즈 씨를 잊을 수 없다. 기독교 계통의 유명한 구호단체인 세계선명회 일을 보게 된 그는 한경직 목사(영락교회 창설자)와 함께 선교사업 차 우리 부대를 자주 찾아왔다. 그런 경위로 백선육아원을 알게 된 그는 적극적인 지원을 약속했다.

현재 '백선 바오르의 집'으로 운영

미국에 돌아가 백선육아원 후원회를 조직, 수용 어린이 1인당 매달 15~20달러씩을 보내왔다. 뒷날 세계선명회 총재가 됐을 때도 지원을 계속했으니, 아마 40년 가까운 인연이 아닌가 싶다. 백선육아원은 처음엔 빨치산 아이들만 수용했으나 나중에는 전남 일대 일반 고아들도 받아들였다. 체제가 잡혀가면서 수용인원도 300여 명으로 늘었다.

나는 퇴역 후에도 백선육아원 일에 계속 관여했다. 식자재를 자급자족하기 위해 육아원 주변의 밭을 사들인 것이 송정리가 광주광역시로 발전하면서 자산 가치가 수십억 원대가 됐다. 더 수용할 고아들이 없어져 육아원은 한때 문을 닫았다. 서울올림픽 후 나는 김점곤·장우주 장군 등 이사진과 협의해 이 시설의 전 재산을 천주교 대구교구 수녀원에 기증했다.

나이가 들어 더 이상 운영에 관여하기가 어려웠다. 수녀원 측은 1991년 그 땅을 팔아 광주 근교에 정박아 수용시설을 건립했다. 현재 그 시설 이름은 '백선 바오로의 집'으로 바뀌어 잘 운영되고 있다. 다른 곳에 다른 목적의 시설을 세웠으면서도 처음의 이름을 계승해 줬으니 고마운 일이다.

당시엔 백선육아원만 그런 것이 아니다. 현재 전국에 230여 개 아동양육시설이 있고, 시·군·구가 230여 개이기에 한 시·군·구에 평균 1개소가 있어야 맞는데, 전남 함평에만 자광원, 삼애원, 성애원, 시온원 등 네 개의 고아원이 있었다. 시온원은 앞서 언급했고, 함평삼애원은 1957년 2월 19일에 인허가를 받은 시설이고 한때 정원이 130명이었다. 자광어린이집을 운영하는 사회복지법인 자광원도 한때 아동양육시설이었다. 함평성애원은 1953년 10월 22일에 육아시설로 시작되었고(설립자 모남식), 1956년 5월 10일에 재단법인 함평성애원으로 변경되었다. 1978년에 함평성애어린이집으로 변경되었고, 1981년에 함평성애양로원, 2008년에 성애노인요양센터를 개원했다. 아동양육시설로 시작된 사회복지사업은 이후 사회적 수요를 고려하여 어린이집, 노인복지시설 등으로 전환되었다. http://www.jncsw.org/hpsew/?gmcode=11

결핵환자에 대한 체계적인 지원

일제강점기의 사회복지는 주로 나환자, 고아, 무의무탁한 노인, 부랑인 등에 한정되었다면, 해방 이후에는 결핵환자에 대한 지원이 크게 늘었다. 전남이 결핵환자를 위한 요양시설이 많아지게 된 배경에는 '광주기독병원'에 결핵병동이 있었기 때문이었다. 결핵은 전염병이기에 다수병원에서 취급하길 꺼려했는데 광주기독병원은 집중적으로 다루었다.

1927년 제중병원 원장인 우월순 선교사가 나환자들과 함께 여수 애양원으로 집단 이주한 후 1930년부터 3대 원장인 부란도L.C.Brand 선교사는 결핵 퇴치사업에 열정을 가졌다. 1940년 신사참배 문제로 선교사들이 추방되고 병원이 강제 폐쇄되는 어려움을 겪기도 하였다.

1951년 기독병원을 재개원한 고허번H.A.Codington 선교사는 결핵 퇴치사업을 계승하여 헌신적으로 결핵환자들을 돌보며 나누는 삶을 실천하여 '광주의 성자'로 불렸다. 결핵환자들을 돌봄에 있어서도 병원 치료뿐 아니라 전남 여러 곳에 요양원 설립을 주도하고 지원하여 어려운 환자들의 퇴원 이후의 삶까지도 배려하였다. 이러한 노력은 현재까지 이어져 이 지역 종합병원 가운데 유일하게 결핵 전용 격리병동과 진찰실을 운영하고 있다. http://www.kch.or.kr/sub01/sub0104_2.html

병원에서 퇴원한 결핵환자를 위한 최초 요양원은 송등원이고, 무등원과 소화자매원으로 이어진다. 시설을 설립하는데 최흥종 목사, 이현필 선생, 김준호 선생 등 여러 사람이 관여했다. 문헌마다 기술이 조금씩 다르지만, 최흥종 목사는 기독교와 사회운동에서 중추적 역할을 했고, 이현필 선생은 동광원이란 신앙공동체의 중심이었으며, 청년 김준호는 이현필 선생의 영향을 받았다. 이현필 선생과 동광원 사람들은 신앙공동체이면서 사회봉사를 실천하며 동광원을 운영하고 귀일원을 설립했고, 동광원 사람이었던 김준호 선생은 무등원을 중심으로 활동하면서 소화자매원을 설립했다. 이는 나무의 가지는 여럿이지만 뿌리는 하나인 것과 같다.

해방 후 폐결핵은 불치병으로 경원시 되어 환자들은 발붙일 곳이 없었다. 결핵환자를 치료해 줄 병원, 의사, 약품 등이 턱없이 부족한 상황이기에 제중병원에서 최대 6개월간 치료한 후 퇴원시킴으로써 환자들은 갈 곳이 없었다. 당시 제중병원은 위급한 결핵환자만을 대상으로 응급처치를 하는 것을 규정하였다. 강제 퇴원 명령을 받았으나 갈 곳이 없던 반공포로 출신 오인환이 카딩턴 원장을 칼로 위협한 사건이 일어났다. 이를 계기로 최흥종 목사가 동명교회 장로이며 대한적십자사 전라남도지사 회장이던 박두옥 등 광주 유력 인사들에게 기부를 요청하여 30만 원의 성금을 모을 수 있었다. 이 일에 앞장선 이가 훗날 송등원의 초대 총무가 되는 제중병원의 결핵환자 박창규 전도사였다. 박 전도사는 이현필을 찾아가 오갈 데 없는 제중병원의 퇴원환자를 받아 달라고 부탁하였다. 이에 동광원은 5~6명의 폐결핵 환자를 받아서 꼬두메(현 산수동)에 송등원이 설립되어 떠나기 전까지 10개월 정도 이들을 돌보게 된다. 1957년 여름의 일이다.

이 당시 동광원은 매년 정월 초하루와 8월 15일부터 일 주일간씩 동계와 하기 수양회를 열었는데 유영모 선생과 현동완 서울YMCA 총무가 1958년 정월의 동계수양회 강사로 참석하였다. 이현필은 이때 현 총무에게 수많은 무의탁 폐결핵 환자들이 아무런 대책 없이 방치되는 안타까운 사연을 호소하였다. 현 총무는 서울YMCA 이사장으로 있던 이기붕 국회의장으로부터 매년 100만 원씩 총 300만 원의 폐결핵 환자를 돕기 위한 후원금을 약속받고 먼저 100만 원을 동광원 정인세 원장에게 보냈다.

방림동(현 봉선동) 동광원 예배실에서 최흥종 목사의 제의로 이기

봉의 호 '만송'에서 '송'과 이세종의 고향이자 본래 계획이 화순 등광리에 퇴원 환자 요양소를 지을 생각이었기에 '등광리'의 '등'을 따서 '송등원松燈院'이라 이름 짓고, 최흥종 목사를 이사장에, 카딩턴 선교사, 박두옥 장로, 정인세 등이 이사를 맡고, 박창규 전도사가 총무를 맡았으며 김준호도 함께 사역하였다. 겨울이 지나고 날이 풀리면 화순 등광리로 갈 예정이었는데, 최흥종 목사의 조언으로 꼬두메의 최부잣집을 60만 원에 임대해 반공포로를 포함한 7-8명으로 폐결핵 환자 요양소인 송등원이 탄생하였다. 1958년 봄이었다.

이현필은 김준호와 김은자에게 송등원을 돌보도록 했다. 강제 퇴원 결핵환자들의 숫자가 늘어남에 따라 동광원의 지원 인력도 점점 늘어났다. 카딩턴은 강제 퇴원 환자를 송등원에 보낼 때마다 환자 한 사람당 소액이지만 식비와 생활비를 보냈다. 송등원은 신양파크호텔의 아래 쪽이자 무등파크 아파트 위쪽에 위치한 200평을 구입하여 자체 건물을 지어서 옮겨갔다. 최부잣집 요양자들의 이주와 새로운 환자들의 입소로 단기간에 수용인원이 30여 명으로 늘어났다. 환자들의 숫자가 계속 불어남에 따라 환자들을 무등산 전역으로 분산 배치시켰다. 이때부터 송등원은 사라지고 무등원이 등장하게 된다. 1962년이었다.

무등원의 효시는 삼밭실이다. 김준호의 소개로 안영자가 1961년 폐병 요양을 위해 삼밭실의 빈집을 찾아왔다. 이곳은 임진왜란 때 의병장 김덕령 장군이 무술을 연마하고 무기를 만들던 제철유적지가 남아있는 유서 깊은 곳으로 맑은 식수가 있기에 사람이 살 수 있었다. 또 여기에 김은자가 광주 충장로에서 발견한 젊은 정신질환자 민임을 데려오고, 1962년에는 송등원의 여자 환우들이 옮겨오니 무등원의 탯

자리가 되었다. 1963년 중반에는 속립성 결핵 진단을 받은 이현필이 이곳에서 요양하였다. 삼밭실을 중심으로 위쪽으로는 남반(남자)의 원효사촌 소망실과 금곡동 목장터, 아래쪽으로는 기도실, 좌측으로는 여반(여자)의 개원사 옛 절터의 은혜실, 덕산골 소녀반이, 우측으로는 화순 이서 방면의 스기밭과 권솔재 그 밖에 광주 소태동의 원제실과 집게봉, 담양의 금성산성에 무등원 가족들의 거처가 마련되었다. 1962년부터 1964년 사이의 일이다.

이현필은 제중병원에서 간호조무사로 근무한 경력이 있는 이오순과 복은남에게 무등산으로 올라가 폐병환자들을 돕도록 명하였다. 그들은 1년간 은혜실과 삼밭실에서 환우들을 돌보았다. 이러한 시설 확장은 세계봉사회에서 구호품으로 지급된 밀가루와 옥수수를 무등산 일대의 요양소를 짓는데 동원된 노동자들의 인건비로 지급할 수 있었기에 가능한 일이었다. 제중병원 창고에 보관된 구호품을 카딩턴 원장이 제공한 것이다. 무등산 일대에 10곳이 넘게 산재해 있던 폐결핵 환자들의 요양소들은 1967년 광주의 대표적 상수원인 제4수원지가 건설되고, 1972년 5월 무등산이 도립공원으로 지정된 이후 모두 철거되었다.

이현필 선생이 돌아가시고 2년이 지난 1966년 8월 18일, 김준호 선생은 사단법인 제14호로 무등자활원을 등록하고, 1977년 귀일원과 별도의 법인을 설립하여 1981년 소화자매원으로 이름을 바꾸고 분리 독립의 순서를 밟았다. https://url.kr/H44Uz6

한편 남장로교 순천선교부에서 선교, 교육, 의료활동은 국민일보 전정희 논설위원의 글에 잘 표현되어 있다. 그 글을 발췌하면…… 1907년

4월 남장로교 선교사 변요한J. F. Preston이 순천 향교 안 양사재에서 초기 교인을 돌보는 것(현 순천중앙교회)으로 본격화된다. 1913년 무렵, 남장로교 선교부가 읍성 북문 밖 동산에 14.5km²에 이르는 순천선교부 부지를 매입한다. 남장로교는 전주선교부를 시작으로 군산·목포·광주에 이어 전남 동부를 관할하는 순천선교부를 열었다.

그리고 순천선교부 부지 조성과 매산학교 설립 등이 본격화되면서 중앙교회도 조직교회로서 면모를 갖추게 됐다. 선교사들은 또 순천선교병원(1914), 알렉산더병원(1916)을 건립하고 전염병과 한센병 등으로 죽어가는 조선 민중을 구했다. 알렉산더병원은 1901년 전북 군산야소병원장으로 부임한 알렉산더가 부임 직후 부친상을 당해 미국으로 돌아가 기부한 돈으로 건립됐다. 초기 복음의 역사는 교육과 의료 선교였다. 기록에 따르면 1932년 알렉산더병원 일반 환자가 6,030명, 무료 환자가 8,820명으로 의료선교사들의 헌신을 엿볼 수 있다.

매산학교는 일제의 황국신민 선서를 거부했다. 일본 천황이라는 우상에 고개를 숙일 순 없었다. 그러자 1916년 조선총독부가 성경교과 교육 문제로 탄압해 학교를 자진 폐교했다. 1921년 재개교한 매산남·여학교는 일제의 기독교교육 불허로 상당 기간 비인가학교로 머물다 1937년 신사참배 강요에 따라 다시 폐교되고 만다. 매산학교는 해방 후인 1946년 조선예수교장로회 순천노회유지재단 명의로 세 번째 개교를 할 수 있었다.

지금 매산등은 선교사마을로 불린다. 등록문화재 등 10여 개의 기독교유적과 알렉산더병원 부속 격리병동터 등 7개의 기독교터가 있기 때문이다. 순천선교부 거리 초입에 위치한 조지와츠기념관은 변형 3층

건물로 이 중 2~3층이 남장로회 한국선교역사전시실로 활용되고 있다. 이 기념관 1층은 순천기독진료소이다. 이 진료소는 100년 넘게 한국 사랑을 이어온 린튼 가의 상징이기도 하다. 윌리엄 린튼(1891~1960)은 21세에 한국 선교사로 들어와 호남 선교의 아버지로 불리는 유진 벨(1868~1925)의 딸 샬롯 벨(1899~1974)과 결혼했다. 그는 교육선교사로 한남대학을 세우는 등 48년간 한국을 위해 헌신했다.

부부의 아들 휴 린튼(1926~1984)은 전북 군산에서 태어나 해군 장교로 6·25전쟁 당시 인천상륙작전에 참전했고, 로이스 린튼(인애자)과 결혼했다. 휴는 전쟁 후 주로 순천에서 활동했으며 농촌선교 사업 중 교통사고로 별세했다. 휴의 자녀 스테반(인세반), 제임스(인야곱), 존(인요한)은 모두 한국 출생으로 4대째 선교사다. 이 중 인요한John A. Linton(한국국제보건의료재단 이사장)은 특별 귀화자로 한국 국적을 취득하기도 했다. 순천기독진료소는 로이스가 1960년대 결핵환자를 돌보기 위해 세운 결핵전문 진료소다. 무의탁 환자를 수용하는 순천결핵요양원 등이 여기서부터 출발한다. 지금은 인요한 등이 북한결핵퇴치운동을 벌이고 있다.

국립목포병원도 그 뿌리는 1962년 4월 28일에 결핵 환자를 치료하기 위한 '목포아동결핵병원'에서 시작되었다. 목포시, 한·노협회, 캐나다유니테리안봉사회가 공동으로 병원을 열었다. 1965년에 목포결핵관리소(목포시, 한·노 협회 공동운영)를 개소하고, 1970년에 목포시가 병원을 인수 운영하며, 1973년에 목포결핵관리소의 운영권까지 인수한 목포시는 두 기관을 통합하여 목포시결핵병원으로 바꾸었다. 1983년에 국립목포병원으로 개편되어 보건사회부로 이관되고 1990년 신축

병원을 준공하였다. 국립목포병원은 결핵환자의 진료·연구, 결핵전문가 양성 및 결핵관리요원의 교육·훈련에 관한 업무를 중점 수행한다.

사회복지사업의 전문화

1) 아동복지의 발전

전남 아동복지시설은 해방과 전쟁으로 인해 폭발적으로 증가된 고아로 만들어졌지만, 1960년대 이후에는 흉년으로 인한 기아 문제가 심각했다. 젊은 시절에 도립모자원 총무와 전남도청 아동복리지도원으로 일하다 대한사회복지회 전남지부를 만든 소진택 회장은 1968년 대흉년에 기아가 많이 발생했고, 고아원도 초만원이어서 '영아일시보호소'를 만들고 국내외 입양을 적극 실시했다고 회고했다.

소진택 회장의 인터뷰

(흉년으로) 먹고 살기 힘들어서 아이들을 버리게 되어 영아원, 육아원은 초만원인데 우리 사회가 감당을 못하게 된다. 직원 월급, 의료혜택 없이 고아원 원장이 구걸하여 먹여 살려야 하고, 1968년도에 (대흉년으로) 농촌에 버려진 아이들이 더 많이 생기게 되었다.[6] 그 당시 도청에서 (아동복리지도원으로) 사회복지 행정을 보며 불쌍한 생명을 죽이는 것보다는 차라리 입양기관(홀트아동복지회, 대한사회

6 이때 보건사회부 정희섭 장관은 특별 사업비를 지원했고, 그 업적을 기념하는 공적비가 사직공원에 설치되어 있다. 그는 1970년대에 원광대학교가 의과대학 설립을 위해 학교 근처에 있던 씨그레이브 병원(이사장 정희섭)을 실습병원으로 요청하자 병원을 원광대학교에 기부하였다.http://m.okmsg.co.kr/article.php?aid=3284135363 https://namu.wiki/w/%EC%A0%95%ED%9D%AC%EC%84%AD

복지회)에 연락하여 우선 생명을 살려놓고 보는 게 좋겠다고 생각했다. 고아원에 가면 전부 죽으니까……

대한사회복지회에 연락하니 광주에 있는 기아들을 자기네들이 데려다가 입양하겠다고 했다. 시·군에서 쏟아져 나오는 아이들을 먹이고 입히고 할 수가 없어서 적십자병원 원장에게 부탁하니 병동 한 칸을 내주며 소아과의사가 치료는 해주지만 먹이고 입힐 수는 없었다. 도지사 부인에게 부탁하여 간부들 부인들(로 구성된 봉사모임)이 쌀만 좀 대주시오, 그리고 간장, 김치, 된장 좀…… (울음), 그때 이야기하면 참 비참하다. 아이들은 죽어가고 치료도 안되고, 먹을 것도 없고…… 그래서 여기저기에 이야기를 해서 보육원에 수용하니, 대한사회복지회와 홀트에서 입양하니 그 생명이 죽지 않고 살아가는 길이 그것밖에 없었다. 그런 아이들이 많아져서 기관을 만들어 버려진 기아들을 길러서 해외 입양을 보냈다. (대한사회복지회 전남지부가 운영한) 영아일시보호소라는 사회복지시설이 생기면서 그 문제가 해결되었다. 30년 동안 일하면서 거쳐 간 아이들 숫자가 7천여 명이 된다. https://url.kr/PNxYz4

전쟁고아를 보호하기 위해 고아원이 생겼다면, 흉년으로 생긴 기아는 해외 입양으로 풀었다. 초기 해외입양은 한국아동양호회(대한양연회, 뒤에 대한사회복지회로 바뀜)가 시도했지만, 미국인 홀트씨가 한국전쟁 전후로 생긴 혼혈 아동 8명을 직접 입양하고 4명을 주선하는 것이 계기가 되어 '홀트씨양자회'(현 홀트국제아동봉사회, Holt International Children's Services)가 설립되었다. 초기 해외 입양은 혼혈아동이 주된 대상이었지만, 점차 '고아'로 바뀌었다. 당시 기아나 미아는 경찰이 보호자를 적극 찾으면 확인할 수도 있었겠지만, 보호자를 찾아도 키우기가 어려운 상황인 경우가 많았기에 행정기관과 입양기관은 매년 생기는 수천 명의 고아·기아·미아를 '고아'로 처리하기도 했다. 미국 법령에 따르면 해외 입양은 '고아'만 그 대상이 될 수 있었기 때문이다. 입양사업이 국제적 네트워크를 갖자 홀트아동복지회, 대한사회복지회, 동방아동복지회, 한국사회봉사회 등은 입양 대상 아동을 구하는데 역점을 두었는데, 전남지역에서 발생된 요보호아동은 주로 대한사회복지회 전남지부가 운영하는 영아일시보호소에서 일정기간 키운 후 비행기를 탈 만큼 성장하면 입양을 시켰다.

국가는 아동복지가 어느 정도 정착된 후에 생활보호법과 아동복리법을 제정하였다. 아동복리법은 1961년에 제정되고 1962년에 시행되었다. 이 법의 목적은 "아동이 그 보호자로부터 유실, 유기 또는 이탈되었을 경우, 그 보호자가 아동을 육성하기에 부적당하거나 양육할 수 없는 경우, 아동의 건전한 출생을 기할 수 없는 경우 또는 기타의 경우에 아동이 건전하고 행복하게 육성되도록 그 복리를 보장함을 목적으로 한다". 아동은 18세 미만의 자를 말하고, 이 법은 '요보호아동 또는 요보호임산부'의 보호에 집중하였다. 이를 구현하기 위해 보육시설뿐만 아니라 조산시설, 신체허약아보호시설, 모자보호시설, 탁아시설, 아동휴양시설, 교호시설, 부랑아보호시설 등도 '아동복리시설'의 범주에 두었다. 이후 관계 법령이 제정되면서 분리된 영유아보육시설(어린이집), 모자복지시설(한부모가족복지시설), 장애인복지시설, 노숙인시설 등이 '아동복리시설'에 포함되었다. 당시 아동은 보호를 받았지만, 성인인 장애인이나 부랑인 등은 아직 정부의 체계적인 지원을 받지 못했다. 주로 '요보호아동'을 위한 아동복지사업을 중심으로 전개된 사회복지사업은 사회복지사업법의 제정을 계기로 점차 전문화되었다.

2) 모자복지(한부모가족복지)와 부녀복지(여성복지)

전국 모자원 중 전남(광주 포함)에 있는 시설은 목포태화모자원, 인애모자원(광주), 함평자광모자원이다. 모자원은 저소득 모자가정세대를 수용하여 일정기간 기본 생계를 보장하여 줄 뿐만 아니라 아동들을 선도하고 어머니들을 건전한 생활로 인도하여 건전 가정으로 육성을 도모하며 자립 의지를 고취하여 사회복귀를 할 수 있도록 지원한다.

목포태화모자원은 전쟁미망인과 그의 자녀를 가족 해체 위기와 빈곤으로부터 보호하기 위해 1951년 12월 5일에 대한적십자사 모자원 설립 준비위원회가 발기하고 1958년 재단법인 목포모자원(이사장 김승태, 원장 송태화)으로 창립총회를 거쳐 설립되었다. 1961년에 목포모자원으로 설립설치 허가를 받고, 1963년에 이름이 목포영생원, 2000년에 사회복지법인 홍익인간 목포태화모자원으로 바뀌었다. 목포태화모자원을 1982년부터 이어받은 김길옥 원장은 60여 년간 저소득 모자가정 900세대 2,700명의 자립을 지원한 공로로 2012년에 근정포장을 받았다.

인애모자원은 1973년에 설립되었다. 설립자 이애신 전 원장은 한부모가족의 자녀들을 돌봐주며 364명의 여성들이 안심하고 일할 수 있도록 지원했다. 또 한부모 1,280명의 생계비와 학비를 지원하고, 세대가 어울릴 수 있도록 자치회를 구성해 경제적·심리적 갈등과 고통을 나눈 공로로 2015년에 국민훈장 목련장을 받았다.

6·25전쟁 이후에 모자원과 별도로 이른바 '부녀복지사업'이 활발히 전개되었다. 이 사업은 윤락행위등방지법에 근거했다. 윤락행위의 법적 정의는 "불특정인으로부터 금전 기타 재산상의 이익을 수수 또는 약속을 하거나 기타 영리의 목적으로 성행위를 하는 것"이다. 국가는 윤락행위의 상습이 있는 자와 환경 또는 성행으로 보아 윤락행위를 하게 될 현저한 우려가 있는 여자를 선도보호하기 위하여 보호지도소를 설치하고, 요보호여자에 대하여 자립갱생의 정신과 능력을 함양하기 위하여 직업보도시설을 설치하고 직업교육을 실시하였다.

윤락여성들의 직업훈련을 위한 대표적인 시설이 광주YWCA가 운영한 계명여사이었다. 1962년에 계명여사를 설립한 조아라 회장은 1927년 수피아여학교 담임인 김필례 선생과 만난 것이 YWCA에 참여하는 계기가 됐다. 그녀는 1931년 수피아여학교를 졸업한 뒤 서서평 선교사가 운영하던 이일학교 교사로 있던 중 광주학생독립운동때 참여했던 '백청단 은지환 사건'의 내막이 뒤늦게 밝혀지면서 1개월간 옥고를 치르고, 1936년 수피아여학교가 신사참배를 거부, 폐교될 당시에는 동창회장이라는 이유로 또 다시 1개월간의 옥고를 치렀다(사후에 건국포장을 받음).

해방 후 그녀는 일제의 탄압으로 문을 닫은 광주YWCA와 수피아여고를 재건하는 데 힘을 쏟았다. 이후 1983년 광주YWCA 명예회장으로 물러날 때까지 32년간 YWCA 총무와 회장으로 일하며 주춧돌을 놓았다. 그녀는 1947~1954년까지 도청에 처음 생긴 후생국 부녀계장을 겸임하기도 했다. 1952년에는 전쟁고아들을 돌보기 위해 성빈여사를 개원했으며 1952년에는 이들이 배움의 길을 걸을 수 있도록 3년제 야간 중학교인 호남여숙을 설립하기도 했다. 1962년에 청소년야학 별빛학원을 개설하여 문맹퇴치에도 앞장섰다. https://url.kr/yZUqph

3) 사회복지사업법의 제정

사회복지사업법은 1970년 1월 1일 제정되어 사회복지서비스의 기본법으로서 기능하였다. 이 법이 제정되기 이전 생활보호법, 아동복리법 등이 있었지만, 사회복지사업의 정의, 사회복지법인, 사회복지시설, 사회복지사업종사자 등을 담은 법률은 아직 없었다. 이 법이 제정되면서 사회복지사업의 정의가 확정되고, 사회복지사업을 행할 것을 목적으로 설립된 '사회복지법인'이 '사회복지시설'을 운영하며, 사회복지법인에는 보건사회부 장관이 정하는 자격을 가진 사회복지사업종사자를 일정한 수 이상을 두어야 한다는 것이 제도화되었다. 이 법에 의한 사회복지사업은 생활보호법, 아동복리법, 윤락행위등방지법에 의한 사업과 복지시설의 운영을 목적으로 하는 사업을 포함하여, 사회복지상담·재해구호·부랑인선도·직업보도·노인휴양·인보무료숙박·나완치자사회복귀사업 등 각종 복지사업 및 복지시설의 운영 등을 목적으로 하는 사업이다. 이 시기에 사회복지사업법이 제정된 것은 주로 민간이 운영하는 사회복지사업에 대한 정부의 지도감독을 보다 효과적으로 수행하려는 정부의 목적과, 주로 외국원조단체의 지원으로 운영되던 사회복지시설은 외원이 철수되면서 정부의 지원을 체계적으로 받고자 하는 요구가 합치된 결과이었다.

사회복지사업법의 제정과정에서 윤인식 국회의원의 역할이 컸다는 것은 널리 알려진 사실이다. 이 법은 1966년 12월 5일에 김성천 의원 외 15인이 제안하여 보사위원회의 심의를 받았지만, 1967년 6월 30일 국회의원 임기만료로 자동 폐기되었다. 1968년 9월 11일에 윤인식 국회의원이 보사상임위원회에서 법안을 상정하고, 1968년 11월 6일 한국사회복지연합회(현 한국사회복지협의회)의 청원을 신동욱 의원이 제안함으로써 사회복지사업법이 1969년 7월 18일에 보사위원회를 통과하게 되고, 그해 12월 23일에 국회 본회의를 통과하였다. 윤인식 국회의원(1·2대 전남도의원, 7·9대 국회의원)은 1922년 전남 함평에서 태어나서 중앙신학교를 졸업하였다. 당시 사회복지시설을 운영하는 시설장들은 일본의 사회복지사업법을 참조하여 한국에도 같은 법이 필요하다고 주장하였고, 공화당 윤인식 의원을 통해 법률을 제정하도록 하였다.

4) 노인복지의 발전

사회복지사업법을 계기로 아동복지 중심의 사회복지사업이 노인복지, 장애인복지 등으로 다변화되었다. 광주에서는 강순명 목사에 의한 천혜경로원, 서서평 선교사의 제자인 김화남에 의한 전남성노원, 이정희 등에 의한 이일성로원, 이현필 선생과 동광원 사람들에 의한 귀일원 등이 초기 복지활동가들의 뜻을 이어갔다. 그중 대표적인 시설과 인물을 중심으로 소개하면 다음과 같다. 김태호 명예교수(광주대)는 자신이 보고 느낀 것을 중심으로 천혜경로원, 강순명 목사, 그리스도의 교회에 대해 회고했다.

학동그리스도의 교회와 천혜경로원

그리스도의 교회와 인연을 맺은 지 60년 째, 그중 30여 년을 학동그리스도의 교회와 함께 보냈다. 학동그리스도의 교회는 천혜경로원과 한 울타리, 마치 바늘과 실처럼 한데 어울려 그리스도의 교회에서 본이 되는 공동체의 역할을 잘 감당하고 있다.(중략) 오늘(2012년 7월 13일)은 천혜경로원이 설립된 지 60년이 되는 날이다. 전쟁의 상흔, 지독한 가난, 격변의 세월을 견디며 형편이 어려운 어른들의 낙원이요 따뜻한 삶의 보금자리로 우뚝 선 천혜경로원의 모든 분들에게 충심으로 축하와 경의를 표한다.(중략)

"한국전쟁의 와중에서 강순명(1898~1959) 목사가 지팡이를 짚은 할머니의 구걸을 지켜보고 있었다. 다리를 힘들게 끌며 골목을 다 다녀도 보리쌀 한 줌도 얻지 못한 할머니가 눈물을 훔치는 것을 본 강 목사는 할머니의 손을 잡고 자기 집에 데려갔다. 하루하루를 죽으로 연명하며, 방 두 칸에 대식구가 겨우 살아가는 비좁은 집에 식구 하나가 늘었다. 그렇게 집에 데려온 사람이 무려 30여 명, 강 목사가 전쟁 중 데려온 걸인 할머니 때문에 가족들은 방 안에 들어가 앉을 수도 없어 한뎃잠을 자야 할 지경이었다. 그것이 천혜경로원의 시작이었다. 1952년 7월이었다."(2007년 2월 21일자 한겨레신문, '한국기독교 120년 숨은 영성가를 찾아'에서)

강순명 목사가 천혜경로원을 운영한 기간은 초창기 7년여, 그 후 부인장신애 여사가 30년 넘게 원장으로 재임하다가 아들 강은수 원장이 그 뒤를 잇고 있다. 양로원으로 출발하여 지금은 요양원으로 성격이 바뀌었으나 설립 후 70년이 가까운 지금까지 믿음, 소망, 사랑의 정신을 구현하면서 우리 사회의 한 줄기 등불 역할을 잘 감당하고 있음은 노인복지가 큰 비중을 차지하는 오늘의 사회복지분야에 좋은 본보기라 할 것이다. https://url.kr/uukTkP

강순명 목사는 젊은 시절에 광주YMCA 농업실습학교에서 농업기술을 배우고 함께 공부한 이현필 선생 등과 독신전도단을 만들어 활동했다. 초기 아동양육시설을 운영하던 사람이 주로 개신교 목사와 장로가 많았듯이 양로시설도 개신교 배경을 가진 경우가 많았다. 정부 지원이 체계적으로 이루어지지 않는 상황에서 식량과 일손의 도움을 조달할 수 있는 교회가 복지시설 운영에 버팀목이 되었다.

전남에서 정부 인가를 받아 운영된 양로원 중 천혜경로원이 오래되었지만, 그 이전에도 독지가에 의한 소규모 양로시설은 꾸준히 운영되었다. 대표적인 사례가 서서평 선교사의 제자인 김화남 여사에 의한 '전남성노원'이다. 전남성노원의 연혁을 보면 노인복지의 역사의 한 단면을 살필 수 있다. 성노원은 1938년 4월 오고 갈 곳이 없는 노인을 민가에서 모시는 것부터 시작했다. 초대 원장은 전남노회 최초 여전도사인 김화남 여사이었다. 이웃 사랑의 실천을 위해 노인복지를 시작한 것이다.

이정희 원장 등 이일학교 제자들은 공동체 생활을 하며 이일성로원으로 발전시켰다. 서서평 선교사가 만든 부인조력회의 전도부인들은 이후 교회 전도사로 일한 경우가 많았다. 그중 일부는 노후에 공동체로 살았는데, 그 집을 바탕으로 1960년 11월 10일에 이일성로원을 설립하고 11월 18일에 이정희 원장이 취임했다. https://url.kr/VNq0yE

5) 장애인복지의 발전

장애인복지(정신건강복지 포함)는 아동복지나 노인복지에 비교하여 사회적 관심이 매우 낮았다. 조선시대와 일제하에서도 고아원과 양로원은 있었지만, 장애인의 유형과 수준에 맞는 적절한 복지는 거의 없었다. 특히 정신장애인은 사회적 보호를 거의 받지 못하여 목숨을 연명하는 수준이었다.

정신장애인이 제반 의료혜택을 제대로 받아보지 못한 채 길거리에 내몰려 방황할 수밖에 없었던 1960년대에 가정과 사회에서 소외된 행려자와 정신장애인에게 치료와 재활을 지원한 기관 중 하나가 은성원이었다. 은성원은 은희남 목사가 어머니 홍승애 권사의 후원으로 1969년 6월 5일 광주시 서구 상무동 산 1번지에 무등정신요양원을 개원하면서 시작되었다. 서서평 선교사의 제자인 홍승애는 1946년에 광주양림교회 전도사로 취임하고, 이후 이일성경학교 교사와 기독병원 전도사로 일하기도 했다.

6) 부랑인보호시설(노숙인복지시설)

해남희망원의 김정길 원장은 1953년 해남군 해남읍 하천 다리 밑에서 지내는 전쟁고아와 지체장애인 등을 보고 복지사업에 뛰어들었다. 17살 해남고 1학년생인 그는 이들과 함께 가마니를 가져다 움막을 짓고,

숙식을 함께하면서 하천 자갈밭을 개간해 채소를 기르고 돼지·닭 등을 길렀다. 낮에는 헌 종이와 고철을 줍고, 구두를 닦아 돈을 버는 한편 밤에는 글을 가르쳐 하나 둘씩 자립시켰다.

떠돌이 등 불우한 이웃을 위해 일생을 바친 그는 '거지대장'으로 불렸다. 부랑인보호시설 해남희망원을 만든 것은 1953년 5월 3일이었지만, 1983년에야 사회복지법인 인가를 받고 그해 6월 24일에 사회복지시설 허가를 받았다. 그는 50년간 의지할 사람이 없는 이들을 모아 한솥밥을 먹으며 보살핀 공로로 미국 세계평화봉사단의 세계평화상(열매상)과 국민훈장 동백장 등을 수상했다. 1960년 희망원에 와 봉사하던 여교사 임숙재 여사와 결혼했다. 부부의 희망원 이야기 등을 쓴 수기 『준령을 넘고 넘어』는 영화 '청춘을 맨발로'로 만들어지기도 했다.

https://url.kr/verLRt

사회복지법인 해남희망원은 해남희망원(부랑인보호시설), 신혜정신요양원(정신요양시설), 선회노인요양시설(노인요양시설), 해남노인치매센터(노인전문요양시설) 등을 운영하고 있다.

목포사회복지관의 설립

현재 있는 사회복지관 중 가장 오래된 것은 태화기독교사회복지관으로 알려졌다. 이 복지관은 1921년에 서울 종로구에서 만들어진 태화여자관에 뿌리를 두고 있다. 일제강점기에는 여성과 아동을 위한 복지사업을 중심으로 수행했고 해방 후 다른 연령층으로 확대하였다. 1927년 조선총독부는 경성부에 동부인보관을 열고, 이화여자대학교는 1956년에 이화사회관을 열고 1975년에 이화사회복지관으로 이름을 바꾸었다.

사회복지관을 전국적으로 확대시킨 단체는 한국전쟁의 폐허 속에서 구호사업과 사회복지시설 운영을 지원해오던 캐나다유니테리안봉사회 한국지회이었다. 이 단체는 1962년에 목포시, 한·노협회와 함께 목포아동결핵병원(원장 Rekkebo, 레키보)을 설립하였다. 우리나라에서 '사회복지관'이란 용어를 처음 쓴 목포사회복지관(목포종합사회복지관으로 계승)은 1964년 11월 16일에 캐나다유니테리안봉사회의 후원과 목포시에서 건축 대지를 제공하여 건물을 증축하여 설립되었다. 이 봉사회는 1958년부터 전문사회사업을 실천하기 위해 사회사업가를 직원으로 채용했다. 김만두 관장(이후 강남대 교수)은 영어 Community Center를 '사회복지관'으로 표기했다고 회고했다. 이 봉사회는 1965년에 인천사회복지관, 1966년에 이천사회복지관, 1968년에 마포사회복지관을 설치 운영하면서 새로운 복지모델로 정착시켰다.

이에 대해 김만두 관장은 목포아동결핵병원에서 사회사업가로 일하는데, 자꾸만 애를 병원 앞에 버린 사건이 생겼다고 한다. 원장 부부는 출근할 적에 애가 버려져 있으니까 애를 안고 와서 "미스터김이 해결하라"고 해서 어린애를 버릴 수밖에 없는 어려운 가족을 돕기 위해 만든 것이 복지관이었다. 지역사회를 기초로 가족을 도와줄 수 있는 방법이 없는가를 연구하여 7~8년간 매년 세미나를 했다. 그래서 대도시, 중소도시, 농촌형, 어촌형을 만들어서 정부와 협상을 했다. 우리 사회가 변화하면서 우리의 의지와 정부의 뜻이 맞아 굴러갔다고 회고했다. https://url.kr/jTQhXT

캐나다유니테리안봉사회가 1977년 철수하면서 지속적인 사회복지활동을 수행하도록 한국봉사회가 설립되었다. 한국봉사회는 서울에서 중앙사회복지관을 운영하고, 북부종합사회복지관, 남부종합사회복지관, 동작종합사회복지관 등을 운영하면서 종합사회복지관 모델을 개척하였다.

한·노협회 대표이고 목포아동결핵병원 원장인 레키보는 젊은 시절에 중국 선교사로 가서 병원에서 사회사업을 실천한 '교회사회사업가'였다고 한다. 한노병원에 의료사회사업medical casework을 심는다는 신념이 강했고, 케이스워크라는 용어를 사용했다. 미국에서도 케이스워크가 보편적으로 사용되었고, 그룹워크, 커뮤니티 오가나이제이션CO 등이 새롭게 주목을 받던 시절이었다. 레키보는 중국 선교사로 일한 경험 등을 통해 국제사회사업계의 정보를 알고, 외국민간원조기관한국연합회KAVA에 소속된 외국 사회사업가들과 이화여대 사회사업학과 이매리 교수와도 친밀하여 학생들을 실습지도하고 고용하였다.

사회복지관은 1988년 서울올림픽을 앞두고 서울시가 목동을 개발할 때 세입자에게도 집을 달라는 요구를 수렴하여 '영구임대아파트단지'를 조성하면서 '주택건설촉진법'(1989) 등에 의거하여 단지 내 부대시설로 '사회복지관'을 두면서 전국적으로 확산되었다. 처음에는 영구임대아파트단지에 사회복지관이 설치되고, 점차 시·군·구 단위에 1개소 이상씩 종합사회복지관이 설치되며, 이후 장애인종합복지관, 노인종합복지관이 전국적으로 설치되었다.

사회보험과 공공부조의 확대

사회복지시설 중심으로 이루어지던 사회복지가 점차 공공부조의 제도화, 사회보험의 제도화와 확대로 이어진 것은 1962년 2월에 보건사회부 장관 자문기구로 설치된 '사회보장제도심의위원회'(다음해 사회보장심의위원회로 개칭)의 역할이 매우 컸다. 5·16 쿠데타를 일으킨 군부는 1962년 12월 개정 헌법 제30조에 "모든 국민은 인간다운 생활을 할 권리를 가진다"와 "국가는 사회보장의 증진에 노력하여야 한다"는 내용을 담았다. 사회보장은 사회보험에 의거하여 빈곤을 예방하고, 최저생활을 보장하는 공공부조를 확립하여 '국민생활최저선'을 달성하려는 베버리지형 정책모델이었다.

1960년대에는 조선구호령(1944년)을 이어받은 생활보호법이 복지정책의 근간이었고, 아동복리법에 의한 아동복지시설 운영, 윤락행위등방지법에 의한 부녀복지 등을 수행하는 수준이었다. 사회보험으로는 공무원연금, 군인연금 등 일부 특수직역 종사자를 위한 연금과 산업재해보상보험밖에 없었고, 건강보험 등 다른 사회보험은 아직 체계적으로 시행되지 않았다.

이 시기에 정희섭 장관은 보편적 복지를 추구하는 사회보장의 확충에 열정을 가졌다. 특히 두 번째 보건사회부 장관이 되면서 1967년에 '사회개발'프로젝트를 적극 추진하였다. 사회보장심의위원회(사보심)에서 핵심적인 역할을 한 최천송에 따르면, 1960년 12월 제2공화국 정부(윤보선 대통령·장면 내각)의 '전국종합경제회의'에서 그가 제안하여 사보심이 채택되었다고 한다. 1961년 봄에 보사부가 사보심을 준비할 때 5·16이 일어났고, 이후 보사부가 군사정권에 제안하여 승인을 받았다. 한국의 사보심은 일본의 '사회보장제도심의위원회'를 참고하였다. 당초 사보심은 국무총리 직속의 자문기관으로 제안되었지만, 최종적으로 보사부 장관의 자문기관이 되었고, 위원장은 보사부 장관, 부위원장은 행정관이 취임하는 등 총리대신의 자문기관인 일본에 비교하여 격이 낮아졌다.

정희섭 장관은 1967년 9월에 사보심으로 하여금 '사회개발'을 위한 대규모 정책연구 프로젝트를 추진하도록 하였다. 당시 유엔은 경제개발이 경제적 불평등의 확대, 과도한 도시집중, 공해의 발생 등 사회적인 폐해를 낳는 것을 고려하여 경제개발과 사회개발의 균형을 추구하는 '균형있는 사회·경제개발'을 강조했다. 사보심은 경제개발을 꾸준히 하기 위해서도 사회개발의 균형이 필요하다는 것을 강조했는데, 정희섭 장관이 이를 전폭적으로 지지했다.

https://cafe.daum.net/ewelfare/IKn/3585

사회복지사의 학습과 역량 개발

우리나라 대학교에서 사회복지학을 체계적으로 가르치기 시작한 것은 1947년 9월 4일에 이화여자대학교 기독교사회사업과이었다. 이화여자대학교는 1946년 8월 15일에 종합대학교로 발전되었다. 1947년 9월에 한림원의 문과를 인문학부로 승격시키고, 인문학부에 국어국문학과, 영어영문학과, 기독교사회사업과를 개설하였다. 다른 '학과'들과 달리

기독교사회사업'과'라고 쓴 이유는 당시 사회사업학은 학문이란 인식이 다소 낮았기 때문인 듯하다. 이 학과는 1951년에 '종교사업과'로 명칭이 바뀌고, 1954년에 '사회사업과'로 변경되어 기독교교육전공과 사회사업전공으로 운영되었다. 1958년 2월에 '사회사업과 사회사업전공'이 '사회사업학과'로 승격되었다.

기독교사회사업과의 설립에는 캐나다 선교사인 다니엘Daniels 목사의 공적이 컸으며 인가 받은 학생 정원은 25명이었다. 학과의 설립 목적은 학교와 교회에서 일할 기독교 신자 교사를 육성하고, 기독교 사회사업가를 길러내며, 도시와 시골 교회를 위해 일할 교역자들을 지도하고, 기독교 학자와 작가를 개발하며, 가정과 교회 그리고 지역사회 등 모든 활동 영역에서 지도자가 될 여성을 길러내는 데 있었다.

한국에서 사회사업가를 양성한 최초 학교는 이화여자대학교이었지만, 전국 사회복지시설에서 일하는 사회사업가는 중앙신학교(강남대학교) 출신이 많았다. 중앙신학교는 1946년 8월 1일 서울YMCA 4층 창고에서 명패를 걸고, 11월 1일 70여 명의 학생들을 모아서 중앙신학원으로 개원, 1947년 3월에 중앙신학원의 설립 인가를 받았다. 1948년 4월에 독지가의 도움으로 이천에 부동산 약 30만 평의 부지를 기부받아 그의 호를 따서 재단법인 우암학원을 설립하였다. 그해 8월 12일 우리나라 신학교로는 처음으로 대학령에 의한 4년제 정규 대학으로 조선신학교(현 한신대학교)와 함께 문교부로부터 설립 인가를 받았다. 1949년 6월 21일 농지개혁법이 발효되면서 재단의 기본재산이었던 이천의 땅이 농민들에게 분할되고 귀속 재산도 경영 미숙과 기술상의 어려움으로 교사 신축 계획은 좌절되었다.

1950년 6·25전쟁으로 중앙신학교는 이때부터 가시밭길을 걷게 된다. 9·28 서울수복으로 교사가 있던 YMCA는 폭격으로 전소하였으나, 불탄 자리에서 학교를 계속하다가 중공군의 개입으로 12월 초 부산으로 피난하여 학교를 개설하던 중 문교부의 교명을 변경하라는 통고를 받았는데, 조선신학교는 한국신학대학으로 교명을 바꿨으나 중앙신학교는 불행히도 전시 중 좋지 않은 우편 사정으로 제때에 통지를 받지 못하여 기회를 잃게 되었다. 이러한 시련에도 불구하고 1951년 3회 졸업생을 배출하였고 1953년 서울로 복귀한 중앙신학교는 장사동에 있는 일본창가학회 사원이었던 건물을 구하여 6월부터는 사회사업의 지도자를 배출하고자 '사회사업학과'를 한국 최초로 설치하는 등 새 역사를 시작하였다.

초교파로 시작된 중앙신학교가 발전한 계기는 신학과와 함께 사회사업학과 때문이었다. 전후 어려운 시기에 학교 발전과 수익을 위해 사회사업학과를 중점 육성하면서 사회사업대학으로 개편하려는 움직임이 일어난다. 1961년 9월에 7대 학장으로 김덕준 목사(사회사업학과 교수)가 취임하면서 학교의 재건에 힘을 쓰지만, 신학과와 사회사업학과의 갈등은 계속되었다. 이후 1967년에 신학교에 신학 전공, 사회사업 전공, 교회음악 전공, 기독교문학 전공 등으로 교육 체계를 바로잡고 그동안 분리되었던 사회사업학과도 복귀시킴으로써 학교 발전의 기틀을 마련하였다. https://url.kr/2hEBOd

일본 동지사대학 신학과에서 사회사업학을 전공한 김덕준 교수(목사)는 계절대학제도를 도입하여 사회복지현장에서 일하는 시설장과 직원을 대상으로 사회사업학을 가르쳤다. 1958년에 서울대학교 대학원 사회학과 사회사업학전공과 1959년에 학부에 사회사업학과가 생겼지만, 사회복지시설의 시설장과 직원은 중앙신학교와 국립사회복지연수원 출신이 많았다.

이후 전국 주요 지역에 사회사업학과가 생겼지만, 전남은 오랫동안 사회복지학 교육의 불모지이었다. 1956년에 한국사회사업대학(현 대구대학교)에 사회사업학과가 있었지만, 호남에서는 1981년에야 전주한일신학교(현 한일장신대학교)에 사회복지학과가 생겼다. 한일신학교는 1922년에 서서평 선교사가 광주에서 만든 전도부인양성학교에서 출발한 이일성경학교와 1923년에 전주에 만들어진 여성성경학교(이후 전주한예정신학원)가 1961년 4월 1일에 합병되어 전주한일여자신학교로 명칭이 바뀌었다.

광주·전남에서 사회복지학과가 최초로 생긴 것은 1990년에 광주대학교와 광주보건대학이었다. 광주지역 사회복지사는 1970년대까지 4년제 대학교에서 사회복지학(혹은 사회사업학)을 전공한 사람은 극소수이고, 국립사회복지연수원에서 단기로 연수받고 사회복지사업종사자(현 사회복지사) 자격증을 취득한 사람이 다수이었다. 광주·전남지역 사회복지사가 학습과 역량 강화에 좀 더 관심을 가져야 할 이유가 여기에 있다.

오웬과 포사이드 선교사

오웬 선교사와 유진 벨 선교사는 1899년 목포에 서구식 의료시설인 목포진료소를 개소하였다. 전남 지역에서 선교활동 하던 오웬이 1909년 광주에서 폐렴으로 위중할 때 목포에서 포사이드가 먼 길을 달려왔으나, 도착했을 때 오웬은 사망한 뒤였다.

오웬기념각

오웬기념각은 오웬 선교사의 미국 친지들이 오웬을 기념하기 위하여 보내 준 기금으로 1914년 건립되었다. 기념각은 종교단체와 사회운동단체의 각종 모임 장소로 또 음악회나 연극 등의 문화 공간으로 쓰이기도 한다. (사진. 한국관광공사)

나환자 치료 가마터

1909년 오웬을 치료하기 위해 목포에서 광주로 오던 포사이드는 거리에 쓰러진 한센병 환자를 발견한다. 상처가 심한 여인을 말에 태우고 걸어서 광주로 들어온 포사이드는 벽돌 굽는 가마터를 여인의 거처로 정하고 정성을 다하였다. 이 일은 선교사와 조선인들이 뜻을 모아 한센병 치료운동을 전개하는 계기가 되었다.

고아의 어머니

1968년 11월에 치러진 윤학자 여사 목포시민장 영결식. 공생원 설립자이자 남편인 윤치호 원장이 1951년 식량을 구하러 나섰다가 행방불명 된 이후, 원장으로 6·25전쟁과 전후 혼란기까지 원아 양육에 혼신을 다했다.

여수애양원

1911년 세워진 광주나병원과 1912년 설립된 나환자촌이 지역 민원으로 전남 여천군 율촌면(현 여수시)로 이전하여 여수애양원이 된 것은 1926년이다. 애양원은 한센병 전문병원, 생활공동체, 공동체 내 학교를 운영하였다. 한센병 이후 소아마비 치료와 재활병원으로, 현재는 일반병원인 여수애양병원으로 운영되고 있다.

애양원 한센인

한센병으로 피부가 썩어 살점이 떨어져 나가 얼굴에 변형이 오거나, 손가락 마디를 끊어내기도 해야 했다.

광주와 전남 복지역사를 연구한 기록물

김범수(전 평택대학교 교수, 한국사회복지역사학회 1대·2대 회장)

역사 연구란 지난 시대에 남긴 기록물, 무덤 속에 갇혀있던 사료史料를 발굴하여 기록 연구하는 학문이라고 했습니다. 또한 그 시대의 인간이 걸어온 모습이나 인간의 행위로 일어난 사실을 기록하는 것이라고 했습니다.

먼저 광주대학교 이용교 교수에 의해 『사회복지 역사와 인물』이라는 귀중한 책자가 발간하게 됨을 축하드립니다. 제가 사회복지계에서 이용교 교수를 만난 것은 40여 년이 넘었지만 사회복지역사라는 이벤트를 통해 역사적인 사건으로 만난 것은 2016년 1월 전주 한옥마을 사회복지역사연구 워크숍에서였습니다. 그 워크숍에서 박종삼 교수(숭실대 명예교수)와 제가 주제발표를 한 후, 종합토론 시간에 이용교 교수께서 오늘을 기점으로 사회복지역사연구회를 발족할 것을 제안한 것이 계기가 되어 현재 한국사회복지역사학회 창립 9년째를 맞이하게 되었습니다. 제가 1대와 2대(2016~2019) 회장을 역임하고, 3대(2020~2021)는 최원규 교수(전북대), 4대(2022~2023)는 이용교 교수가 맡아 이 학회를 잘 이끌어 주셨습니다.

이용교 교수와 두 번째로 역사 연구와 인연을 맺게 된 것은 제가 2013년 1월부터 한국사회복지협의회에서 발간하는 월간지 「복지저널」에 매월 1명씩 복지선구자 50명을 발굴하여 칼럼을 게재할 때였습니다. 그때 광주에서 나환자의 아버지 최흥종이라는 인물사 추천이 들어와서 자료를 수집하는데 어떻게 집필할 것인지 막연했습니다. 마침 2013년 이용교 교수가 편저한 『한국 사회복지를 개척한 인물』 제6장에 '한센병자·결핵환자의 아버지 최흥종'이라는 글을 읽고 얼마나 기뻤는지 모릅니다. 왜냐하면 외지에서 온 사회복지역사 연구자가 최흥종이라는 인물사를 처음부터 작성하려면 많은 노력과 시간이 필요했었기 때문이었습니다. 저는 몇 차례에 걸쳐 최흥종에 대한 글을 읽고 현지에서 최영관 이사장(최흥종기념사업회)을 인터뷰하면서 인물사를 집필했던 기억이 납니다. 이러한 기초 연구자료 덕분에 외지의 연구자가 최흥종이라는 복지선구자 인물사를 집필할 수 있었습니다.

우리나라보다 먼저 사회복지역사 연구를 시작한 영국·미국·일본의 예를 보더라도 사회복지역사 연구의 시작은 먼저 지방을 중심으로 발굴 기록되어야 합니다. 그런 면에서 이용교 교수는 우리나라 지방을 중심으로 한 사회복지역사를 최초로 시도한 지역사회복지역사 연구의 선구자적인 학자라고 할 수 있습니다. 이번에 또 두 번째로 『사회복지 역사와 인물』이라는 매우 가치 있는 책자를 발간하게 되었습니다. 본 저서에는 단순하게 인물사에서 벗어나 한 단계 더 나아가 광주와 전남에서 인물사와 구라행진, 초창기 복지교육, 초창기 결핵환자와 장애인복지, 청소년 인권 등으로 확대해서 다른 지역의 학자들이 범접하기 어려운 주제를 중심으로 9개 장에 걸쳐 역작을 발간했습니다.

또한 저자가 광주의 양림동 주변을 "복지성지"라고 명명한 것에 대해서도 저는 적극 동의하고 싶습니다. 앞으로 광주의 양림동은 광주나 전남 지역에서 사회복지학을 전공하는 학생뿐만 아니라 타 지역에서 공부하는 학생들도 꼭 견학하기를 추천하는 바입니다. 왜냐하면 광주 양림동 주변은 구한말기 이후 우리나라가 극심하게 정치·경제·사회적으로 어려웠던 시기에 외국 선교사들이 한국에 와서 활동한 내용 그리고 우리나라 사람들이 자립적으로 활동하던 내용들을 한눈에 바라볼 수 있는 실물과 스토리텔링들이 켜켜이 쌓여있기 때문입니다. 앞으로 광주지역 교수와 연구자들은 양림동과 같은 현장을 잘 보전하고 이야기거리를 모델화해서 많은 사람이 찾는 명소가 되도록 노력해 주기 바랍니다. 또한 다른 지역에서도 각 지역을 중심으로 '사회복지 역사와 인물'이라는 후속연구가 계속해서 발간되기를 바랍니다.

이용교 교수께서 광주와 전남 지역의 무덤 속에 갇혀있던 사료를 발굴하여 한 편의 영화를 보는 것과 같이 잘 기록해두신 것을 치하하며 추천사를 맺습니다.

3

일제하 구라행진의 실행과 성과

우리나라 대학교에 사회복지(사업)학과가 개설된 지 80여 년이 되었고, 사회복지사 취득자가 140만 명 이상이지만 이 땅의 복지역사는 대학교에서 체계적으로 가르쳐지지 않았다. 사회복지역사 과목은 주로 유럽이나 미국 등과 조선시대 이전의 복지역사를 다룰 뿐, 우리나라 근현대의 복지역사를 충분히 다루지 않고 있다.

필자는 한국사회복지사협회의 요청으로 월간지 「소셜워커」 Social Worker에 '복지역사 이야기'를 연재할 때, 첫 번째로 "'문둥이'를 '인간'으로 바꾼 '구라행진求癩行進'"을 다루었다. 구라행진은 1933년 4월에 나환자들이 '나환자의 구제와 근절책의 수립과 실현'을 요구하며 광주에서 경성(서울)까지 11일간 도보행진을 하여 우가키宇垣 총독을 만나 확답을 받은 사건이다. 구라행진은 1963년에 마틴 루터킹 목사를 비

못한 흑인들이 선거인 명부에 등록하기 위해 워싱턴 대행진을 한 해보다 30년이나 앞섰다. 워싱턴 대행진은 미국 국민인 흑인들이 '참정권' 운동을 한 것이지만, 구라행진은 식민지 주민 중에서도 가장 사회적 지위가 낮은 나환자들이 인간다운 삶을 요구한 '인권운동'이고 성공한 '복지운동'이라는 점에서 그 의미가 크다. 일제하에서 나환자들이 구라행진을 왜 했는지, 누가 기획했는지, 어떻게 실행했는지, 어떤 성과와 파급효과를 거두었는지를 탐색하고자 한다.

구라행진의 배경과 준비

1) 광주나병원의 설립과 운영

구라행진은 일제하에서 오방 최흥종에 의해 주도되고, 시시평 선교사 등이 적극 협력하며, 나환자 500여 명이 자발적으로 참여한 복지운동이었다. 그들이 구라행진을 기획할 수 있었던 것은 광주나병원(뒤에 여수애양원으로 이전)을 통해 나환자를 모으고, 조선나병근절책연구회를 조직하여 사회운동 세력을 통합시켰는데, 조선총독부가 나환자 대책에 미온적이고 '단종斷種 시술'과 같은 인권침해를 했기 때문이었다.

최흥종 선생은 1909년 4월 목포에 있던 포사이드 선교사가 급성폐렴에 걸린 오웬 선교사를 치료하기 위해 영산포까지 배를 타고 남평을 거쳐 광주로 오는 길에 데려온 한 여성 나환자를 벽돌 굽는 기와막(가마터)에서 치료하는 일을 계기로 나환자를 도왔다. 제중원이 1909년 광주 인근 나환자 6명을 치료하기 시작한 것이 계기가 되어, 1911년에는 선교사들이 후원한 기와집에서 7명의 환자를 치료했다. 이를 계기로 윌슨(우월순)선교사가 '인도와 동양 한센병선교회Mission to Lepers in India and the East'에서 5천 달러를 지원받고, 최흥종(당시 윌슨 의사 조사, 나환자 집단치료소 한국인 책임자)이 봉선리(현 봉선동)에 있는 자신의 땅 1,000여 평을 기증하여 '광주나병원'(1911년)을 건립하도록 지원하였다.

애양원의 역사에 따르면, 광주나병원은 건평이 40여 평으로 나환자의 치료시설이면서 거주시설의 중심이었고, 나환자를 위한 봉선리교회, 학교, 자립을 돕는 직업훈련원의 기능을 하는 복합적인 공간이었다. 나병원은 E자형으로 중앙에 진료실과 교회가 있고 양쪽에 남자반, 여자반으로 구성되었다. 1912년에 봉선리교회가 만들어지고, 1916년에 봉선리보통학교가 설립되었다. 그에 따라 광주나병원 근처로 전국 나환자들이 찾아와서 한때 천여 명에 이르렀다. 늘어나는 나환자를 다른 곳으로 이주시켜야 한다는 광주시민의 민원으로, 이들은 1926년부터 1928년까지 전남 여천군 율촌면 신풍리에 있는 '애양원'으로 이주하였다.

2) 조선나병근절책연구회의 조직과 운영

최흥종 선생은 나환자 근절을 위한 구체적인 사업을 추진하기 위해 1928년 4월 6일에 윤치호를 회장으로 한 '조선나병근절책연구회('조선나환자근절협회', '조선나환자구제회'로 표기된 자료도 있음)'를 만들었다. 이 연구회는 김병로, 이인, 김성수, 송진우, 조만식, 윤치호 등 당시 조선의 명망가 38명이 발기인으로 참여해 나환자를 치료하고 재활을 위해 총독부 등에 대책을 요구하였다(양국주, 2012: 200~203). 여수애양재활병원 검사실장을 역임한 진용철 선생이 대한나관리협회 광주·전남지부에서 제공받은 자료에 근거한 연구회의 취지문은 다음과 같다(진용철, 2000: 221~223). 안재홍이 쓴 것으로 알려진 원문의 의미를 살려 현행 맞춤법에 맞추어 조금 수정하였다.

취지문은 나병은 유전병이 아니라 전염병이니 섬과 같은 지역에 환자를 격리하여 치료하면 예방효과도 있다는 것을 강조했다. 선진국에서는 모든 나환자를 격리 치료하여 효과를 보았기에 조선도 격리하여 치료해야 하는데, 환자 수는 1만6천 명에 이른데 당시 치료시설의 수용 능력은 2천5백 명에 불과하니, 기후가 따뜻하고 물산이 좋은 섬을 선택하여 치료시설을 늘려 격리 치료하고 전염병의 예방도 도모하자는 것이었다.

조선나병근절책연구회 취지

인류애의 지극한 충동과 민중 보건의 간절한 요구에서 우리들은 조선 나병환자의 구제와 예방사업을 확립하기를 열렬히 주장한다. 의료와 방역이 민중 보건의 중요한 일부인 것은 더 말할 바가 아니다. 나병은 실로 만인을 놀랍게 하는 절망적인 질병이다. 전세계의 문명국가들이 이를 근절하기 위해 최선의 노력을 하였고 하고 있다. 조선에서도 지극히 관심을 갖지 않을 수 없는 중요문제이다.

나병은 불치의 병이고 유전의 병이라 한다. 이 병에 한 번 걸린 자는 인생의 광명을 마지막 보고 가족 전체까지도 손도 만지지 않아 인류에 쌓이지 못하게 되는 것이니 그 비참함은 천형병의 이름에 걸맞는다. 그러나 이에 광명이 있으니 근대과학이 증명하는 바에 나병은 유전병이 아니요 전염으로 되는 것이다. 유전이 아닌고로 나병자는 혈통적 화는 면하는 것이오, 전염이므로 사회적 격리로 병균의 만연을 방지하고 민중 보건의 안전을 도모하는 것은 절대로 필요하다. 나병의 절대 근절이 필요한 만큼 나병을 절대 격리하는 것은 하루라도 지연시킬 수 없는 시급한 문제이다. 그런데 격리하는 데도 안전과 위안과 의료가 없을 수 없으니 이는 예방과 구제가 둘이 서로 떨어질 수 없는 이유이다.

조선에 나병환자는 지금 1만6천 인이다. 30년 전 극소수에서 금일에 이렇게 증가된 것은 놀라운 일이다. 삼남 각지로부터 북한에까지 퍼져가는 질병의 바람은 실로 전 민족의 생명을 녹여내고 구제되지 아니한 나병자들의 끊임없는 방랑은 사회풍속과 민중 보건상에 더 할 수 없는 위협이 된다. 이것을 구미의 선진국에서 보건대 구주에서는 13세기에 대략 2만 개소가 넘는 나병원이 있어 근절하였고 미국에서는 동방에서 전염된 나병이 완전한 격리 섬의 시설로 그 외에는 1인의 남긴 환자도 없어 불원간 근절을 보게 되었는데, 조선에서는 외국 선교회와 위정 당국의 시설수용과 구제가 2천 5백 인에 불과하니 그 의료와 예방의 부족함이 너무도 명백한 사실이다.

격리의 취지는 다른 것에 있지 아니하니 교통과 접촉과 매개로서 병균의 번식을 근절하자 함이 유일한 목적이다. 이 때문에 기후와 물산이 적당한 격리 섬의 선택과 농예農藝와 공작工作으로 그 생활을 자급하고 그 위안을 주는 것이 가장 필요한 것이다. 나병자 구제의 사업은 이를 실현함으로써 그 취지를 관철하는 것이다. 이 때문에 내외 각계의 온갖 지지와 조력이 필요하다. 또한 유식자와 독지가의 공사(公私) 각계의 합작을 기하는 바이다. 인도人道의 대의로는 모든 힘을 사용할 수 있는 것이다. 천하의 혈성血誠 있는 신사숙녀들은 어찌 정성과 힘을 모으지 아니하리오. 민중 보건에로! 할 수 있는 역량을 집중하자!

조선나병근절책연구회 위원 제씨(무순)

윤치호, 안재홍, 송진우, 김성수, 김병로, 신흥우, 이인, 최규동, 오긍선, 현동완, 명제세, 이종린, 한용운, 백관수, 김필수, 홍병선, 원익상, 조만식, 김택원, 양봉근, 박승준, 현준호, 윤현태, 최흥종, 이기태, 김응규, 이순기, 유각경, 정인과, 신공숙, 서정희, 국기열, 유광열, 이선근, 김을한, 박연서, 박용의, 양재욱

〈임원〉

위원장. 윤치호

서무부. 최흥종, 현동완, 이기태

조사연구부. 국기열, 유광열, 이선근, 김을한

구제부. 원익상, 명제세, 서정희

나병근절책연구회에는 안재홍, 유억겸, 신흥우, 현동완, 김을한, 서정희, 명제세, 원익상, 신공숙, 유광열, 유각경, 국기열, 홍병선, 이선근, 오긍선, 김철, 장영규, 노종갑, 김삼현, 최상채, 김희성, 박영만, 신태윤, 이은

상 등 70여 명이 발기인으로 참여했다는 설도 있다. 발기인은 사회 저명인사와 YMCA에 참여하는 기독교계 인사가 많았는데, 서울에서 발기되었지만 광주사람들이 중심적으로 활동했다(문순태, 2000: 250).

이 단체 사무실은 서울 종로의 기독교청년회관(현 서울YMCA)에 있었는데, 협회장인 윤치호는 시도 때도 없이 찾아와서 도움을 요청하는 나환자를 견디지 못해 한 달 만에 회장직을 사임하였다. 나머지 일은 서무부(혹은 총무)를 맡은 최흥종이 도맡아 해야 했다. 조선일보 주필 안재홍은 '조선나병근절책'을 만들어서 관계 요로에 탄원했지만 1932년에 총독부의 주도로 '조선나예방협회'가 만들어진 후 민간인에 의한 합법적인 모금이 금지되어 효과를 거두기 어려웠다. 어떤 명예나 이름만으로 나환자를 섬기기 어려운 상황에서 최흥종 선생이 짐을 질 수밖에 없었다.

최흥종 선생이 서울 시내를 방황하던 나환자 30여 명을 데리고 1932년 6월 23일에 여수로 내려오면서 나병근절책연구회의 공식적인 활동은 흐지부지되었다(진용철, 2000: 220). 오방은 서울에서 광주를 거쳐 여수로 나환자 30여 명을 이송하면서 총독부 경무국 등에 영향력을 행사하여 약 3천 환의 경비를 조달했다. 오방이 1960년 호남신문에 '구라사업50년사 개요'에 밝힌 일화를 소개하면 다음과 같다(오방기념사업회, 2000: 304~305).

구라사업 50년사 개요 중

소록도 자혜의원에서는 기시 약 100명 정도의 환자 수용을 보다 더 확장하여 더 많은 환자를 입원·치료케하도록 당국에 건의하였고,

나는 또 회가 조직된 그동안 서울을 중심으로 유랑배회하는 나환자 30여 명을 모아 여수애양원에 입원시키려고 월슨단장에게 연결하여 승낙까지 얻었는데, 서울에서 여수까지 데리고 갈 경비 약 삼천 환이 없어 매우 난처하였다가, 할 수 없이 기부금 허가를 받아 당시 총독부 출입 기자이던 서범석 씨를 앞세우고 먼저 경무국장 이케다池田란 사람과 보안과장 니시끼西龜奎三란 사람을 면회하고 설명하여 금일봉씩을 얻었습니다. 니시끼는 나중 일제 말기에 갱생원장에 취임하였던 자입니다.

금융단을 찾아다녀 가까스로 소요경비를 마련하기에 이르렀습니다. 기차 한 칸을 특허 전용하여 광주까지 다리고 왔더니 경찰부장이란 자가 노발대발하여 타지방환자를 다려왔다고 나를 호출하고 사전 허가도 없이 나병자들 대량으로 끌고 와서 어쩌니저쩌니 호통을 치며 처벌 운운하기에 본부 경무국장의 승인을 얻어 한일이라고 대구하였더니 다시는 그렇지 않겠다는 시말서를 쓰라고 하였으나 끝내 거절하고 나와버렸습니다. 여러 사람의 협조로 서울에서 다리고 온 30여 명의 나환 형제들을 다시 여수애양원까지 무사히 이송입하였습니다.

오방이 나병근절책연구회를 사실상 운영할 때, 서서평, 우월순 등은 나환자를 돌보는데 협력하였다. 이들은 전남 도지사 야지마矢島를 찾아가서 지원을 요청하였지만, 지사는 귀찮게 여기고 자리를 피하곤 했다. 당국은 나환자 1인당 월 3엔씩 보조금을 지원하기로 했지만 잘 지키지 않았다. 이에 오방 등은 트럭 한 대에 나환자를 가득 태우고 가서 도청 입구에서 시위를 함으로 지원금을 받은 적도 있었다.

또한 나병근절책연구회 회원들은 총독부를 찾아가서 유랑걸식하다 죽어가는 나환자들의 치료와 생계문제, 음성나환자의 자립을 위한 정착촌 대책을 세워달라고 우가키宇垣에게도 진정서를 올렸지만, 반응조차 없었다. 연구회 회원들도 지쳐갈 때 최흥종은 '구라행진'을 통해 돌파구를 찾고자 했다.

3) 단종 시술 등 인권침해

광주제중원이 나환자를 치료하던 1910년대 조선에는 부산, 광주, 대구 등 세 곳에서 선교사들이 나병원을 운영했다.[7] 하지만 규모가 작아 생활하는 인원은 아주 적었고, 대부분의 나환자는 다리 밑이나 움막 등에서 살고 유랑걸식하는 상황이었다.

조선총독부는 나환자들이 국가 위상에 장애가 된다고 생각하여 특정 장소에 격리하여 수용할 곳으로 소록도를 선택했다. 전남 고흥군에 있는 소록도는 섬이라 격리되고, 기후가 온화하며, 일상생활에 필요한 물이 많고, 육지와 가까워 물자를 나르기가 쉽다는 점에서 선정되었다. 총독부는 원주민들의 강렬한 저항에도 불구하고 섬의 약 1/5에 해당하는 30여만 평에 대해 집과 땅을 강제로 매수하여 원주민을 이주시켰다. 1916년 2월 24일 조선총독부령 제7호로 관제를 공포하고 그해 5월 17일에 '소록도자혜의원'을 개원했다. 본디 자혜의원은 전국

---

7 광해군 이래 300년 가까이 단절되었던 구라사업救癩事業은 '대영나환자구료회'의 지원을 받아 부산·광주·대구 등 3개 지역에서 나병원이 건립되면서 활기를 띠었다. 1909년 북미 선교사 어빈이 부산나병원(현 일신기독병원 인근)을 설립하고, 1910년 호주선교회로 관리권이 넘어간 후 1911년부터 스코틀랜드의 선교사 매캔지에 의하여 운영되었다. 광주의 제중원 원장 R.M. 윌슨은 1909년부터 나병환자를 치료하고 1911년에 광주나병원을 설립하였다. 미국인 선교사 A.G. 플레처가 1911년부터 나병환자를 치료하다 1917년에 대구나병원을 설립했다. https://url.kr/pbrfC0

18개가 있었는데, 19번째로 개설된 소록도자혜의원은 나병 전문병원으로 설립되었다.

일상생활에서 일본식을 강요했던 소록도 자혜의원 초대 원장과 달리 제2대 하나이花井善吉 원장은 1921년부터 1929년까지 8년간 재직하면서 선정을 베풀다가 이곳에서 사망하였다. 이에 원생들이 모금하여 '하나이 원장 창덕비'를 세우기도 했다. 하지만, 1933년에 제4대 원장으로 부임한 수호周防正季는 나병은 유전된다는 믿음이 있어서 나환자의 씨를 말리기 위해 '단종' 정책을 실시하는 등 나환자의 인권을 침탈하였다. 수호 원장은 첫 번째 목표를 확장사업에 두고 먼저 1회 10만 장, 연간 140만 장을 생산할 수 있는 규모의 벽돌공장을 완성하였다. 원생들은 이 확장사업을 위해 벽돌 제조, 자재 하역, 골재 운반, 도로 개설, 도배 등 힘들고 험한 공사에 동원되었다. 이에 일부 나환자들이 탈출을 시도하다 잡히거나 남녀환자가 동거할 경우에는 '단종'을 이유로 거세시키기도 하였다. 인간의 탈을 쓰고 어떻게 다른 사람을 거세시킬 수 있느냐는 여론에 힘입어 '구라행진'을 구상한 것이다.

구라행진이 사회적 주목을 받게 된 것은 나환자 수에 턱없이 부족한 치료시설과 정착촌 때문이었다. 조선총독부도 대책을 세우고자 했지만, 당시 나환자를 위한 시설은 턱없이 부족했다. 총독부가 나환자를 위해 치료시설을 갖춘 최초 대책은 1916년 2월 소록도에 나병 전용 의원을 짓기로 한 것이었다. 그해 5월에 개원된 소록도자혜의원은 겨우 100여 명을 수용할 수 있는 수준이었는데 최초 환자는 40여 명에 불과했다. 이후 나환자는 계속 증가하여 1926년에는 249명이 수용되었고, 1928년에는 약간 시설이 보완되어 443명이 수용되었다. 1932년

총독부의 조사에 따르면 조선 전체 나환자 수는 12,000여 명이었지만, 사회사업가들은 16,000여 명으로 보았다(진용철, 2000: 219). 총독부의 나환자 수에 따르더라도 1932년 공적 기관의 수용 능력은 전체 환자의 3.7%에 불과했다. 나머지는 민간이 운영하는 여수 애양원, 광주나병원, 부산 상애원, 대구 애락원 등의 수용 능력[8]을 고려하더라도 크게 부족했기 때문이다.

구라행진의 실행

1) 구라행진의 취지와 참가자

1933년 봄[9]에 최흥종 목사와 제중원(현 광주기독병원) 간호사인 서서평 선교사는 나환자 150여 명과 함께 나환자의 구제와 나병 근절책의 수립과 실현을 총독에게 직접 요구하기 위해 광주에서 경성까지 걸어서 구라행진을 했다. 이 행진에 참가한 나환자들은 주로 광주나병원을 이용한 사람들이었다. 1928년까지 나환자촌의 사람들은 대부분 애양원

---

8 최흥종은 1950년에 남한에만 42,000여명의 나환자가 있고, 그중 소록도 갱생원 5,500여명, 애양원 1,100여명, 상애원 1,000여명, 애락원 1,000여명 등 약 일만 명만 겨우 요양소에서 살고, 나머지는 도시와 촌락에 버려져 있다고 진단하고, 새 나라 건설에 나환자 대책을 세우는 것이 긴급하다고 주장했다(오방기념사업회, 2000: 287).

9 구라행진을 실행한 해가 1932년이란 설과 1933년이란 설이 있다. 오방기념사업회(2000)가 만든 '화광동진의 삶'은 연표에서 1932년이라고 밝히지만, 문순태(2000)의 '성자의 지팡이'는 연표에서 1933년으로 쓰고 있다. 한편 최흥종과 구라행진을 함께 한 서서평에 대한 책을 쓴 양국주(2012)의 '바보야 성공이 아니라 섬김이야'라는 책은 연도를 표기하고 않고 '구라행진'만 다루었다. 또한 그 시기가 "화창한 봄날"(오방기념사업회, 2000: 358)이라는 설과 가을(문순태, 2000: 245)이라는 설이 있다. 위의 두 글을 쓴 사람은 모두 문순태이다. 아마도 기억에 의존한 구술에 근거하여 글을 썼기에 연도와 계절이 다른데, 필자는 1933년 봄이었을 것으로 본다. 당시 사람들은 봄에 비교적 한가하여 여행하는 풍습이 있었고, 가을에는 추수로 일손이 부족하여 여행하기 어려웠을 것이다. 나무위키는 1933년 4월로 기록했다. https://namu.wiki/w/%EC%B5%9C%ED%9D%A5%EC%A2%85
한편, 광주대학교 한규무 교수는 최흥종이 광주에서 경성까지 "구라행진을 했다"는 당시 신문 기사를 찾을 수 없지만, 그가 1933년 4월 10일 총독부를 방문하여 경무국장 이케다池田와 위생과장 니시끼西龜奎三를 면담한 기록이 있다고 확인했다. https://url.kr/JuQPN4

으로 이주하였지만, 일부는 봉선리에서 살고 있었다.

당시에는 나환자의 치료도 문제이었지만, 치료를 마친 음성 환자들이 적절한 일자리를 갖고 사람답게 살기는 쉽지 않았다. 음성 환자들이 어렵게 제사공장 등에 취직했지만 다른 직원들이 함께 일할 수 없다는 이유로 반대하여 그만두는 경우도 적지 않았다. 음성 환자의 자립을 위해 환자촌에서 목수, 석수, 벽돌공, 대야나 냄비 땜질 등 기술을 익히지만, 음성 환자는 전염되지 않는 것을 일반인이 믿지 않아 이들은 취업하기가 어려웠다(문순태, 2000: 237~238).

이에 최흥종은 늘어나는 나환자에 턱없이 부족한 치료시설과 재활 그리고 정착촌의 확충 등 나환자 문제를 획기적으로 해결하기 위해서는 '국가가 나서야 한다'고 믿고, 전남 도지사에게 대책을 세워줄 것을 요구하고, 그렇지 않으면 "나환자들을 이끌고 경성으로 가겠다"고 말했다. 이에 아지마 지사는 "나환자 문제라면 광주에 치료소가 있고, 소록도와 여수에도 시설이 있지 않소"라고 반문하고, "나머지 문제는 민간이 사회사업 차원에서 해결하는 것이 좋겠다"는 입장이었다(문순태, 2000: 240).

도지사의 지원을 끌어내지 못한 최흥종은 봉선리 치료소에 와서 나환자들에게 경성으로 가서 총독을 직접 만나 요구하자고 설득했다. 따라서 최흥종이 앞장서고 150여 명의 나환자들이 함께 했다. 당시 몸도 성치 않은 서서평 선교사가 합류하고 그녀를 돕는 문보영(간호인력)과 그녀의 아버지 문치근(나환자)도 따라나섰다.

2) 구라행진 길

필자는 오랫동안 구라행진의 길과 숙박지 등에 대해 관심을 가졌다. 이들이 광주에서 경성까지 어느 길로 가고, 어디에서 숙박하였는지 궁금하였는데 어느 책에도 행진길에 대한 구체적인 내용이 없었다. 이들이 신작로를 따라 '우마차'를 앞세우고 갔다는 기록을 보고, 필자는 구라행진의 길이 삼남길에 바탕을 둔 국도 1호선임을 알 수 있었다. 지금이야 광주에서 서울로 가는 길이 국도, 고속도로, 철도(일반철도, KTX), 비행기길 등 매우 다양하지만, 조선시대까지는 걸어가는 길은 삼남길이 거의 유일했다. 150여 명 구라행진단이 함께 움직이려면 솥이나 그릇 등 가재도구를 싣고 가야 했기에 '신작로'인 국도 1호선을 이용하였다.

이들은 새벽녘에 봉선리를 출발하여 찬송가를 부르며 광주천 둑길을 걸으며 장성으로 향했다. 이들이 시내를 빠져나가 극락강역 부근에 이르렀을 때 광주의 경찰들이 눈치를 채고 차를 몰고 달려와 행진을 막아섰지만 중단시킬 수는 없었다. 이들은 신작로를 따라 '우마차'에 가재도구를 싣고 광주에서 출발하여 장성-정읍-완주-익산-논산-대전-천안-평택-수원-남태령-경성으로 가서 총독부 정문에서 총독 면담을 요구하며 연좌시위를 하였다. 이들은 해남에서 강진-영암-나주-광주를 거쳐 경성까지 보름만에 걸어가는 '삼남길'을 바탕으로 새로 만들어진 신작로를 따라갔기에 '공주'(삼남길)가 아닌 '대전'(국도 1호선)[10]으로 갔다.

---

10 국도 제1호선의 일부 구간은 조선시대부터 주요 도로로 이용되고 있었다. 서울에서 수원까지의 구간은 조선 정조 시기 놓인 시흥대로, 경수대로와 겹치며, 서울에서 의주까지 이어지던 조선시대의 의주로는 중국과의 사신 왕래에 사용되는 주요 도로였기 때문에 국가에서 관리하였으며 일부 구간을 제외하고는 지금의 국도 1호선과 겹친다. 의주로는 책문을 넘어 베이징까지 이어지기에 연행로라고도 하였다.
일제 강점기에 들어 일본 제국은 목포에서 서울을 거쳐 신의주까지의 도로를 정비하여 국도 3호선(목포~경성)과 2

3) 구라행진의 숙박지와 후원자

나환자들은 11일간 걸어 경성으로 가는 동안 어디에서 숙박을 했을까? 첫날은 장성에서 노숙을 하고 이튿날은 정읍역 대합실에서 잤다고 한다. 정읍교회의 교인인 역장은 나환자들에게 식량까지 보태주고, 날이 밝기 전에 떠나줄 것을 당부했다. 역대합실에서 하룻밤을 자고 새벽에 출발하려고 하는데, 스무 명 정도의 나환자들이 동행을 간청했다(문순태, 2000: 243).

구라행진은 몸도 성치 않은 나환자들이 하는 도보행진이었기에 적절히 휴식을 취하며 지치지 않도록 흥을 돋우는 일이 중요했다. 휴식시간에는 문보영이 찬송가를 선창하고, 정읍에서 합류한 '장또삼'이란 중년 남자가 소리꾼처럼 '쑥대머리'를 잘하여 참가자들의 사기를 진작시켰다. 담양이 고향인 오태수는 퉁소를 잘 불러 나환자들의 애환을 달랬다(문순태, 2000: 244).

하지만, 구라행진을 하는 동안에 여러 명이 죽기도 했다. 특히 닷샛날 오후 논산-양촌을 거쳐 대전으로 가는 고갯길에서 소나기를 만났다. 이날부터 보영이 아버지 문치근이 급성폐렴으로 고열에 시달리고 사경을 헤맸다. 서서평이 그를 진찰하여 약을 먹이고 주사를 놓아 주었지만

호선(경성~신의주)으로 각각 명칭하였다. '신작로'라 불린 새 도로는 대부분 조선시대의 대로를 사용하였으나 여러 구간에서 이전의 도로망을 버리고 새로 조성하였다. 이는 일본 제국이 기존 도읍 사이의 지리적 관계보다는 직선 도로를 선호하였기 때문이다. 서울 북부의 경기도 구간에서는 고양시 덕양구 선유동에서 파주시 문산읍 신원리까지의 통일로 구간은 조선시대의 의주로와 겹치나 의주로의 그 이외 구간은 지금의 국도 1호선과 39호선 그리고 지방도로 307호선에 걸쳐 있다. 천안 이남의 구간에서는 조선시대 우로였던 제7로의 구간 대신 대부분 새로 길을 조성하였다. 조선의 7로는 천안-차령-공주-논산으로 이어졌으나 국도 1호선은 천안-조치원-대전-논산으로 연결된다. 일제는 이렇게 놓인 국도 1호선을 이용하여 서울 이북 구간은 만주 침략의 이동로로 호남 구간은 징발된 쌀의 운송로로 사용하였다. https://url.kr/1tKBwc

고열이 지속되어 2일 후에 죽었다.[11]

일행은 다음날 대전에 이르러 역앞 공터에 쉬고 세 곳의 교회를 찾아가 쌀 두 말을 얻어왔다. 이 정도 식량으로는 죽을 끓인다 해도 3백여 명이 한 끼도 먹기 어려웠다. 최흥종은 밤이 되어서야 두 곳의 교회를 더 찾아가 보리쌀 두 말을 더 얻었다. 대전을 벗어난 구라행진 참가자들은 기차역 대합실 신세를 지기도 어려워 한뎃잠을 자야만 했다. 하루하루가 죽음의 길처럼 고통스러웠다(문순태, 2000: 245).

나환자들은 흔히 동냥으로 살았는데, 구라행진을 하는 이들은 한꺼번에 수백 명이 움직였기에 동냥이나 교회 등 민간의 후원만으로 생계를 잇기는 어려웠다. 따라서 산에서 칡뿌리를 캐고 송기를 벗겨 조금씩 구걸해온 식량을 풀어 죽을 끓이거나 범벅을 만들어 겨우 연명하였다. 부족한 식량을 보충하기 위해 오방은 산기슭 등 후미진 곳에 일행을 남겨두고 마을에 있는 교회 등을 찾아가서 도움을 청했다(오방기념사업회, 2000: 359~360).

정읍과 대전 등의 이러한 사례에 비추어 보아 구라행진을 하는 나환자들은 주요 도시의 기차역 대합실에서 자거나 큰 건물의 처마 밑에서 노숙한 것으로 보인다. 최흥종은 당시 조선에서 유명한 목사이었고, 광주YMCA의 지도자이었기에 가는 곳마다 교회로부터 식량 등의 후원을 받았다. 충분하지는 않았지만, 이들의 후원이 없었더라면 구라행진은 계속될 수 없었을 것이다.

---

11 보영의 아버지 문치근을 비롯하여 다섯 명이 죽고 많은 나환자들이 병세가 나빠졌다. 특히 문치근이 대전(한밭)으로 가는 길에 소나기를 만났고 대전역에서 하룻밤을 보냈으며, 사망하자 대전을 빠져나가 야트막한 언덕에 묻혔다는 기록으로 보아 구라행진단이 '삼남길'이 아닌 '국도1호선'으로 갔다는 것을 재확인할 수 있다. 또한, 서서평은 자신의 몸을 추수르기도 힘든 상황에 구라행진을 하는 나환자의 진찰과 치료에 역점을 둔 것을 알 수 있다(문순태, 2000: 245~248).

광주에서 출발할 때 150여 명의 나환자가 경성에 도착할 즈음에 500여 명이 된 것은 도중에 합류한 사람이 많이 늘어났기 때문이었다. 구라행진 소식을 듣고 전국에서[12] 경성으로 모인 나환자가 510여 명이었다고 한다. 이렇게 모여든 사람들이 총독부에서 연좌시위를 하며 총독과 담판을 짓고자 했다. 이들은 함께 환호하고 손뼉을 치고 두 발로 땅을 구르며 격렬히 농성했다.

구라행진의 성과

1) 단기적 성과

총독부에서 일곱 시간 동안 연좌시위를 했던 최흥종과 서서평 등은 우가키 총독을 만나 나환자근절책으로 격리, 치료, 구제, 예방 4가지를 요구하였다. 치료기관을 갑, 을, 병, 정 네 등급으로 구별하여 갑은 대구와 소록도 치료소로, 을은 소록도와 부산 수용소, 병은 각 군에 있는 위탁치료소, 정은 경한 환자를 위한 문화치료소로 구분하였다. 우선은 소록도에 나병환자 수용소가 있으니 환자들이 갱생할 수 있도록 그곳에 자혜의원 시설을 확장하여 섬에 사는 일반인을 육지로 옮기고, 섬 전체를 나환자 수용소로 만들어 환자들을 격리시켜 치료할 수 있도록 제안하였다.

12 광주에서 출발한 나환자가 150여 명(200여 명이라는 설도 있음)가 11일 만에 서울에 500여 명(450여 명이라는 설도 있음)이 모인 것은 구라행진 도중에 합류한 사람도 있지만, 대구 상애원, 부산 애락원에도 수백 명의 나환자가 살고 있었기에 집단으로 참여한 사람도 있었을 가능성이 있다. 하지만, 이에 대한 기록이 없는데 향후 연구과제이다.

이에 총독은 소록도갱생원의 확장과 단종 폐지를 약속했다. 총독이 요구사항을 받아들이자 이들은 만세를 부르며 환호성을 질렀다. 이들은 무사히 돌아갈 수 있도록 총독으로부터 특별 열차까지 제공받았다. 구라행진을 하기 위해 광주에서 경성으로 가는 데는 11일이 걸렸지만, 돌아오는 데는 단 하루밖에 걸리지 않았다.

소록도에는 1916년부터 나병환자를 위한 소규모 자혜의원(현 국립소록도병원)이 있었는데, 1939년 11월에 대규모 갱생원이 설립된 것은 구라행진의 결과이었다. 1916년 처음 수용인원이 100여 명에 불과했던 소록도가 해방 시기에 6,000여 명에 이른 것은 구라행진의 성과이었다. 소록도병원의 확장공사는 나환자들의 피와 땀과 눈물로 이루어졌다. 이 시기는 1931년 만주사변, 1937년 중일전쟁, 1941년 태평양전쟁이 일어났기에 나환자조차 자력갱생은 물론이고 전쟁 군수물자 생산에 총동원되었다. 특히 1933년에 부임한 자혜의원의 수호 원장은 제1차 확장공사 이후 수용원생의 급증으로 대규모의 확장공사를 강력하게 추진했다. 1년간의 제2차 확장공사로 직원 관사 42동과 물품 창고 2동, 소록도 일주도로를 만들었다.

1937년, 중일전쟁으로 인해 원생들의 생활은 굶주림과 강제 노동으로 점차 피폐해졌지만, 수호는 다시 3차 확장공사를 시작하였다. 원생들은 이러한 요양소 확장에 동원되면서도 매일 수만 장의 벽돌을 구워내야 하는 등 중노동을 해야만 했다. 이것으로 원생들의 시련과 고난은 끝나지 않았다. 이제는 노동력도 없는 원생들까지 동원하여 연간 6천kg의 송진을 채취하고, 1941년도에는 500대의 가마니틀을 구입하여 연간 30만 장의 가마니를 생산하며, 연간 1,500장의 토끼 가죽과 3만 포의 숯을 제조하는 등 전쟁 군수물자 생산에 동원되었다.

2) 중장기적 성과

최흥종은 구라행진을 통해 우가키 총독으로부터 소록도 자혜의원을 갱생원으로 대폭 확장해주겠다는 약속을 받아 냈고 1939년 소록도 갱생원의 확장으로 이행되었다. 소록도에 나환자만을 위한 공간이 확충되고, 이후 나환자의 수용 규모가 6천 명에 이르게 된 것은 총독부가 1932년 12월 27일에 '조선나예방협회'를 창설한 것과 밀접한 관련이 있다. 1928년에 조선나병근절책연구회가 나병 근절을 위해 격리 섬을 선택하여 집중 치료하는 것이 최상의 방법이라는 점을 제안하자, 총독부도 조선나예방협회를 조직했다. 이 협회는 구라행진 직전에 만들어졌지만, 최흥종 등이 만든 조선나병근절책연구회 등의 요구에 공적으로 대응한 것이다.

한편 최흥종은 나환자를 비롯한 사회적 약자를 보다 체계적으로 지원하기 위해 1933년에 흥학관에서 광주지역 유지를 모아 계유구락부를 조직했다. 그는 최원순과 함께 민중계몽운동과 빈민구제사업을 목적으로 계유구락부를 만들었다. 계유구락부는 광주지역 유지 37명으로 구성되었고, 광주천 직강공사로 집이 헐린 200여 명이 경양방죽에 집단생활을 할 수 있는 걸인촌을 만들고 걸인잔치를 열도록 지원하기도 했다.

계유구락부

최흥종 목사는 구라행진을 통해 우가키 총독으로부터 소록도 자혜원을 갱생원으로 대폭 확장해주겠다는 약속을 받아 낸 후 광주에서 최원순과 함께 민중계몽운동과 빈민구제사업을 목적으로 '계유구락부'를 만들었다. 그는 광주 경양방죽에 걸인들이 집단생활을 할 수 있는 걸인촌을 만들고 날마다 걸인잔치를 열었다. 당시 200여 명을 보살펴 주었다. 광주 교인이나 노회에서 그의 '걸인목회'를 이해하지 못하고 비난하는 자들이 늘어났다.

계유구락부 회원은 최흥종, 구형서, 김명신, 심덕선, 김용환, 김희술, 최준기, 송화식, 정상호, 손우채, 김응모, 김우영, 손이채, 고재섭, 백남섭, 최영균, 김홍선, 김희성, 지정선, 최영욱, 최경식, 고광인, 김홍열, 최선진, 김광진, 최상채, 지창선, 김찬흠, 최원순, 최석휴, 정난모, 양태승, 박기주, 김신석, 이종묵, 유연상, 정문모 총 37명이다(박선홍, 2015: 287).

계유구락부는 민중 계몽운동과 빈민구제사업을 위한 친목단체이었지만, 일제가 신사참배를 강요하고 창씨개명을 통해 내선일체를 추구할 때 광주시민의 구심체 역할을 했다. 최흥종 친구인 최재익의 아들인 최윤상은 다음과 같이 회고했다(최윤상, 2000: 240~241).

광주계유구락부

이리저리하여 국내에 있던 단체란 모든 단체는 탄압에 견디다 못하여 모조리 종적없이 사라져 버렸다. 이때 광주 양동 일대에(광주큰장) 살고 있던 영세민들의 가옥들을 아무런 대책도 세워주지 않고 철거하기 시작했다. 엄동설한은 닥쳐오고 갈래야 갈 곳 없는 이들의 아우성은 대단했건만 하소연할 곳조차 없어져 버린 때였다.

이때 뛰어나선 분이 바로 최흥종 목사였다. 이 소식을 들은 최목사는 얼굴이 초조해지더니 침식을 잊고 동분서주하며 헤매고 다녔다. 이에 호응하여 따라나선 분들은 김우영, 최원순, 김신석, 최영욱, 양태승, 최영균, 허백련, 정운면, 박준규, 심덕선, 송화식, 김희성 제씨였다.

매월 1회씩 순번으로 회합하는 친목 단체로서 이것이 계유구락부로서 사교를 가장한 민생운동이요 계몽운동이었으니 안창호 선생, 여운형 선생을 초청하여 서석초등학교 강당에서 대강연회를 벌려 놓기도 했다.

억울하게 철거를 당하고 쫓겨나갈 시장민들의 문제를 해결키 위하여선 우가키 총독을 흔들어야만 될 것을 알고 그가 내도來道하는 기회에 면회할 계획을 세우고 동아일보사 송진우에게 사전 교섭을 하게 했다. (전남)도청에 들린 우가키 총독에게 면회를 신청하자 심술궂은 심석心石이란 고등계 주임이란 자가 룸펜들이 왔다고 방해를 놓았다.

총독이 누구냐고 묻자 최흥종 목사라고 하니 곧 들어오게 했다. 송진우의 교섭도 있었거니와 나환자근절 사업을 위해 문둥병 환자들을 총독부로 끌고 들어가 농성소동을 벌린 일도 있었던 만큼 최흥종 목사라면 익히 아는 이기도 했다. 시장민들에게 대한 부당한 처사를 따지자 총독은 즉석에서 실오失鳴지사에게 명하여 학동 갱생부락으로 안주케 하여 시장 철거문제는 성공적으로 해결을 시켜 놓았다.

한편 구라행진에 서서평은 자신의 생명을 걸어야 했다. 서서평은 오랫동안 질병으로 고생하였는데, 구라행진을 마치고 건강이 크게 악화되었다. 서서평은 1933년 8월 조선간호부회연합회 총회를 대구 동산병원에서 개최하고 10년간 맡았던 회장직을 사은라Ella J. Sharrocks 간호선교사에게 넘겼다. 그녀는 1934년 2월 17일부터 시작된 폐렴기로 거동조차 불편했고, 6월 중순 수술하였지만 끝내 일어나지 못했다.

6월 26일에 서서평 선교사가 사망하자 27일에 오웬기념각에서 장례를 치루었다. 장례식 이후 최원순 등 계유구락부 회원들이 "시민사회단체들이 모여 범 시민적으로 추도식"을 제안하여 7월 7일 오웬기념각에서 추도식을 가졌다. 서서평의 장례식은 광주지역 최초의 사회장으로 알려졌지만, 사회장 수준의 추도식이라고 보아야 할 것이다.

구라행진 이후 최흥종의 삶도 평탄하지 않았다. 그는 1935년에 지인들에게 '사망통지서'를 내고 '오방五放'이란 호를 짓고 제도교회의 공식 직함에서는 떠났다. 광주지역 최초의 장로이고 목사로서 56세에 교회에서 지도력을 발휘할 시기이었는데, YMCA 지도자를 비롯한 기독교계 인사들이 친일을 하고 신사참배를 하는 쪽으로 기울어질 때 자신의 신념을 지키기 위해 '사회적 죽음'을 선택하였다.

오방의 사망통지서는 두 가지로 남아 있다. 하나는 당시 광주 YMCA 간사를 한 김천배 선생이 기억하는 것이고, 다른 하나는 성서조선을 발간한 김교신 선생의 일기이다. 필자는 김교신은 오방 선생과 교류가 있었고, 오방이 김교신에게 편지로 총본塚本씨의 사망통고문을 읽고 큰 충격을 받았다고 전한 것으로 보아 그의 기록이 원문에 가깝다고 본다. 두 가지는 뜻은 같고, 김교신 선생이 전하는 것이 문어체이므로 오방의 편지를 옮긴 것으로 보인다.

광주YMCA 총무를 지낸 바 있는 김천배 선생이 (간사)부임 초기에 '최흥종 총무'가 YMCA이사와 계유구락부 회원들에게 직접 전달하라는 봉투 묶음을 받았는데, 개봉된 내용을 보니 '사망통지서'라고 선명하게 기록되어 있었다는 것이다. 그는 원문 내용은 그대로 기억할 수는 없지만, 대략 다음 내용이라고 회고했다.

"1935년 3월 17일 이후 나 오방 최흥종은 죽은 사람임을 알리는 바입니다. 인간 최흥종은 이미 죽은 사람이므로 차후로 거리에서 나를 만나기든 아는 체를 하지 말아 주시기 바라오. 나 최흥종은 오늘부터 이 지상에서 영원히 떠나 하나님 속으로 진실로 하나님과 함께 자유롭게 살 것입니다. 여러분들도 죄를 회개하고 하나님을 믿고 구원을 얻기 바랄 뿐입니다."

1975년 출간된 김교신 전집 제6권 16페이지에 실린 글로 김교신 선생의 1937년 1월 18일 일기의 한 대목이다.

또 호남에서 유쾌한 통첩문
본인을 사망자로 간주하시고 우인명단에서 삭제하여 주시기를 복망하나이다. 가정에 대하여 오만자, 사회에 대하여 방일자, 사업에

> 대하여 방종자, 국사에 대하여 방기자, 종교에 대하여 방랑자 소위 오방을 제창하면서도 명실이 불합한 가면극이 왕왕 연출되어 양심상 사이비한 생활을 절실히 참회하고 무익한 죄인이 세사에 관여하는 것은 유익보다 폐해가 더 될 것을 각오하므로 십자가의 구주 예수만 신뢰하고 범사에 예수의 교훈으로 생활할 것을 맹약하고 이제는 생사간에 예수 이외의 아무것도 없으므로 세상에 대하여 사망자가 되어 스스로 매장한 것이외다. 가족적 행열에서나 윤리적 예의에서나 사회적 규범에서나 제외자요, 출?자黜?者[13]요, 폐기자로 인간사회에 무용의 일종 폐물이오니 지금 이후로는 사망자로 인정하시고 모든 관계와 통신을 단절하여 주심을 통고하나이다.
>
> 1937년 1월 일 오방 최흥종 근고謹告
>
> (오방기념사업회, 2000: 273~274).

오방 선생은 스스로 사망통지를 한 이후에 '유산각'이란 불리는 손수레[14]를 끌고 다니며 그곳에서 자면서 나환자와 걸인을 적극적으로 돕고, 무등산 등에 은거하며 나라와 민족의 운명을 걱정하는 '화광동진'[15]의 지도자로 우뚝 섰다.

---

13 문맥으로 볼 때 방출자放黜者라고 쓴 것인 듯하다(이용교 주).

14 그는 한 평 정도 되는 널판지에 다리를 붙이고 사방을 문짝으로 막고 지붕을 해 덮은 '유산각遊山閣'이라 불리는 수레를 이용했다. https://url.kr/6eeieo

15 화광동진和光同塵은 "빛을 부드럽게 하여 속세의 티끌과 함께 하다. 자신의 덕과 재능을 감추고 세속을 따르고 속인들과 어울리는 것을 비유하는 말이다"이다. 노자老子에 나온 和其光, 同其塵에서 말인데, 해방 후 백범 김구 선생이 오방 선생의 인품과 지도력에 경탄하여 함께 정치를 하자고 권했지만 이에 응하지 않자 '和光同塵'이란 휘호를 써주어 오방 선생의 인품을 일컫는 말이 되었다.

3) 파급효과

구라행진을 기획하고 실행한 최흥종과 서서평은 나환자의 치료와 재활 그리고 정착을 위한 대책에 대해서 총독의 약속을 받았고, 그 약속은 어느 정도 이행되었다. 따라서 구라행진은 성공한 사회운동으로 평가된다. 그런데 구라행진은 값비싼 대가를 치러야 했다. 행진 참여자 중 적어도 5명이 죽고, 서서평은 구라행진을 마치고 일년 만에 사망했으며, 최흥종은 스스로 '사망통지서'를 발송하여 '사회적 죽음'을 선택했다.

한 알의 밀알이 썩지 않으면 한 알에 그치지만, 땅에 떨어져 썩으면 많은 열매를 맺듯이 최흥종과 서서평은 수많은 인재를 양성했다. 최흥종은 광주YMCA와 계유구락부를 통해 인재를 키웠고, 농업실습학교를 통해 강순명 목사, 이현필 선생 등 사회사업 인재를 양성했다. 그는 이발사이었던 강순명을 사위로 삼았는데, 후에 강순명은 목사가 되고 천혜경로원을 설립하였다. 이현필 선생은 여순사건으로 생긴 고아를 돕기 위해 동광원을 운영하였고 그의 제자들은 귀일원을 설립하였다. 서서평은 이일학교를 통해 김화남, 이영희, 홍승애 등 수많은 전도부인과 사회사업 인재를 양성했다. 김화남은 전남성로원을 설립하고, 이영희는 이일성로원을 통해 노인복지를 실천하였으며, 홍승애는 장애인을 위해 사랑의집을 설립하도록 지원하였다.

이들은 일제식민지 하에서 조선인 기독교계가 영혼 구제로 위축될 때 사회구제를 함께 외치고 몸으로 실천하였다. 특히 오방은 1937년에 조선 기독교계가 신사참배를 공인할 기운이 돌자, 3월에 '교역자의 반성과 평신도의 각성을 촉함'이란 글을 발표했다. 이 글에서 그는 "목자들은……양군羊群을 위하여 희생하려는 대신 각자의 명리를 위하여 영리적 목자들이 대량 생산됨이 현금 조선 교계 상태인가 합니다"라고 하면서 "평신도의 각성을 시급히 요구"했다(오방기념사업회, 2000: 280~283). 그 자신 목자를 벗어던지고 목자를 "양의 옷을 입은 이리"에 비유하면서 평신도가 목자가 아닌 성경을 믿을 것을 강조하였다. 구라행진으로 대표되는 사회구제 활동과 영혼 구제를 함께 실천한 그들은 암흑기에 빛과 소금의 역할을 다했다.

최흥종 선생은 '사망통지서'라는 사회적 죽음을 통해 일제 말기까지 자신을 지키고 자유인으로서 사회구제를 계속할 수 있었다. 해방 후에는 음성나환자의 정착촌인 호혜원을 설립하여 함께 살았다. 또한, 결핵환자를 위해 송등원을 설립하고 이들의 자활을 적극 지원하였다.

오방 최흥종

오방 최흥종. 호 '오방'은 집안의 일, 사회적 체면, 경제적 이익, 정치적 활동, 종파적 활동의 '다섯 가지를 내려놓는다'는 뜻으로, 1909년에 포사이드 선교사를 만난 이후 "구제와 독립과 교육 분야" 사회운동에 평생 헌신하였다.

광주YMCA 창립

최흥종은 1920년에 광주YMCA를 창립하면서 청년운동에도 힘 쏟았다.
사진 뒷줄 왼쪽부터 김후근, 장남기, 정인세, 조일환, 문천식.
앞줄 왼쪽부터 최영균, 최영욱, 노라복, 최흥종, 어비슨, 장맹섭, 김태인.(자료. 최흥종기념관)

무등산 움막

최흥종이 말년을 보낸 움막. 움막은 무등산 아래 결핵환자 요양소인 무등원 안에 있었고, 그는 이곳에서 결핵환자와 일상을 같이 했다.

자혜의원

한센인의 치료와 요양을 위해 1916년 2월 소록도에 개원한 전남도립 소록도자혜의원은 1934년 10월 소록도갱생원으로, 1949년 중앙나요양소, 1960년 7월에 국립소록도병원으로 명칭이 바뀌었다.

소록도 가족면회

1947년 소록도갱생원에서 열린 한센인과 자녀 간의 면회식.
미감아未感兒자녀가 감염될 것을 우려하여 서로 떨어져서 만나고 있다.(자료. 보건복지부)

지역사례의 발굴은 역사 연구의 기초

박광준(일본 붓쿄대학 교수)

이 책은 책머리의 사사로서 "이 땅의 사회복지 역사를 만들어 온 선각자들과 복지활동가들의 헌신에 감사"를 전하고 있듯이 복지문제를 발견해 내어 중요한 사회적 의제로 삼고, 한편에서는 자조집단적 노력으로 문제에 대처하면서, 다른 한편으로는 전체 사회의 책임있는 개입을 조직적으로 요구해 온 복지 선각자들의 실천활동 사례를 주된 연구주제로 삼고 있다. 주로 광주나 목포 등 호남지역을 중심으로 한 활동이나 활동가들을 다루고 있는데, 무엇보다도 스쳐 지나치기 쉽고 또 스쳐 지나쳐 온 주제를 사회복지 역사의 전면에 등장시키기 위해 기울인 저자의 노력을 높이 평가할 만하다.

사회복지의 개념 정의는 사회복지 역사의 범위를 결정한다. 그 개념을 좁게 정의한다면 역사연구의 범위 역시 한정될 수밖에 없는데, 저자는 근대적 사회복지가 태동하던 시기의 활동들을 매너리즘을 초월한 독자적이고 넓은 시각으로 복지활동으로 포섭하고 있다. 사실 복지역사를 발견한다는 것은, 이미 발견되어 온 복지에 관련된 사실들을 '재발견'한다는 의미이다. 그런데 재발견을 위해서는 새롭고 신선한 눈도 물론 필요하지만, 더더욱 요구되는 것은 사회복지의 역사와 인물, 현대적 의미와 다양한 정책 사례들을 깊이 이해하는 오래된 식견이다.

이 책은 이용교가 품어 온 묵은 문제의식에 의해 집필되었으나, 바꾸어 말하면 그러한 식견들을 오랫동안 품어온 것이야말로 이 저술의 원동력이었다고 짐작된다. 웨버는 『직업으로서의 학문』에서 "악마는 나이가 많다. 그러므로 악마를 이해하려면 너도 나이가 많아야 한다"는 『파우스트』의 일절을 상기시킨다. 사회복지 태동기의 복지역사는 말하자면 악마이다. 매우 복잡하게 얽혀 있지만 본 사람이 없고, 그 본성을 쉽사리 내보이지 않으며 자신을 보는 인간이 누군지에 따라 수시로 모습을 바꾼다. 그러므로 만약 그 악마를 해치우려고 한다면 그것을 피하려고 하기보다는 오히려 악마의 능력과 한계를 알기 위하여 미리 악마의 방식을 속속들이 간파하고 있어야 한다는 뜻이다. 그래서 사물들을 오래 그리고 유심히 볼 필요가 있는 것이다. 이 책이 이용교의 정년퇴직에 즈음한 시기에 나왔다는 것은, 그가 오랜 기간 근대적 사회복지 태동기를 유심히 보아왔다는 것을 의미한다고 본다.

한 지역의 사례를 역사의 전면에 내세우는 데 성공한 연구자란, 그 사례를 보다 넓은 지역 및 사회의 역사, 국제관계, 나아가 세계적 조류와 연결 지우는 것에 성공한 사람이다. 이 책은 그러한 성공의 초석을 놓은 저작이라고 평가된다. 구라행진 등 잘 알려져 있지 않는 당사자운동의 실체를 밝히고 그 역사적 의의를 논하는 것은 사회복지학계가 관심을 가져야 할 것이다. 새롭게 발굴된 주제들이 후속적 연구를 통하여 이 책이 '한국' 사회복지역사와 인물이라는 맥락에서 인정받고 널리 읽히기를 기대한다.

아울러 이 책을 통하여 학문적 영감을 얻고 나아가 사회복지 역사연구를 개척하는 것에 관심을 가지려는 학도들이 있다면 앞으로 어떤 작업이 필요한가에 관하여 조언하고 싶다. 어떤 복지실천도 처음에는 특정 지역에서 일어난다. 그런데 그 지역에서만 공유되는 사례도 있지만, 사회 전체로 확산되는 사례도 있고 나아가 한 나라 혹은 세계적 차원에서 그 보편성을 인정받는 경우도 있다. 향토사 혹은 지역사의 연구가 축적될수록 역사연구가 풍부해지므로 지역사례의 발굴은 역사연구의 기초이다. 지역사례를 탐구함에 있어 우선 필요한 것은 두 가지이다. 하나는 그 실천을 그 지역의 '경제사적 토대'와 관련지어 조망하는 것이며, 다른 하나는 학문의 벽을 넘어선 학술적 교류이다. 다른 지역과 마찬가지로 호남지역 역시 상당한 지역사적 연구축적이 있을 것이므로 그러한 연구성과들과 교류하면서 거기에서 많은 지혜를 빌리는 것이 필요하다.

기초자료를 축적하는 일에 관심을 가지고 그 일에 기여하겠다는 마음가짐은 기본적이다. 나는 7~8년 전부터 장차 노후를 보내려는 제주지역을 보다 주의 깊게 보고 있다. 그중 한가지, 사료 축적과 관련해서 소개하고 싶은 제주의 사례가 있다. 제주역사문화진흥원이 발간한 『일제하신문 제주기사 자료집』이라는 상당히 방대한 사료가 그것이다. 그 시기의 각 신문사별 제주 관련 기사가 집대성되어 있고 일본어신문의 기사도 정리되어 있다. 사실 지역의 연구기관이나 연구자들이 후대를 위해 꼼꼼히 해 나가야 할 가장 기초적 작업이 바로 이러한 사례가 아닐까 생각한다.

이용교의 저서에 윤치호가 잠깐 등장하는 것을 읽고, 나는 근대사 연구의 사료로서 매우 중요한 윤치호의 일기 중에 이 책이 다룬 사례들과 관련된 기록이 있는지가 궁금해졌다. 그리고 사회복지학도들에게 그러한 탐구활동을 해보도록 권하고 싶어졌다.

이용교가 많은 분량을 할애하여 자세히 논의하고 있는 구라행진은 특히 관심을 가졌고 보다 자세히 알아보고 싶었다. 하지만 대강 찾아본 관련 자료에서는 거의 찾을 수 없었다. 그런 만큼 이용교 교수의 사료 발굴 노력이 빛난다. 우선 일제하에 발간된 민족신문들, 그리고 일본신문들의 기사에는 구라행진에 관한 기사가 한 건도 찾을 수 없었다. 그 이유는 무엇이며 신문기사가 없는 당사자운동을 어떻게 해석해야 할 것인지를 고민해야 한다.

이용교가 선행연구를 검토하여 기술하고 있듯이, 구라행진이 진행된 시기도 1932년 설과 1933년 설이 있고, 계절적 시기도 봄이라는 설도 가을이라는 설도 있을 정도로 사료가 적다. 1932년에 총독부가 조선나병협회를 설립한 역사적 사실과 비추어 본다면 그 시기를 특정하는 것은 구라행진의 의의를 평가하는 데에도 매우 중요하다. 나아가 조선총독부의 관련 자료도 면밀히 조사해 볼 필요가 있겠다.

한가지 주목할 것은 일본구라협회가 1926년에 창간한 기관지가 있는데 그 기관지에는 일본, 조선, 타이완뿐만 아니라 중국과 필리핀 등 아시아 전반의 한센병 실태에 관한 사료가 많이 포함되어 있다고 한다. 그 방대한 자료집은 복각되어 있으니 그 속에 구라행진에 관련된 사료들이 있는지를 확인해 볼 만하다.

4

광주이일학교에서 서서평의 교육과 사회활동

성공이 아니라 섬김이야

서서평은 엘리자벳 요한나 쉐핑Elizabeth Johanna Shepping의 한국 이름이다. 1880년 9월 26일 독일 비스바덴에서 안나 쉐핑의 아이로 태어났고 세 살 때 어머니가 미국으로 이민 가자 가톨릭 신자인 조부모 밑에서 어린 시절을 보냈다. 할머니가 세상을 떠나자 9살인 1889년에 어머니에게 갔다. 그는 어린 시절에 외로움을 겪었기에 평생 고아와 과부를 위한 삶을 살았는지도 모른다.

그는 1901년에 가톨릭재단의 뉴욕 세인트마가병원 간호학교를 졸업했다. 뉴욕시립병원에서 간호사 실습을 하면서 동료의 권유로 개신교로 개종하였다. 이후 뉴욕시 유대인 결핵요양소와 이탈리아 이민자 수용소에서 일하면서 8년 동안 성서교사훈련학교(현재 뉴욕신학교)를 다녔다. 친구로부터 "조선의 병원에 훈련된 간호사가 필요하다"는 말을 듣고 선교사가 되기로 결심했다. 그는 1912년 2월 20일(32살)에 미국 남장로교 조선의료선교사로 샌프란시스코에서 코리아호에 올라 3월 19일 부산항에 도착했다. 다음 날 광주에 와서 조선말과 풍습을 익히면서 조선사람처럼 살고자 했다. 평소 옥양목 저고리에 검은 통치마를 입고 남자용 검정 고무신을 신었으며 독신으로 살았다.

그는 1934년 6월 26일 별세할 때까지 22년간 의료선교사로 광주 제중원(현 광주기독병원), 군산 구암예수병원, 경성(서울) 세브란스병원 등에서 간호사로 일하고, 조선인을 간호사로 양성하여 1923년에 조선간호부회(현 대한간호협회)를 창설하였다. 광주 금정교회(현 광주제일교회)에 출석하여 확장 주일학교를 이끌고 부인조력회(현 여전도회)를 최초로 조직하여 전국회시켰으며, 과부와 고아 등을 위해 광주이일학교를 설립하여 전도부인과 사회사업가 등을 양성하였다. 그가 설립한 이일성경학교는 1961년 전주 한예정신학원과 통합되어 전주한일여자신학교가 되고, 전주한일신학교를 거쳐 한일장신대학교로 발전되었다. '한일'은 한예정의 '한'과 이일학교의 '일'을 계승한 것이다.

서서평 선교사가 별세하자, 동아일보는 '자선 교육사업에 일생 받힌 빈민의 자모 서서평양 장제' 기사에서 "생전에는 '재생한 예수'의 칭호"를 받았다고 보도했다. 2012년 '서서평 내한 100주년'을 기념하여 다양한 기념행사가 열렸고, 양창삼은 『조선을 섬긴 행복- 서서평의 사랑과 인생』, 양국주는 『바보야 성공이 아니라 섬김이야- 엘리제 쉐핑 이야기』를 출판했다. 앞의 책은 서서평의 전기이고, 뒤의 책은 선교보고서로 그가 머리말에 써 놓은 글귀인 '성공이 아니라 섬김이야Not Success, But serve'를 담았다.

서서평 선교사의 삶은 함께 일한 신안교회 백춘성 장로에 의해 1980년에 『천국에서 만납시다: 선교사 서서평 일대기』와, 2017년에 『조선의 작은 예수 서서평- 천천히 평온하게』로 출판되었다. 같은 해에 영화 〈서서평, 천천히 평온하게〉로 제작되어 관객들에게 깊은 영감을 주었다. 그동안 많은 단행본과 논문은 서서평의 선교활동을 중점적으로 다루었고, 대한간호협회 등은 간호사 양성과 협회에 공헌한 내용을 정리하였다.

서서평은 조선에서 22년간 무의탁자 돌봄 간호, 극빈자와 병자 및 노인 돌봄, 모자 보건 간호, 긴급 구조 등 공중위생 사역을 중심으로 활동했다. 당시 선교사에게 주어진 하루 식비는 3원(1원은 100전)이었지만, 그는 10전으로 허기를 채우고 나머지는 어려운 사람들을 위해 썼다. 버려진 아이를 데려다 키운 사람이 14명(13명 딸, 1명 아들)이었고, 아이를 낳지 못해 쫓겨나거나 오갈 데 없는 여인 38명도 거두어 보살폈다. 서서평은 이러한 활동을 광주이일학교를 통해 수행하였다. 오늘날의 관점에서 보면 의료복지, 아동복지, 여성복지, 노인복지, 지역복지 등을 총체적으로 수행했다.

서서평 선교사의 주요 활동

1) 광주제중원에서 평생 동역자를 만남

서서평은 첫 사역지인 광주제중원에서 평생의 동역자인 로버트 윌슨(R. M. Wilson, 1880~1963·우월순) 원장, 최흥종(1880~1966) 목사(당시 조사)를 만난다. 세 사람은 동갑이고, 의사· 간호사·목회자로서 힘을 합쳐 제중원과 나환자 복지를 발전시켰다.

광주제중원은 1904년 12월 25일에 전남 광주군 효천면 양림리(현 광주광역시 양림동) 배유지(유진 벨) 목사의 임시사택에서 최초 예배를 드린 미국 남장로교 광주선교부가 세운 진료소이었다. 1905년 11월 20일에 초대 원장 놀란Dr. Joseph. W. Nolan 선교사가 9명의 환자를 진료하면서 정식 개원하였다.[16] 1908년 5월에 2대 원장 윌슨이 광주로 와서 1926년까지 재직하며 크게 발전시켰다. 윌슨은 1911년에 미국인 그라함Mr. C. E. Graham씨가 자신의 딸Ellen Levine Graham을 기리기 위해 기부한 7,000달러로 현대식 건물(지하 1층, 지상 2층)인 '엘렌러빈그라함기념병원'을 신축했다.

서서평은 광주선교부에 소속되어 광주제중원(1912~1916년), 군산 구암예수병원(1916년), 경성세브란스병원(1917년~1919년) 등에서 간호사로 활동했다. 1919년 3·1운동 때 독립운동을 하다가 부상당한 조선인들을 치료해 주면서 이들의 아픔을 깊이 동정하게 되었다. 특히 서대문형무소에 있는 최흥종 등 독립운동가들의 옥바라지를 했다. 이러한 활동을 고깝게 여긴 일제는 독립운동에 관여하였다는 올가미를 씌워 경성에 거주할 수 없게 하였다. 그 시기에 노라복Knox 선교사가 열

16 옥성득 교수에 따르면, 놀란은 1907년 4월에 선교사직을 사임하고 8월경에 운산금광에 취직하여 3년간 근무하였기에 한국교회사에 급여를 더 받기 위해(월 급여 600불에서 4600불로 바뀜) 떠난 사람으로 기억되고 있지만, 그는 열악한 호남 의료 현장에서 안과나 이비인후과 전문의가 필요하다고 인식하여 전문의 수련을 받기 위해 휴가를 얻고자 하였지만 그렇지 못했다고 한다. 이후 놀란은 안과와 이비인후과 전문의를 취득하고 고향에서 개업했다. https://koreanchristianity.tistory.com/1256

차와 자동차 충돌사고로 중상을 입게 되자 노라복의 간호를 담당하고, 자신의 건강도 관리하기 위해 광주로 돌아와 제중원 간호부장으로 일했다.

2) 광주나병원에서 한센병자의 치료

광주제중원이 한센병자를 치료하기 시작한 것은 1909년 4월에 오웬 Clement C. Owen·1867~1909 선교사가 급성 폐렴에 걸려, 목포에서 닥터 포사이드W. H. Forsythe 선교사가 광주로 오는 길에 한센병 여인을 말에 태우고 오면서이었다. 그 여인은 벽돌을 굽던 가마에서 치료를 받던 중 며칠만에 죽었지만, "광주에 가면 치료받을 수 있다"는 소문을 듣고 찾아온 나환자들로 제중원 건너 지한면 봉선리(현 봉선동)에 나환자촌이 생겼다. 광주제중원은 스코틀랜드 에든버러Ednburgh에 있는 인도와동양한센병선교회(대영나환자구료회)의 후원금 2,000달러로, 1911년 4월 25일에 'E'자형 진료소인 '광주나병원'을 짓고 나환자 19명을 수용하였다. 같은 선교회의 지원을 받아 1912년 11월 15일에 나환자촌 낙성식도 가졌다.

서서평 선교사가 1912년 3월 20일에 광주제중원에 온 것은 윌슨 원장이 밀려드는 환자들을 돌보기 위해 간호사가 절실히 필요하다는 요청에서 비롯되었다(이용교 편, 2013: 27). 손발이 짓무른 상처로 퉁퉁 부었고, 걸친 누더기 옷은 피와 고름으로 엉켜 웅크리고 있는 나환자 600여 명을 치료하는 것은 서서평 간호사의 임무이었다. 또한, 자신의 땅 1,000평에 나병진료소 등을 짓도록 후원하고 나환자들이 자활하도록 돕는 것은 최흥종 목사(당시 윌슨의 조사)의 역할이 컸다. 나병진료소는 평일에는 진료소이고, 학교이며, 주일에는 교회(봉선리교회)로 활용되었다. 광주나병원은 1926년부터 윌슨의 주도로 전남 여천군으로 이전되었고 이름이 애양원으로 바뀌었다.[17]

3) 간호사 양성과 조선간호부회 창설

서서평은 조선 여성들 가운데서 미래 지도자들을 키우는 일에 역점을 두었다. 특히, 1915년부터 간호인력 양성을 자신의 사명으로 여겼다. 그는 광주제중원, 군산구암예수병원에서 간호사로 일했고, 경성세브란스병원에 근무할 때 세브란스간호원양성소에서 부족한 간호인력을 키우는데 간호교사로 큰 공헌을 했다. 동대문밖 보구여관(현 이화여자대학교 병원)에서 서양식 간호부를 양성하고, 이후 조선간호부회(현 대한간호협회)를 조직하였다. 이때 육성한 이효경과 이금전 간호사 등은 대한간호협회를 이끌었다.

그는 조선간호부회를 창립(1923년 5월 12일)하고 회장을 한 지 6년 만에 국제간호협의회ICN, International Council of Nurses 준회원으로 입회시켰다. 1929년 7월 캐나다 몬트리올에서 열린 제6차 총회에 이효경, 이금전, 서서평 3인이 대표로 참석하고, ICN 회원 가입을 신청했지만 일본의 방해로 실패하였고 1946년에야 가입했다. 그는 최초로 간호교과서, 실용간호학, 간호요강, 간이위생법 등 4권의 간호학 책을 한글로 집필하고, 간호사업사 등을 한글로 번역하였다.

---

17 오웬과 윌슨에 대한 더 많은 기사 https://url.kr/oOKvBh

광주이일학교의 설립과 교육과정

서서평은 광주제중원에서 일하면서 광주이일학교의 설립, 조선간호부회의 창립, 부인조력회의 창설 등 다양한 활동을 하였다. 그는 1926년 사립 광주이일학교를 개교하기 전인 1922년에 '전도부인 양성학교'를 운영하였다. 1912년부터 광주제중원에서 '여성 성경공부반'[18]을 이끌고, 군산구암예수병원에 근무할 때(1915~1917년)에는 전주에 '단기 성경학교'를 운영하면서, 여성성경학교의 설립을 준비하였다.[19]

1) 전도부인 양성학교의 교육

그는 1919년에 서대문형무소에 수감된 최흥종을 면회했는데, 일제가 이를 빌미로 경성에 거주할 수 없게 하자 광주로 돌아와 제중원에서 간호부장으로 활동했다. 이 시기부터 그는 고아와 과부를 비롯한 사회적 약자를 구제하고 전도부인 등을 양성하여 선교를 체계화시켰다. 1년에 백여 일을 조랑말을 타거나 봇짐을 머리에 이고 다니며 선교하고 이들을 지도자로 양성하였다.

1922년 6월 2일에 여성들을 위한 '전도부인bible woman양성학교'를 시작하였다.[20] 부모의 반대로 보통학교에 입학하지 못한 여인들, 가

---

18 서서평은 1912년부터 광주제중원에서 '여성 성경공부반'을 만들어 성경을 가르쳤다. 그는 성경을 가르치면서 의외로 여성 문맹이 많은 것을 알고 여성들을 일깨워야겠다고 생각했다. 그때만 해도 여성들에 대한 교육 기회가 봉쇄되어 있어서 정규교육을 받은 여성은 극히 일부이었고 대부분 한글마저 해독하지 못한 형편이었다(양창삼, 2012: 137).

19 서서평이 군산구암예수병원에 근무할 때 전주에 '단기 성경학교'를 개설하여 1년에 1개월 내지 2~3개월 과정으로 성경공부를 시키다가 점차 6개월 코스로 늘려갔다. 이것이 그가 전주에 여성을 위한 '한예정성경학교' 설립과 연관되는 부분이다(양창삼, 2012: 137).

20 일반과정의 성경학교가 시작된 것은 1907년 5월에 전도부인을 훈련시키는 과정으로 개설된 평양여성성경학원이 있다. 그런데, 고등성경학원은 1922년에 개교한 이일학교가 한국 최초 여자신학교이다. 1922년에 북장로교 선교부의 승인을 받아 1923년 3월에 시작한 평양 고등성경학원은 1926년 2월에 4명의 첫 졸업생을 배출했다. 이일학교는 첫 졸업생을 1927년 3월에 배출한 점에서 평양 고등성경학원에 비해 한 해가 늦다. https://url.kr/8COSBk

난하여 학교에 갈 수 없는 여인들, 결혼은 했으나 아이가 없어 소박당한 여인들, 남편과 사별한 여인들, 학령이 초과한 여인 등 불우하고 기회를 놓친 다양한 계층의 여인을 상대로 한 학교이었다(양창삼, 2012: 137~138). 이 학교는 그의 좁은 안방에서 시작되었다.[21] 가정에서 몇 여학생을 모아놓고 가르치기 시작한 것이지만 농촌과 교회 여성 지도자를 기르겠다는 신념이 구체화 된 것이다. 학생들은 세례교인으로서 목사나 지역 선교사로부터 추천을 받아 입학했다. 1년에 3개월씩 수업이 진행되었다. 방을 덥히는데 들어가는 석탄이 톤당 20달러가 소요되었고, 필요한 경비는 자신은 물론 여러 선교사들이 도왔다. 학생이 늘자 '캘커타의 블랙홀The Black Hall of Calcutta'이라 불리는 오두막으로 이사했지만 너무 열악하여 한 선교사의 안방이나 오웬기념각을 사용하기도 했다(양창삼, 2012: 138).

1923년 9월 4일 남장로교 한국선교부는 광주와 전주에 '여성성경학교'를 열도록 했다. 선교부에서 공식적으로 여교역자와 교회 여성 지도자를 양성하기 위해 학교를 세우고자 한 것이다. 초급성경학교Junior Bible School이고, 1대 교장으로 광주엔 서서평이, 전주엔 최마태Mattie S. Tate 선교사[22]가 임명되었다. 이 학교는 1924년 남장로교 해외선교회로부터 승인을 받았다.[23] 이것은 후에 광주이일학교와 전주한예정신학원

---

21 당시엔 선교사 사택에서 학교가 시작된 경우가 많았다. 배유지 목사 사택의 사랑방에서 시작된 수피아여학교는 배목사의 부인인 마가렛트 여사와 엄언라Miss Ella Graham, 1869~1930 선교사, 윌슨 부인, 구애라Anna McQueen 선교사와 최재익, 최흥종, 홍우종, 변창연, 남궁혁, 김함나, 김마리아 등의 주축으로 설립되었다. 이후 선교부의 남학교와 여학교로 발전하고, 1908년 봄 선교부 여학교는 광주여학교라는 이름으로 정식 학교가 되었다. http://www.onbao.com/dbria/sub.html?cd_com=3125512

22 최마태Mattie S. Tate, 1864~1940는 남장로교 7인 개척자 중 한 사람으로서, 평생 독신으로 44년을 전북지역 복음화와 여성 선교를 위해 헌신했다. https://url.kr/hns7Cs

23 매티Mattie S. Tate는 미국 남장로교의 "7인의 개척자" 중 한 사람인 루이스 테이트Lewis Boyd Tate의 동생이다. 매티는 독신 여성 선교사로서 고된 순회전도자의 삶을 살았다. 루이스 테이트는 1892년 11월에 동료들과 함께 한국에 도착한 후 1925년 건강 악화로 은퇴하고 미국으로 돌아갈 때까지 전주를 중심으로 선교하고 교회를 건설했다. 호남

으로 발전했다. 1년에 6개월씩 2년 과정으로 진행되었다(양창삼, 2012: 138~139).

서서평은 노라복Maie B. Knox 부인과 인터뷰에서 "당신이 가장 좋아하는 일이 무엇인가요?"라는 질문에 주저 없이 이렇게 답변하였다.

> "조선 여성들 가운데서 미래 지도자들을 키우는 일입니다. 저는 일반적으로 가르치는 성경공부나 강습만으로는 여성들의 실제적이고 영적인 리더십을 계발하지 못한다는 것을 알게 됐습니다. 저는 기도하는 가운데 결혼한 여성과 나이 든 처녀들을 위해 학교를 시작했고, 그들에게 보통과정의 일반교육과 수준 높은 성경교육을 시작했습니다." https://ceo153.tistory.com/13760659.

정리하면, 서서평은 1912년부터 광주제중원에서 간호사로 일하면서 '여성성경공부반'을 운영했고, 구암예수병원에서 일할 때도 전주에 '단기성경학교'를 통해 교회 여성지도자를 양성하였다. 1919년 경성세브란스병원에서 광주제중원으로 온 후, 1922년에 '전도부인 양성학교'를 개교하였고, 1923년에 남장로교 한국선교부로부터 '여성성경학교'로 인정받고, 1924년에 해외선교부로부터 승인받았다. '전도부인 양성학교'는 겨울철 농한기에 3개월씩 이루어졌고, '여성성경학교'는 1년에 6

지역 최초의 선교지였던 전주 선교지부를 개척하여 호남지역 선교의 중심지로 건설한 일, 전주를 중심으로 전라북도 일대의 미개척지에 대한 순회 전도를 통해 75개의 교회를 개척하고 1천 명에 가까운 교인들에게 세례를 준 일, 호남지역 전체의 모교회라고 할 수 있는 서문교회를 설립하고 오랫동안 담임목사로 사역하였다. 루이스 테이트 곁에는 그와 함께 개척 선교사로 내한했던 매티와 의료 선교사였던 부인 매티(Mattie B. Ingold Tate)가 항상 함께 있었다. 부인 매티는 전주지역 최초의 서양 의사로서 처음에는 의료선교사로 활동하다가 루이스 테이트와 결혼한 후에는 남편을 도와 전도와 목회 및 교육에 전념했다. https://url.kr/G1YYuR

개월씩 2년 과정으로 이루어졌다. 초기에는 전도부인 양성이 핵심이었지만, 점차 '여교역자와 교회 여성 지도자' 양성으로 바뀌었다.

2) 광주이일학교의 교육

1926년에 친구 로이스 닐Ms. Lois Neel이 준 후원금[24]으로 양림 뒷동산(남구 제중로 39-3)에 붉은 벽돌로 3층 교사를 짓고 그 이름을 따서 사립 '광주이일학교'로 불렀다. 여성의 문맹 퇴치와 계몽을 목적으로 한 이 학교는 정부가 공식 인정한 3년제 사립학교였다. 학교에 입학하지 못한 아동들, 결혼은 했으나 소박당한 여인들, 남편과 사별한 여인들, 불우하고 기회를 놓친 다양한 계층의 여인들(15~40세)이 입학하였다. 그는 학생들의 이름을 지어 주고 한글을 가르치며, 성경을 가르쳐 전도부인 등으로 활동하도록 하였다. 이 학교의 공식 명칭은 사립 광주이일학교이지만, 광주이일학교, 이일학교, 혹은 성경과가 있었기에 '이일성경학교the Neel Bible School'라고도 불렀다.

광주이일학교는 4개의 교실과 하나의 사무실을 갖춘 것으로 그리 크지 않았다. 방 두 개를 함께 사용해 강당으로도 활용했다. 이 학교는 여성들의 문맹 퇴치와 계몽을 위해 정부가 인정한 3년제 사립학교였다. 교육과정도 2년 과정에서 3년 과정으로 바뀌었다. 이일학교에는 보통과와 성경과를 두었다. 보통과는 사실상 초등학교 교과과정으로, 한글, 과학 상식 등 일반교육에 치중되어 있어서 비기독교인들의 입학

---

24 서로득 부인에 따르면 한 미국인 선교사가 안식년을 맞아 이일학교에 대해 이야기하고 건물 신축 필요성을 강조하고, 서서평의 결단성, 헌신, 그리고 비전에 대해 역설하자 교인들이 감동을 받아 헌금해 학교 건물을 세우는데 도움을 주었다고 한다. 따라서 이일학교 건물이 니일 한 사람의 헌금에 의해 마련된 것이 아님을 보여준다(양창삼, 2012: 140).

도 허락되었다. 하지만 그들은 학교에서 공부하는 동안 예외 없이 기독교인이 되었다. 성경과는 초급반이나 고등반으로 나누지 않고 지속적으로 공부하도록 했다(양창삼, 2012: 140~141).

서서평은 이일학교를 설립하고 1934년 서거하기까지 교장으로 활동하면서 대여섯 과목을 가르쳤다. 1922년에서 1935년까지 졸업생 수는 265명이었다. 1932년 당시 성경과에서 36명이, 보통과에서 37명이 졸업했고, 1932년 한 해에 무려 93명 학생이 등록하였다. 1931년부터 1933년까지 이일학교 교사로 근무한 조아라에 따르면 그 시절 보통과는 70~80명이 공부했고, 성경과는 약 30여 명이 공부했다(양창삼, 2012: 141~142).

이일학교는 기숙사가 있고 상당수의 학생이 공동체로 살면서 자립을 도모했다는 점에서 특징이 있다. 학생들을 위해 기숙사도 짓고, 베를 짜는 장비와 학생들이 과외로 양잠 기술을 익힐 수 있도록 양잠 가동 기능을 가진 작은 건물도 마련했다. 학생은 늘어나고 자비로 학교에 다닐 수 있는 학생은 거의 없는데, 대공항의 여파로 선교비도 많지 않았기에 자구책을 세워야 했다. 서서평은 자신의 월급을 학교를 위해 사용했고, 선교사들도 후원해주었다. 1912년에 선교사 연봉은 600불이었고, 이일학교를 설립할 무렵 연봉은 800불이었다. 학생들이 학비를 마련하면서 자립하도록 양림동에 4000그루의 뽕나무를 심고 뽕을 따서 누에를 키우며 누에고치를 따서 직조하도록 하였다.

나아가 최신 수예기법을 도입하여 가르쳤다. 특히 서로득 부인은 이들에게 바느질과 자수 등을 가르쳤다. 학생들은 명주, 모시, 마포, 무명, 베 등의 천에 자수를 놓아 책상보, 손수건 등의 수예품을 만들었고 미국에도 수출했다. 버지니아 주 후원자인 로버트 밴스의 부인 프로다는 공예품을 지역 교회와 여러 기관에서 판매하여 수익금을 이일학교에 보내왔다(양창삼, 2012: 143~144).

이일학교는 여성 교육기관으로서 많은 여성 지도자를 배출했다. 졸업생 가운데 간호사나 산파, 교사, 유치원 보모, 전도사로 계몽사업과 신 여성운동의 선봉에서 활약한 사람이 많았다. 또한 나병 퇴치에 헌신한 제중원 윌슨 원장과 함께 전력하였던 최흥종 목사를 도와서 구제사업과 빈민운동에도 힘썼다(문순태, 2013: 60~61).

한편, 서서평 선교사가 별세하자 동아일보는 기사 3개를 썼는데, 그중 '자선 교육사업에 일생을 바친 빈민의 자모 서서평 양 장제'에서 "1922년에 이일학교를 창립하여 12년 동안 성경과 37명의 졸업생을 내었고, 66명의 재적생이 있다"고 이일학교 운영을 비중 있게 다루었다.

자선 교육사업에 일생 받힌 빈민의 자모 서서평 양 장제

생전에는 '재생한 예수'의 칭호, 모범할 근면역행의 일생

〔광주〕 광주읍 양림정에 있는 이일학교 설립자이며 교장인 서서평 양은 지금으로부터 25년 전에 조선에 들어온 이후 선교사업은 물론 많은 사람을 구제하는 사회사업과 교육사업에 노력하여 오던 중 1922년에는 이일학교를 창립하여 우금 12년 동안에 성경과 37명의 졸업생을 내었으며 방금 66명의 재적생이 있었다 한다. 이 학교는 이혼당한 여자, 남편이 죽고 없는 여자, 학령이 초과한 여자 등을 교양하여 왔는데, 동 서서평 양은 학교 창설 이래 자기의 생활비 일체까지 학교 유지비에 받히었으므로 사생활은 극도로 곤난하였다

하며 무너진 주택을 수선할 여유조차 없었다 한다. 그러든중 지난 26일 오전 4시에 드디어 이 세상을 떠났다는 바 그 장의는 전 광주 기독교단체연합장으로 성대하게 행하리라고 한다.

동아일보 1934년 6월 28일 기사. https://url.kr/kRaNt2

3) 서서평 사후의 광주이일학교

이일학교는 서서평 사후 배유지 부인(1934~1936), 타마자와 노라복 목사(1937), 도마리아(1938~1941)에 의해 운영되다 1941년 9월에 신사참배를 반대하여 폐교되었다. 일본의 진주만 공격으로 태평양전쟁이 시작되자 일제는 외국인 선교사들을 추방하기 시작했고 1942년에는 모두 추방하였다.

유화례Florence E. Root, 1893~1995 선교사가 해방 후 귀국해보니 이일학교 건물은 미국 적십자사에서 사용하고 있었다. 1948년 9월에 구애라 선교사에 의해 학교가 다시 문을 열었다. 구애라와 도마리아는 이일학교에 '이일과Neel Department'라는 특별 성경학교를 열었고, 이때에도 로이스 니일이 학교 건물을 위해 헌금을 했다.

1949년 5월에는 땅속에 묻어두었던 '서서평선교20주년기념비'를 교정에 세우고 학교를 의욕적으로 운영했지만, 6·25전쟁으로 다시 문을 닫았다. 전쟁 중에 한국을 떠나지 않고 피신했던 유화례는 9·28 수복 후 돌아와 1951년 3월까지 이일학교에서 살았다. 그해 4월 1일 유화례는 이일학교 교장이 되어 1955년 봄까지 수업을 진행했다. 이후에는 페이슬리(1955~1958), 배사라(1958~1961)가 교장으로 학교를 이끌었다.

배사라 교장이 1959년에 1년간 안식년을 갖자 호남성경학원 교장인 부명광George T. Brown이 이일학교 교장을 겸했다. 미국 남장로교 한국선교회는 1955년에 호남지역 농어촌 교회 교역자 양성을 위해 광주권에 3년제 호남성경학원(남자 신학교)을 개설했다. 1956년부터 이일학교는 재학생들의 반대에도 불구하고 호남성경학원과 건물을 함께 사용했다. 건물의 1층은 이일학교가, 2층은 호남성경학원이 사용했으며, 경건회 예배는 함께 드렸다(양창삼, 2012: 152).

1951년부터 1961년까지 10년 동안 이일학교 졸업생은 66명이었지만, 중도 탈락자가 많았다. 전쟁 시기와 그 직후에 학비조차 제대로 내지 못한 학생이 많았기에 학교 운영이 쉽지 않았다. 자신의 월급을 털어서 학교를 운영하는 서서평 교장도 없고, 이후 교장들의 근속 기간도 짧아서 학교 운영에 어려움이 많았다. 해방 이후 공교육환경도 크게 바뀌고, 미국의 해외선교비도 줄어들기에 한국선교회는 자구책을 마련해야 했다.

1961년에 미국 남장로교 한국선교회는 여자신학교는 전주로 통합하고, 남자신학교는 광주에 통합하기로 결정했다.[25] 기존 호남성경학원, 광주 야간신학교, 순천 매산신학교가 통합되어 호남신학원으로 발전했다. 결국 광주 이일성경학교는 1961년에 전주 한예정신학원과 통합되어 전주한일여자신학교(현 한일장신대학교)로 계승되었다. 이 학교

25 1961년에 호남성경학교는 호남신학원으로 개편되었고 1963년 호남신학교로 교명이 바뀌었으며, 1966년 4년제로 개편되었다. 1984년 4년제 대학 학력 인정학교로 지정받고, 1989년 호남신학대학, 1992년 호남신학대학교로 명칭이 변경되었다. https://url.kr/j5YtBt

는 1981년에 호남지역에서 최초로 사회복지학과를 개설하였고 3천여 명의 사회복지사를 양성하였다.

광주이일학교를 통한 선교와 사회활동

광주이일학교는 만학도를 위한 교육기관을 넘어 보다 종합적인 역할을 하는 기관이었다. 보통과에서는 기초학습 능력을 키워주고, 성경과에서는 전도부인과 여성 교역자를 키웠다. 이일학교에 기숙사가 있었고, 서서평은 13명의 딸과 1명의 아들을 키우고 38명 전도부인과 함께 살았다. 이곳은 서서평을 중심으로 한 공동체이었고, 전도부인의 선교활동센터이었다. 오늘날 개념으로 보면 공동생활가정이고, 학습과 선교 그리고 사회운동을 하는 단체 혹은 비정부기구이었다. 서서평은 삶의 철학을 이일학교 학생과 졸업생을 통해 구현했는데, 대표적인 선교활동과 사회활동을 소개하면 다음과 같다.

1) 전도부인 양성과 확장 주일학교

서서평은 이일학교 학생과 졸업생을 이끌고 확장 주일학교 운동을 펼쳤다. 이것은 교회가 잘 운영되는 도시 교회의 교사가 교회가 없는 마을에 찾아가 어린이들을 모아놓고 가르치는 일종의 노방전도였다. 1920년대 초반 광주 시내에는 금정교회(전 북문안교회, 현 광주제일교회), 북문밖교회(현 광주중앙교회), 양림교회, 향사리교회(현 서현교회) 등이 모母교회 역할을 하였다.

서서평은 광주 주변 20리 안팎 마을 곳곳에 확장 주일학교를 설립했다. 동네의 어느 가정집 마당이나 아니면 동각洞閣(마을 사람들이 친교 모임을 위해 모이는 집), 서당과 사랑방을 빌리거나 강가나 냇가에서 모이기도 했다. 확장 주일학교 선생은 처음에는 이일학교와 광주 농업실습학교 학생들이었으나 차츰 숭일학교와 수피아여학교 상급 학생들과 선생들까지 참여하였다.

일요일 아침이면 이일학교 재학생과 졸업생 등이 45~47개소 확장 주일학교를 찾아가 활동하고, 주일 낮 예배를 3시에 함께 드린 후 활동보고를 했다.[26] 확장 주일학교는 해당 지역의 개교회로 발전되기도 했는데, 진다리교회(후에 백운교회), 봉선리교회, 신안교회, 동신교회 등이 대표적이다. 확장 주일학교가 개교회로 발전되는 것은 전국적인 현상이었고, 주일학교가 활성되면서 1922년에 전국주일학교연합회가 창립되었다(양창삼, 2012: 179~180).

2) 한글교육과 부인조력회의 조직

서서평은 평소 광주에서 확장 주일학교를 통해 선교하고, 농한기에는 전남에 있는 시골 교회를 두루 돌아다니면서 성경을 가르치며 부인조력회를 조직했다. 서서평은 미국처럼 한국에서도 부인조력회Women's Auxiliary가 활성화될 필요를 절감했다. 1920년 미국 남장로교 부인회 창설자인 윈스보로 여사가 오웬기념각에서 10일간 겨울성경학교 사경회에 참석하였다. 서서평의 인도를 받아 산간벽지에서 300여 명의 여

26 당시 주일학교 협회 상무이사였던 정인세 원장이 일 년에 두 차례씩 주일학교 교사들을 초청하여 간담회를 가졌는데, 전체 주일학교가 45~47개소라면 이 중에서 확장 주일학교는 40개소였다고 한다(차종순, 2010: 58).

성들이 왔는데, 이 모습을 본 윈스보로 여사가 서서평에게 부인조력회를 만들 것을 강력히 권유하였다. 그러나 사경회 참석자의 대부분은 자신의 이름조차 많지 않았기에 서서평으로부터 지도받은 김필례 등 한국 여성들의 도움을 받아 부인조력회를 조직화해 나가기 시작했다.

서서평은 자신의 이름도 모르는 사람들에게 각 교회에서 이름을 찾아주는 등 한글 보급운동을 펼치는 동시에 성경을 가르쳤다. 그것이 바로 장로교회의 부인조력회, 곧 여전도회의 시작이다. 1922년 12월 26일에 첫 번째 한국 여전도회가 서서평의 주도로 광주에서 조직되었고 그가 초대 회장을 맡았다.

그런데 양창삼에 따르면, 여전도회는 1908년 10월에 세 명의 연로하고 경건한 기독교여성들이 기도하면서 시작되었다고 한다. 손에 성경을 들고 마을로 찾아가서 전도하는 선교회는 1918년에 가입자가 70여 명이 이르렀으며, 1920년 윈스보로 부인을 만나면서 더욱 발전되었다. 이들이 1921년 이후 서서평으로부터 본격적인 지도를 받아 1922년 10월에 금정교회 내에 부인조력회(여전도회의 모체)를 조직하여 신앙 수련과 협동사업, 신용사업을 전개하였다. 그후 양림교회에도 부인조력회를 세웠고 각 지역을 순회하면서 개교회마다 조직하였다. 서서평은 김필례가 아주 훌륭한 조력자였고 많은 영감을 주었으며, 특히 한국교회 실정에 맞는 '훌륭한 표준'을 만드는데 기여했다고 했다(양창삼, 2012: 171~173).

김필례는 1922년 4월 20일에 김활란, 유각경과 함께 조선여자기독교청년회 연합회(현 한국YWCA연합회)를 조직했고, 같은 해 11월에 광주YWCA(초대 회장 양응도, 김창국 목사의 부인)를 창설하여 총무를 맡았다. 광주YWCA는 창립 초기부터 야학반 운영에 전념하면서 문맹퇴치운동 등을 수행하였다.

서서평은 금정교회에서 부인조력회를 조직한 다음 각 지역을 순회하면서 각 교회마다 이를 조직해 나갔다. 부인조력회(여전도회)가 성공할 수 있었던 것은 이일학교 학생들의 역할이 컸다. 이들이 금정교회에 출석하며 부인조력회의 설립을 돕고, 이를 전남지역으로 확산시키는데 크게 기여하였다. 1925년 전남노회는 여전도회를 공식적으로 인준하였고, 1928년 장로회 총회는 전국여전도회연합회를 승인하였다.

3) 사회복지사업의 실천과 여성인권운동

서서평은 1912년 조선에 온 이래로 선교사, 간호사, 교육자, 사회사업가, 지역사회조직가, 인권운동가 등 다양한 실천가로 살았다. 그의 내한 100주년을 계기로 선교사, 간호사, 교육자로서의 역할은 널리 소개되었지만, 사회사업가, 지역사회조직가, 인권운동가로서의 활동에 대한 정리는 상대적으로 미흡했다.

서서평은 "남을 불쌍히 여기는 사랑이 없으면 어떻게 될까요?"라고 묻고, 사랑의 실천을 강조했다. 그는 간호 활동 이외에 금주, 금연, 윤락여성 선도사업을 전개하여 사회구제에 역점을 두었다. 특히 나환자의 치료에 바친 노력은 지극 정성 그 자체였다.

서서평이 서거한 1934년 6월에 동아일보는 그의 부음을 전하면서 "평생을 독신으로 살아오면서 불쌍한 조선의 고아는 자기의 눈에 띠이는대로 데려다가 양육하며 교육하야 남혼여가男婚女嫁시켜준 수효가 수십명의 다수이라고 한다. 그리고 1922년에는 이일학교를 설립하였으니 특별한 재원이 없었던 까닭으로 자기 생활비 전부를 이에 충당하는 동시에 자기 자신은 조선 농촌 여성들과 같이 살아나왔다"는 점을 강조했다. https://url.kr/XmQ1bq

서서평은 13명의 딸과 1명의 아들을 양자로 키우고 교육시키며 결혼까지 시켜주었다. 오늘날 아동양육시설이 18세까지 키워주고 원하면 24세까지 보호하지만, 모든 퇴소 아동의 혼사까지 챙기는 것은 쉽지 않은 현실이다. 그런데, 백 년 전 서서평은 고아 등을 입양하여 키우고 가르치며 결혼시키고 그 이후에도 친정어머니처럼 지원했다.

그가 여성에게 한글을 가르친 것은 성경을 읽게 하기 위한 필수 과정이었다. 문맹 퇴치에 그치지 않고, 이름 없는 여인에게 이름을 지어주고, 자신의 존재감을 키울 수 있도록 지지하였다. 여성이 이름도 없이 자녀 양육과 집안일을 중심으로 살 때, 이름을 갖고 전도하게 한 것은 인권운동의 측면이 있다. 그가 1921년 3월 16일에 쓴 미국 테네시주 내쉬빌 선교부로 보낸 선교보고서에서는 당시 이름 없이 살던 조선 여성들에게 이름을 붙여주면 기뻐하던 그녀의 모습을 볼 수 있다. "누구 엄마", "누구 아내", "누구 할머니"로 불렸던 사람이 이름을 가지고 교회의 지도자로 성장하도록 한 것은 여성운동이고 인권운동이라고 할 수 있다.

> "그 어떤 조선 여인도 "누구누구의 아내" 혹은 "누구누구의 할머니" 혹은 "누구누구의 영예로운 말honorable horse" 혹은 "이런저런 동네 출신 여인" 혹은 "돼지 할머니" 혹은 "어떤 마을 망나니the

village dogs 엄마" 등등의 '이름'으로 기록되지 않습니다. 모든 여인들은 각자의 "이름"을 갖게 됩니다! 혹시 이름이 없거나 알지 못하거나 들은 적이 없어서 기억하지 못하는 여인이 있다면 우리가 이름을 지어주었습니다. 여러분이 이 일을 해결하였던 이 선교사의 기쁨을 결코 헤아릴 수 없을 겁니다!"(양창삼, 2012: 365).

서서평이 특별하게 관심을 가진 사업은 성매매 여성을 구제하거나 성폭력 위기에 처한 여성을 보호하는 일이었다. 오늘날은 가정폭력, 성폭력, 성매매 피해 여성을 위한 긴급상담, 일시보호와 중장기보호가 체계화되었지만 당시엔 거의 방임상태이었다. 그는 유흥가로 팔려 갈 위기에 있는 소녀를 구해 양딸로 삼고 이일학교에서 가르쳐 여성지도자로 양성시켰다. 광주 시내 황금동 일대에 있는 유흥가와 윤락가를 찾아가서 윤락여성 선도사업을 하였다.

그는 여성절제회를 만들고 이 사업을 이일학교 교육과정에 넣고 학생들과 함께 시내를 돌며 "금주로 구국하자"는 구호를 외치고 금주가[27]를 불렀다. 이러한 금주운동은 전국적으로 확산되었고, 이후 조선기독교절제회가 조직되어 물산장려, 공창폐지 등을 외치며 거국적 운동으로 번져나갔다.

금주, 금연, 아편 금지, 공창 폐지 등으로 대표되는 절제운동은 경건한 생활을 하자는 뜻과 함께 배일운동 성격도 있다. 일제는 식민통

---

27 1절- 금수강산 내 동포여 술을 입에 대지 말자/ 건강지력 손상하니 천치 될까 늘 두렵다
2절- 패가망신 될 독주는 빚도 내서 마시면서/ 자녀교육 위하여는 일전 한 푼 안 쓰려네
3절- 천부주신 내 재능과 부모님께 받은 귀체/ 술의 독기 받지 말고 국가위해 일 할지라
후렴- 아 마시지 말라 그 술, 아 보지도 말라 그 술/ 우리나라 복 받기는 금주함에 있느리라
(양창삼, 2012: 224~225)

치의 한 방편으로 조선에 술과 담배를 조직적으로 유포하고, 국가가 운영하는 공창제도, 아편의 확산 등으로 조선인의 정신과 육체를 피폐화시켰다. 이 때문에 절제운동은 식민통치에 저항하면서 물산장려운동으로 자주적인 생활을 도모한 측면이 강했다.

전도부인의 선교와 복지활동

전남에서 역사가 깊은 사회복지시설은 서서평과 관계가 높다는 것은 널리 알려졌다. 백춘성은 서서평의 영향을 받아 설립된 사회복지시설로 윤치호 전도사가 세운 목포 공생원, 서서평의 제자 김화남이 홀로된 노인과 전도부인의 노후를 위해 지은 전남성노원, 이일학교 출신 이정희 원장이 이일학교 출신 전도부인들과 발전시킨 이일성로원, 이일학교 교사 홍승애가 지원한 '사랑의집'(은성원의 뿌리), 금정교회 이경필 목사가 추씨의 후원으로 세운 무등육아원, 독신전도단을 한 강순명 목사가 세운 천혜경로원, 제자 오복희가 섬긴 귀일원(동광원), 윤병진이 세운 전남애육원(현 광주애육원), 이일학교 교사이었던 조아라가 운영한 계명여사 등을 예시하였다. 양창삼은 추가로 고창 행복원, 군산 고아원, 광주 충현원 뿐 아니라, 세계적으로 성장한 선명회(월드비전)나 기독봉사회 등이 수많은 선교회와 교단의 긴급 구조사업으로 이 땅에서 기름진 수고를 아끼지 않았다고 평가했다(양창삼, 2012: 193~197).

일제강점기와 해방 직후 호남에서 사회사업을 한 인물 대부분은 서서평, 최흥종, 윌슨, 고허번 등과 연결되어 있기에 어느 한 사람의 업적이라고 보기 어렵지만, 당시 여성의 선교활동과 복지활동은 서서평과 강한 관계망을 가졌다는 것은 명백하다.

서서평의 양자녀와 이일학교 출신 전도부인, 이일학교 교사의 복지활동을 중심으로 정리하고자 한다.[28] 서서평은 양딸 곽애례부터 이홍효까지 13명의 딸, 양아들 요셉, 과부 38명과 한집에서 살고, 이일학교를 통해 전도부인(전도사) 등을 배출시켰다. 일제강점기에 여성이 목회자가 되기 어려운 상황이었기에 '전도부인' 혹은 '전도사'의 역할이 매우 컸다. 이일학교 출신자 혹은 서서평과 관련된 많은 사람은 전도사 혹은 교회 여성지도자, 사회사업가로 살았는데, 그중 몇 사람을 소개한다.

1) 곽애례

서서평은 결혼을 하지 않았지만, 요셉이라는 양아들과 열세 명의 딸을 거두었다. 큰딸의 이름은 곽애례(1906년생)이고 막내는 이홍효다.[29] 그는 자녀들을 지극 정성으로 돌보고, 함께 아침 저녁으로 가정예배를 드렸다. 예배에서 조선 독립을 위해 기도했으며, 출애굽 정신을 가르치며 하나님께서 기필코 이를 이루실 것을 믿고 가르쳤다(양창삼, 2012: 246).

매리 녹스가 서평을 인터뷰하면서 마지막으로 물었다.

28 양창삼은 『조선을 섬긴 행복』에서 "서평의 후계자들"로 유화례, 김필례, 조아라, 고든 어비슨, 이현필, 강순명, 이준묵, 고허번을 소개했다(양창삼, 2012: 288~319). 선교사, 목사를 비롯한 기독교 지도자들이었다. 이 논문에서는 서서평의 양딸과 이일학교 출신의 사회활동에 주목한다.

29 백춘성 장로가 책(1980년에 발간한 『천국에서 만납시다』)을 낼 때 생존한 딸은 곽애례, 문복순, 최복순, 이홍효 등 다섯이고, 하나는 생사를 모르며 둘째 딸 한행도는 타계하고 감리교 목사인 남편만 살아 있다. 요셉은 생사가 확인되지 않았다고 한다(양창삼, 2012: 249).

"당신은 이일학교, 부인조력회, 금정교회 등 여러 일들로 바쁘신데 여가시간에는 무엇을 하시나요?"

그러자 서평은 잠시 심각한 모습으로 생각하더니 대답했다.

"예, 제가 입양한 아이들을 돌봅니다"

서평은 13명의 양딸과 1명의 양아들, 모두 14명의 자녀를 두었다. 그는 사경회를 인도하러 모슬포에 갔을 때도 이일학교 출신 전도부인이 다섯 살 난 순이라는 고아를 데려오자 양딸로 삼고자 했다. 자신이 병약한 상태이고 이미 양녀가 8, 9명이나 되었는데 불쌍한 처지의 아이들을 보면 그저 자식처럼 키우고 싶은 마음이 든 것이다. 김필례는 이런 그를 성경대로 사는 분이라 했다(양창삼, 2012: 248~249).

그의 헌신적인 삶과 사회활동은 양자녀와 이일학교를 졸업한 전도부인에 의해 계승되었다. 예컨대, 큰딸 곽애례는 평양신학교를 다녔고, 1924년에 청년 부호로 유명한 고흥 신상휴[30]의 부인이 되었다. 서서평 선교사가 별세할 때 유족 대표로 조사를 하였다.

곽애례는 고흥읍교회를 중심으로 전남 남동부해안 선교에 전력했다. 남편 신상휴는 고흥읍교회의 산실이 된 한약방 주인 신우구의 아들이었다. 1901년 4월 25일 선교사 오원(오웬) 목사가 한약방을 경영하는 신우구 씨를 비롯한 목치숙, 박무응, 박용섭, 설준승, 이층홍 씨

30 신상휴(1899~1948)는 한약방을 하여 6천 석군으로 불린 신우구의 아들이고, 할아버지 신형모는 조선 시대에 '만호'(지역 수군 책임자)를 한 신헌모의 동생이었다. 신형모의 자녀 중 신언구는 신태휴를 낳고 신태휴는 해남군수와 고흥군수를 한 신지우를 낳았으며, 신지우의 아들이 국회의원과 건설부 장관을 역임한 신형식, 국회의원을 역임한 신중식이다. https://url.kr/lbqULA

등이 전도를 받고, 소아 정수근, 김태수 등 몇몇의 소아들과 함께 한약방에서 예배드린 것이 시초가 되었다. 1906년 9월 고흥읍교회(당시 옥하리교회)가 설립되었고, 1922년 8월 옥하리에 조선기와 12칸 규모의 예배당을 신축하였다. 예배당은 박무응, 박용섭, 이정권 제씨가 중심이 되어 건축되었다. 신우구 씨는 마음먹고 전도인들의 식비와 여비를 자담하고 청하여 전도하게 하며 예배당 신축에 대하여 부족금을 담당하였다. 고흥읍교회는 신건축 후 열심히 전도하여 지교 3, 4곳을 설립하였고, 이후 1920년대 중반까지 13개 면에 교회를 설립하고 신도수가 1,000여 명이 되는 규모로 확장되었다. https://url.kr/klCDhN

곽애례의 시아버지 신우구(당시 40세)는 미국 남장로교 선교사들과 긴밀한 협력관계를 맺었다. 1894년 4월 28일에 미국 선교사 레이놀즈(27세)를 드류(35세) 선교사와 함께 호남선교를 위한 답사에서 알게 된다. 레이놀즈 일행은 인천항에서 증기선을 타고 군산항에 도착해 육로로 이동했다. 전주 김제 고창 영광 무안 목포, 그리고 목포에서 배편을 이용해 진도 완도 거금도(현 고흥군) 흥양(현 고흥읍)에 이르렀다. 여기서 육로로 낙안 순천 여수까지 갔다. 고흥에 도착한 선교사 일행은 "양반촌에서 대접을 받았다"고 답사일기[31] 를 남겼다.

> 향토사학자들은 그 양반촌이 당시 고흥 세력가이자 고흥 최초의 기독교인이 된 신우구(1854~1927·독립운동가) 가문이었을 것이라고 한다. 2차 답사는 1897년 전남 해안을 중심으로 유진 벨과 오웬 선

---

31 레이놀즈가 고흥지역을 탐방할 때 쓴 일기(영문, 한글 번역)에 구체적으로 기술되어 있다. https://url.kr/VMVIfz

교사에 의해 이뤄졌다. 레이놀즈, 드류, 오웬 등이 의·약학 전공자들이었으므로 한의사 신씨 가문과 호흡이 맞아 의료선교를 방편으로 삼았던 것이다. 이들의 답사 경로 중 군산 전주 목포 광주 순천은 호남선교의 거점이 됐다.

선각자 신우구는 목치숙(1885~1928·독립운동가) 등 6명과 함께 자신의 한약방에서 가정예배를 드렸다. 현 고흥읍교회 시작이었다. 신우구의 며느리는 서서평 선교사의 양녀 곽애례이다. 곽애례는 어머니의 뜻을 이어 전남 남동부해안 선교에 전력했다. https://url.kr/lmVjuj

2) 이홍효

막내딸 이홍효는 전북 고창과 광주 계명여사에서 15년간 전도사로 일하고 전서노회 여전도회장을 역임하였다. 대한예수교장로회 전서노회는 1955년 5월 9일에 정읍, 고창, 부안시찰로 창립되었고, 98개 교회가 소속되어 있다. 그녀는 이일학교 동창회 총무를 맡아서 오랫동안 중심적인 역할을 했다.

『조선을 섬긴 행복』을 쓴 양창삼 교수는 "이홍효는 필자 어머니[32]의 이일학교 때부터 친구였다. 살아생전 고창에서 전도사로 일하실 때 자주 오셨기에 가족들과도 가깝게 지냈다. 그런데 지금은 그 어른마저 돌아가셨으니 마음 한구석이 텅 빈 듯하다. 서평과 사랑을 나누었던

32 김행이 권사는 1938년에 유화례 선교사의 도움으로 이일성경학교를 다녔고 양딸이 되었으며 양재열 장로(한국대학생선교회 창립멤버이고 기독신문 2대 이사장 역임)와 결혼하여 양창삼 교수와 양국주 선교사를 키웠다. https://url.kr/pNcdmv

분들은 거의 고인이 되었고 해방 전 이일학교를 졸업하신 분들의 연배가 이제 구순 즈음이시니 뒤늦게 책을 펴내는 마음조차 죄스럽기만 하다."고 소회를 남겼다.

3) 김화남

서서평의 제자로 1938년 4월에 전남노회 최초 여전도사가 된 김화남은 같은 해 4월에 양림동 53번지에서 전남성노원을 개원하였다. 광주에서 처음 양로시설을 시작하고, 그녀가 책임자로 일했다. 해방후 1958년 6월에 방림동 447번지로 이주하고, 1975년 8월 자녀인 정도동 원장이 취임했다. 1979년 5월에 방림동 70-1번지로 이주하고, 1980년 9월 정원장 며느리인 정순덕이 3대 원장으로 취임하였다.

그때까지 성노원은 미인가 사회복지시설이었는데, 정순덕 원장은 2001년 12월에 남구 행암동에 부지를 매입하고, 2002년에 '사회복지법인 화남원'을 설립하며, 2003년 11월 29일에 전남성노원 이전개원식을 하였다. 주변이 택지지구로 개발되면서 2010년에 효우동으로 이주하였다. 정순덕 원장은 "시할머니인 김화남 여사가 설립한 이래로 시아버지인 정도동 원장을 거쳐 3대째까지 한결같이 소외된 독거노인들과 함께했습니다. 늘 어머니처럼 모시고 아껴주며 수족이 되고 가족처럼 지냈습니다. (중략) 아무리 어머니처럼 곰살갑게 대해도 명절 즈음의 할머니들이 느끼시는 쓸쓸함과 외로움의 깊은 골은 메울 길이 없어요. 재정적인 후원도 중요하지만 무엇보다 인정이 더욱 간절합니다. 그저 얼굴 맞대고 말씀 들어주고 팔다리 한번 주물러 주는 것만으로도 얼마나 행복해 하시는지 몰라요."라고 말했다.

https://mnews.sarangbang.com/detail/article/1923

4) 이정희

전도부인들 중 독신자는 공동체로 살았는데, 이를 모태로 1960년 11월 10일에 이일성로원이 설립되고, 그달 18일에 이정희 원장이 취임하였다. 이일학교에서 성경을 공부한 전도부인 중에는 독신자들이 많았기에 공동체로 살았다. 당시 개신교 교단이 분리되면서 전도부인들도 김화남과 이정희를 중심으로 나뉘었다.

이정희를 중심으로 한 전도부인들이 이일성로원을 설립했다. 이일성로원은 1965년 5월에 재단법인으로 보건사회부 허가를 받고, 그해 7월 15일에 "정원 32명 단 여자에 한함"이란 조건으로 시설인가를 받았다. 초창기에는 전도부인이 중심이었지만, 점차 무의무탁한 할머니를 위한 양로시설로 바뀌었다. 사회복지사업법의 제정으로 1973년에 사회복지법인으로 변경되었고, 1976년에 정원 120명으로 증원되었다. 증원, 생활관과 식당 증축을 주도한 손문권 총무는 1982년에 2대 원장으로 취임했고, 2012년부터는 손은진 원장이 재임중이다.

https://www.gjw.or.kr/leeil/?gmcode=11

손문권 원장은 16세인 1959년부터 이정희 원장을 "어머니"로 모시고 일했다. 그는 60년 가까이 노인 돌봄에 헌신하며 900명 넘는 독거노인의 장례를 직접 챙겼다. 보살피는 노인이 세상을 떠나면, 직접 합판을 사 관을 짜고 손수레에 실어 산에 묻었다. 성로원 운영 초기엔 식량이 바닥나 굶주림을 겪는 등 어려움을 겪기도 했다. 하지만 손 대표는 갖은 어려움을 극복하고 57년 동안 묵묵히 1,000명이 넘는 노인을 돌봤고, 연고 없는 노인 920여 명의 장례를 직접 챙겼다. 지금도 매년 200여 개 묘지의 벌초를 책임진다.

손 대표는 국내에 요양원을 처음 만든 인물이다. 그는 "성로원에서 한 방에 어르신 7~8명이 비좁게 생활하는데, 폐병 앓는 분이 한 분 들어오면 모두 폐병에 걸렸다"면서 "심각한 문제라고 생각해 1984년 전남도지사와 보건사회부 김정례 장관을 찾아가 "폐병 앓는 노인은 1인실에서 치료받게 해야 한다."고 요청했다"고 말했다. 이런 노력 끝에 감염병 환자를 위한 병실 건물이 지어졌고, 노인복지법에 요양원 규정이 추가되면서 '국내 1호 요양원'이 탄생했다. 이러한 공적을 인정받아서 2017년에 국민훈장 동백장을 받았다. 손문권 원장은 2017년 중앙일보와 인터뷰에서 다음과 같이 증언했다.

> 1959년 당시 16세에 어머니 이정희 씨가 설립한 이곳에서 어르신들의 '맏아들'이 됐다.(중략) 1960년대 보육원·양로원은 대부분 종교인이 설립했다. 광주 동구의 이일성경학교를 졸업한 동창생 20여 명이 자비를 내고, 기부금을 모아 만든 양로원이 '이일성로원'이다. '이일'이란 뿌리에 거룩할 성聖 늙을 노老를 붙여 지은 이름이다. 전도사였던 어머니가 이곳의 초대 원장을 맡으셨다. 나도 어머니의 뜻에 따라 개원할 때부터 어르신을 돌보기 시작했다.
>
> 어르신들의 의식주를 해결하는 게 가장 큰 문제였다. 초창기에는 어머니가 교회·보육 시설·군부대를 찾아다니며 도움을 요청했다. 그러다 이대로는 지속성이 없다는 생각을 하셨고, 정부 지원을 받

도록 1965년 재단법인 인가를 받았다. 생활비 일부는 시설 자체 수입으로 충당하는 조건이었다. 지원을 받긴 했지만 몰려드는 어르신들을 감당하기엔 턱없이 부족했다. 산을 개간해 논·밭농사를 짓고, 밤·감 농장에 양잠까지 안 해본 것 없이 일했다. 어르신들도 물심양면으로 도와주셨고 다행히 기반을 잡게 됐다.

어머니는 "네가 먹고 남은 것을 주는 것이 아니라, 너의 것을 나눠야 진정 이웃을 돕는 일"이라고 말씀하셨다. 어르신을 위해 일을 한다고 나만 배부르게 먹지 않았다. 내 밥의 절반을 어르신께 덜어주고, 배가 고파도 웃으며 어르신을 섬겨야 한다는 생각을 심어주셨다. 어머니는 재산 욕심보다 사람 욕심이 많았던 분이다. 그런 모습을 보며 봉사의 의미를 자연히 깨닫게 됐다.

https://url.kr/A7X1wt

5) 홍승애

홍승애는 1901년 6월 30일 광주 양림동에서 홍의종 장로와 이신영 여사의 2남 1녀 중 둘째 딸로 태어났다. 그녀는 1919년 수피아여학교 재학 중 삼일만세운동 거사를 계획하고 학생들의 동원을 맡았다. 3월 10일 만세물결은 본정을 거쳐 법원 앞을 지나 경찰서 앞까지 진행하였다.[33] 100여 명이 체포되었으며 그녀도 일 년형을 선고받고 6개월 옥살

33 3·1운동이 일어나기 전 이미 동경 유학생 정광호에 의하여 '조선청년독립단'朝鮮青年獨立團 명의의 2·8선언서가 광주 청년들에게 전달되었으며, 최한영 김복수 등은 독립운동의 거사를 위하여 이를 다수 등사하기도 하였다. 또 3·1운동 직전에는 서울의 예수교 인사들과 최흥종 김철의 사이에 3·1운동에 관한 연락이 있기도 했다. 국장國葬에 참가하기 위하여 상경했던 김철과 서울 유학생 최정두 등은 3월 5일 광주로 돌아와서 지체없이 3·1만세운동에 대한 계획과 준비를 진행하였다. 5일 밤 양림동 남궁혁의 집에서 김강(숭일학교 교사) 최병준 황상호 강석봉 한길상 최한영 최영균 김용규 서정희 김태열 홍승애洪承愛 등이 함께 회합을 갖고, 3월 8일 큰장날을 기하여 학생 시민 총동원으로 만세운동을 전개키로 하였으며, 책임을 분담했다.

이를 하였다.

1920년에 경성사범을 나와 순천매산학교(현 매산고) 교사인 은이갑과 결혼하고, 남편은 1924년경 일본 동경에서 신학을 공부하다가 사망하였고, 유복자로 은희철(희남)을 출산하였다. 1946년에 광주양림교회 전도사로 취임하였고, 이일성경학교 교사와 광주기독병원 전도사로 근무하였다. 1967년 정신폐질환자를 요양하는 사회복지시설 '사랑의 집'을 세우도록 성금을 냈고, 1973년 사랑의 집에서 봉사하였으며, 1977년에 무등산 은성원에서 환우들을 돌보다 뇌졸중으로 사망하였다. https://url.kr/rSdVap

무등산 은성(수양)원은 자녀인 은희남 목사를 통해 은성원(현 빛고을정신요양원, 기독건강병원)으로 이어졌다. 1969년경 은 목사가 교회 분쟁에 휘말려 목회를 접고 무등산에서 기도원을 시작하려고 할 무렵 모친 홍승애 권사(기독병원 전도사)의 소개로 기독병원의사 고허번 박사를 만났다. 고박사는 은 목사를 ○○원으로 데리고 가서 당시의 열악한 상황을 보여주며 "이런 사회봉사는 예수 믿는 사람이 해야 하지 않겠는가? 도와줄 터이니 해보라!"고 하였다. 그래서 은 목사는 홍 권사의 퇴직금

최한영은 자기 집에서 최정두 한길상 김용규 범윤두 등과 협력하여 독립선언서와 태극기 및 격문 그리고 애국 독립운동가 등을 밤낮으로 인쇄하였고, 다른 이들도 임무를 수행하기에 분주하였다. 그러나 준비와 연락 관계로 거사 일시는 3월 10일 오후 3시로 연기되었다.
10일 오후 3시경 부동교不動橋 아래 작은 장터에는 약 1천 명의 인파가 몰려들었다. 양림동 쪽에서는 예수교인과 숭일 수피아 학생들이 광주천을 타고 내려왔고, 일반시민은 서문통(지금의 우체국 앞길에서 황금동으로 가는 길)으로, 농업학교 학생들과 시민들은 북문통(지금의 우체국 옆 충장로 2가에서 파출소까지)을 거쳐 운집했다. 또 지산면 일곡리에 사는 이주상은 광주의 주도 인물들과는 아무런 관련 없이, 두 아들 윤호 창호를 선두에 세운 다음 수백 명의 근처 마을 사람들을 이끌고서 대거 합세했다. 이들은 일곡과 생용 등지에 사는 이씨李氏와 범씨范氏 및 노씨盧氏들이었다.
이렇게 시위군중이 모여들자 숭일 수피아 학생들은 선언문과 태극기 등을 나누어 주었으며, 지도자들은 큰 태극기를 높이 들고 군중을 인도하면서 대한독립만세를 부르니, 장꾼들이 모두 호응하여 온 시장은 만세 소리로 떠나갈 듯 하였다. https://url.kr/1jlDdz

으로 내방동 대지 50평을 구입하고, 고 박사 등의 지원을 받아 정신장애자와 행려자들을 돌보는 일을 시작하였다. 그들 대다수가 몸이나 마음이 아픈 사람들이어서 의사의 도움이 절대적으로 필요했다.

그런데 1974년경 고허번 박사는 방글라데시로 떠나고 은 목사는 홀로 고전하였다. 한동안 쪼들리고 어려움이 컸으나 "하나님을 사랑하고 이웃을 사랑하자. 신앙 제일주의로 살자.", "재산은 물려줄 수 없으나 공부를 하는 것은 어떻게든 지원하겠다."는 원칙에 따라 은 목사의 4자녀는 융자와 장학금을 받아 모두 대학원을 마쳤다. 현재 사회복지법인 은성복지회(낙안효자노인복지센터, 빛고을종합사회복지관, 광주동구장애인복지관, 빛고을정신요양원, 순천향림실버빌, 연산효자노인홈 외 2시설)과 의료법인 빛고을의료재단(기독건강병원, 낙안효자실버빌, 순천은병원, 광주시립정신병원, 광주시립제1요양병원)으로 발전했다. 아동양육시설인 성빈여사에서 중·고교를 다녔던 장녀 은대숙 산부인과전문의는 광주은병원을 개원 운영했다. https://url.kr/3z0Vcp

6) 오복희

해방 후 광주지역 사회복지시설인 동광원, 귀일원, 소화자매원 등에 대한 소개에서 이세종 선생[34], 이현필 선생[35], 정인세 원장, 오북환 원장,

---

34 이세종은 화순군 도암면 등광리에서 제일가는 부자이었지만 복음을 접한 후 성경 말씀에 따라 재산을 가난한 사람들에게 나눠주고 자신은 평생 청빈과 순결, 생명 경외 사상을 천명으로 여기며 살았다. 낙스(R. Knox 노라복) 선교사에게 세례를 받고 밤에는 말씀을 암송하고 낮에는 인근 마을의 청년에게 성서를 가르쳤다. 기성교회와는 달리 삶의 실천을 강조했던 그는 "파라, 파라, 깊이 파라 얕게 파면 너 죽는다. 뿌리도 깊이 팔수록 좁다. 좁은 길이다. 깊이 파고 깊이 깨닫고 깊이 믿으라. 어설프게 파면 의심 밖에 나는 것이 없다."는 말로 사람들을 독려했다고 한다. 소문이 나자 멀리 광주에서 전도사, 선생, 목사들이 배우기 위해 그의 처소를 방문하였다. 이 가운데 이현필, 이상복, 박복만, 이대영, 전도부인 오복희, 수레기 어머니 손임순, 목사로는 최흥종, 그의 사위 강순명, 백영흠, 이만식, 최원갑 등이 있었다. 유명한 사상가로는 류영모, YMCA 총무를 역임했던 현동완, 초대 대법원장을 지낸 김병로 등이 그에게서 삶을 배웠다. https://url.kr/Red3cV

35 이현필의 주위에는 여러 훌륭한 인물과 명사들이 모여 들었다. 호남의 명사요, 나환자의 아버지라고 불리는 최

김준호 원장 등 남성 지도자들의 활동은 널리 소개되었지만, 오복희 전도사[36], 수레기댁(손임순), 정한나, 정귀주, 김금남, 김춘일 언님 등 시설 살림살이를 주도한 여성 지도자들의 활동[37]은 별로 알려지지 않았다.

1934년 6월 26일 서서평은 유언으로 사랑하는 제자 오복희에게는 "광주천변 빈민들에게 전도하고 그들을 돌보라"며 전도의 사명을 주었고(양창삼, 2012: 281), 그녀는 스승의 유지를 따랐다. 귀일사상연구소 심중식 소장도 '예수의 제자교육 훈련과 이세종의 영성'이란 글에서 화순군 등광리에서 이세종 선생에 의해 시작된 신앙운동이 그 제자 이현필을 거쳐 오늘에 이르기까지의 역사를 간략히 살펴보면서, 오복희 전도사를 "이현필과 그 동역자들"로 평가했다.

심중식 소장은 "이세종 선생이 동광원 운동의 원조, 즉 제1대라면 이현필과 그 동역자들, 즉 오복희 전도사와 수레기댁을 포함한 이세종 제자들과 오북환과 정인세 등이 제2대라 할 것이다. 그리고 제3대는 이현필을 중심으로 하는 2대 어른들의 제자라 할 수 있는데, 말하자면 김금남과 김준호 김춘일 이원희 한영우 박공순 복은순 등 수많은 사람이 있다."고 말했다. https://url.kr/FsKcnM

흥종 목사는 이현필을 아들처럼 사랑했다. 서울 중앙YMCA 총무요, 평화주의자로 20세기 종로의 성자라고 일컬어지는 현동완 선생도 이현필을 방문하고 그의 집회에 참석하였다. 광주 YMCA 총무 정인세는 유도 2단에 덴마크체조 교사이기도 했던 인물인데 YMCA를 그만두고 양복을 벗어버리고 넥타이를 풀어버리고 이현필 운동에 몸 바치기로 결심하였다. 한국의 공자요, 작대기 철학자로 이름난 삼각산 도인 유영모 선생은 이현필을 사랑하여 한평생을 이현필과 교제하였고 동광원 수양회 강사로 자진하여 봉사하였다. 1946년 처음 만나서 이현필이 세상 떠난 1964년까지 한결같이 서로 존경하는 도의를 지켰고 진리와 구도를 향한 열정을 나누었다. https://url.kr/gVD57t

36 임락경 목사(강원도 화천 시골교회)는 양창삼 교수가 쓴 『조선을 섬긴 행복』의 추천의 글에서 "나의 신앙관을 바꾸어 놓으신 스승이 있다면 최흥종 목사님과 이현필 선생 그리고 유영모 선생이다. 유명모를 제외하고는 모두가 전라남도 분이었다. 최흥종 목사님은 1963년부터 무등산에서 3년 동안 같이 살았고 오복희 전도사님은 내가 어머니라고 부르면서 15년 정도 가까이 지냈다. 백춘성 장로님이 쓴 『천국에서 만납시다』를 통해 서평 선교사를 알게 되었다. 백 장로님을 만날 적마다 서평 선교사에 대한 이야기를 듣곤 했다"고 썼다(양창삼, 2012: 11). 짧은 글 속에서 등장인물들의 관계를 알 수 있다

37 오복희 전도사에 대한 더 많은 기사. https://url.kr/d9Tc6l

사회복지시설의 역사를 살펴보면, 설립자나 대표를 자세하게 다루지만 시설을 실질적으로 운영한 사람들에 대한 고찰이 미흡했다. 이현필 선생이 세운 동광원은 정인세 원장과 언님(수도자를 칭하는 낱말)들이 운영하였고, 오복희 전도사와 수레기댁을 포함한 여성 지도자들의 역할이 컸다. 심중식 소장은 오복희 전도사와 수레기댁을 "이현필과 그 동역자들"이라고 불렀고, 오복희 등은 서서평의 활동무대인 광주 제중병원·이일학교 등과 긴밀하게 연결하여 활동했다.

7) 조아라

서서평은 1920년에 광주YMCA의 창설을 주도한 최흥종 목사, 1922년에 조선YWCA와 광주YWCA를 창설한 김필례 선생과 긴밀히 협력하였다. 수피아여학교에서 김필례로부터 배운 조아라는 이일학교 교사로 일하고, 공창제도 폐지운동 등 여성운동을 주도하였다. 조아라는 부인조력회를 통해 서서평을 돕고, 광주YWCA를 통해 여성운동과 사회복지운동 그리고 민주화운동에서 크게 공헌하였다.

조아라는 전남도청 후생국 후생과 부녀계장을 할 시기인 1952년에 성빈여사를 설립하여 요보호아동을 보호하고, 호남여숙(야간중학)과 별빛학원(야학반)에서 청소년을 교육하였다. 광주YWCA 총무인 1962년에 윤락여성선도사업을 위해 계명여사를 설립하였다. 광주YWCA의 총무, 회장, 명예회장으로 가정법률상담소, Y신용협동조합, 농촌사업, 소비자운동 등을 통해 YWCA를 여성운동·사회운동의 중심으로 키웠다. 그가 우리 사회의 가난한 자, 억압받는 자, 소외당한 자의 대변자로서 활동한 것은 서서평의 삶에서 배운 것으로 보인다.

이 밖에도 이일학교 졸업생과 교사, 그리고 전도부인들의 삶을 추적해봄직하다. 예컨대 광주제중원 성경공부반에서 리더로 활동한 남홍부인은 부인조력회에도 크게 기여하였다(양창삼, 2012: 136). 제주 출신 강계생은 서서평의 지원으로 이일학교에서 보통과 4년, 성경과 3년, 평양여자신학교 2년을 공부하고 모슬포 전도사로 활동했다. 후에 "진심으로 주님을 섬기는 자가 형통하다"는 서평의 교훈을 좌우명으로 삼아 이름을 형신亨信으로 바꾸었다(앞의책, 146). 박해라 전도사는 양녀로 성장했고 23년간 서서평을 그림자처럼 따라 다니며 집사와 이일학교 교사로 활동했다(앞의책, 249). 광주천 부동교 밑 움막에 사는 사람들을 돕던 서서평의 활동을 본 이일학교 교사 이봉림(앞의책, 186) 등이 있다. 양녀와 이일학교 출신은 목회자와 결혼하거나(둘째 양녀 한행도의 경우) 남편을 교회 장로로 세우고, 자녀를 목회자로 키운 경우가 많았다. 예컨대, 양창삼 교수와 양국주 선교사는 서서평의 정신을 이어받은 유화례 선교사의 양딸이고 이일학교에서 배운 김행이 권사의 아들이다(앞의 책, 445).

서서평의 죽음과 계승

서서평은 섬김을 통해 성공한 삶을 살았다. 그는 조선에서 22년간 온몸으로 베풀고, 1934년 6월 26일에 영양실조로 55세 생을 마칠 때 강냉이 가루 2홉, 현금 7전, 반쪽짜리 담요 한 장만 남겼다. 시신까지 의료 연구용으로 제공하고 떠난 침대맡에는 "성공이 아니라 섬김이다"라는 글이 적혀 있었다. 6월 27일 장례식 때 13명의 양딸과 수백 명의 걸인과 나환자들이 뒤따르면서 "어머니! 어머니!" 라고 통곡하였다. 계유구락부 회원들이 제안하여 7월 7일에 오웬기념각에서 범시민추도식이 열렸다. 그는 양림동의 선교사 묘역에 잠들어 있다.

서서평은 선교사이면서 간호사, 교육자, 나환자의 어머니, 고아의 어머니, 여성운동가, 여성신학교 창설자, 사회사업가로 활동하였다. 섬김을 통해 성공한 삶을 산 그는 많은 사람의 마음속에 살아 있다. 2012년에 오웬기념각에서 '서서평 내한 100주년 행사와 평전 출판기념예배'가 열렸고, 2017년에 '서서평, 천천히 평온하게'란 영화로 제작되는 등 그의 삶은 끊임없이 재조명되고 있다.

서서평은 광주제중원, 광주이일학교, 부인조력회(여전도회), 여성절제회 등을 통해 사회구제를 조직적으로 실천하였다. 평생을 독신으로 살았지만 13명의 딸과 1명의 아들을 양자로 키웠고, 38명의 전도부인들과 함께 살았다. 광주이일학교는 보통과를 통해 기초교육을 시키고, 성경과를 통해 여성 전도자를 키웠다. 이일학교는 학교이면서 생활공동체이었고, 학생들의 자립을 추구하는 자활센터이며 선교단체이고 절제운동을 하는 사회운동기구이었다. 1961년에 광주이일학교는 전주한예정신학원과 통합되어 오늘날 한일장신대학교로 발전하였다.

서서평의 사회구제에 영향을 받아서 함께 활동한 기독교 지도자들이 사회복지시설을 설립하였다. 고아들을 위해 이경필 목사는 무등육아원, 윤치호 전도사는 목포 공생원, 이현필 선생과 정인세 원장은 동광원, 이준묵 목사는 해남등대원, 윤병진 장로는 전남애육원 등을 설립하였고, 무의탁 노인을 위해 강순명 목사는 천혜경로원, 결핵환자를 위해 최흥종 목사와 이현필 선생 등은 송등원, 장애인을 위해 이현필 선생을 따르는 동광원 식구들이 귀일원 등을 설립하였다.

또한, 서서평의 양딸과 이일학교 출신 전도부인(전도사) 등이 서서평의 삶을 이어받아 선교와 복지활동을 활발하게 수행하였다. 양딸 곽애례는 고흥읍교회를 중심으로 선교활동을 하였고, 이홍효는 계명여사에서 전도사와 전서노회 여전도회장을 역임하였다. 서서평의 제자인 김화남 전도사는 전남성노원을 설립하고, 이정희 전도사는 이일학교 출신 전도부인들과 함께 이일성로원을 발전시켰으며, 오복희 전도사는 동광원과 귀일원에서 활동하였다. 이일학교 교사인 홍승애 전도사는 '사랑의집'(무등산 은성원)에서 봉사하였고, 조아라는 성빈여사와 계명여사를 설립하는 등 광주YWCA를 통해 여성운동과 사회운동을 발전시켰다. 이 밖에도 많은 이일학교 출신자와 전도부인 등은 교회 여성지도자와 사회사업가로 살았다. 여성지도자를 키워 이 땅을 하나님의 나라로 만들겠다는 서서평 선교사의 꿈은 동역자, 자녀, 제자들에 의해 구현되고 있다.

◀ **서서평**

1912년 3월 미국 남장로회 의료선교사로 조선에 온 서서평은 광주-군산-서울-광주에서 간호사로 활동했다. 한편으로 '광주이일학교'를 설립하여 교육운동과 여성운동을 펼치며 조선간호부회, 조선여성절제회, 부인조력회(여전도연합회) 등을 조직하여 사회운동을 지도하였다. 그러면서도 고아, 한센인, 윤락녀, 빈민, 노숙인 등 구제사업에도 마음을 다했다.

▼ **간호부양성소 교사**

1918년 경성(서울)세브란스병원 간호부양성소(현 연세대 간호대) 졸업생. 서서평은 이 양성소에서 학생을 가르쳤다.(자료. 한일장신대)

이일학교 졸업생

광주이일학교 1회 졸업생. 뒷줄 가운데가 서서평 선교사. 이일학교는 여성신학교이고, 문해교육을 하는 보통과와 성경을 학습하는 성경과를 운영하면서, 많은 전도사와 여성운동가를 배출하였다.(사진. 한일장신대)

서서평 선교 20주년

1932년 6월, 서서평 선교 20주년 기념행사 사진. 서서평은 확장주일학교(찾아가는 주일학교) 운동에도 힘 쏟아, 전국주일학교연합회 창립을 주도했다.(사진. 한일장신대)

서서평 영화

서서평 일대기를 그린 영화 <서서평, 천천히 평온하게>가 2017년 개봉되어, “조선의 가난과 아픔을 등에 업고 살다간 푸른 눈의 여인” 이야기로 서서평이 널리 알려지게 되었다.

유화례 선교사

동광원 사람들과 함께 한 유화례 선교사. 호남지역에 20여 교회를 개척하였고, 6·25전쟁 중에도 피신하지 않으면서 고아와 가난한 사람들을 지키는데 힘썼다.(앞줄 가운데)

역사 알기 에너지 충전소

한신애(전 광주북구가족센터 센터장)

감동이 참으로 큰 책입니다. 책 한 권 읽어내는 에너지도 부족한 제가 저자로부터 받은 이 책의 초안 원고를 단숨에 읽으며 느낀 감동입니다. 긴장의 연속인 30여 년의 사회복지사 생활을 여전히 버거워하고 있는 저에게 공급되는 산소 같았습니다. 굳게 얼어있는 땅에 봄기운이 스미면서 새싹과 함께 올라오는 작은 꽃망울을 만날 때 느끼는 힘을 느끼며 응원을 받고 감사하며 기뻤습니다.

저자 이용교 교수는 "지난 백 년간 대한민국의 사회복지계에 뚜렷한 업적을 남겼으면서도 사회복지학에서 소홀히 취급된 "대한민국 복지성지- 광주"를 인권에 바탕을 둔 사회복지라는 관점에서 성찰하여 이 책을 엮어 내었다."고 하였습니다.

일제강점기를 거쳐 한국전쟁의 참화까지 겪은 지독히도 가난하고 불행한 시대에 가족도, 사회도 돌봄을 외면한 한센병 환자, 결핵환자, 장애인, 고아 등 지극히 낮은 자들의 사람다운 삶을 찾아주기 위해 아끼지 않고 헌신한 사회복지 선각자들의 진정성 있는 활동을 실감나게 읽을 수 있었습니다. 사회적 약자들이 겪는 비참한 현실을 인식하고, 공감하고, 옹호하며 문제 해결을 위한 설득, 연대, 투쟁을 서슴지 않고, 결국은 변화를 일으키고 영향력을 넓히며 시설로 정착시키는 과정은 매우 드라마틱 합니다. 누가 시켜서, 정부의 시달로 한 일들이 아니고 지역사회 문제에 민감한 감수성으로 요구에 부응하는 적극적이고 능동적인 선배들의 활동을 보며 많은 생각을 하게 되었습니다.

또한 인권에 바탕을 둔 광주 사회복지의 성찰로 5·18민중항쟁에서 목숨을 아끼지 않은 청소년들, 청소년인권센터, 청소년복지 역사는 저자의 특별한 관심사를 반영하였습니다. 조선시대 이전부터 21세기까지 광주·전남의 사회복지 여러 영역이 발전되는 과정, 정책들, 사회복지학과들의 변화하는 내용도 흥미 있었습니다.

이용교 교수가 자주 말하던 "모든 시민이 보다 행복하게 살 수 있는 복지공동체"를 위해 이 책은 만들어진 것 같습니다. 저자는 그동안 시민사회에도 광주의 사회복지 인물과 시설들의 역사를 널리 알리려고 노력해왔습니다. 사회복지사로서 여러 영역의 실천에 앞장서 본업인 교수로서 가르침과 연구 활동 외에도, 사회복지사협회장, 민관연대, 지역사회 협의체를 통한 복지정책, 비전제시 등 총체적으로 움직이는 부지런함으로 많은 업적을 이루었는데 그 에너지가 이 책에도 고스란히 들어있습니다.

이 책에 서술된 시설과 인물은 광주·전남 지역사회와 관련되어 더 실감나게 전달됩니다. 개인적으로 어린 시절부터 양림동에 살면서 교회 친구들과 연말마다 소화자매원, 귀일원, 전남성노원에 위문갔던 경험이 있고, 우리 집 근처에 있던 신애원, 기독병원 결핵환자병동, 이일학교도 생각났습니다.

'구슬이 서 말이라도 꿰어야 보배'라고 합니다. 사회복지 현장의 수많은 선각자, 활동가들이 있더라도 역사 기록이 없다면 흐르는 세월에 묻혀버려 후배들은 배울 것이 없습니다. 역사의식이 없다면 현생에 매몰된 사회복지사들은 정체성도 없이 그냥 직장인이 되어버릴 수 있습니다. "수고한다", "고맙다"라는 몇 마디에 때로 보람을 느끼기도 하겠지만 사회복지사업이 심각한 경쟁 구도를 부추기는 현재 시장주의 구조 아래서는 사회복지사들은 쉽게 탈진되고 공동체 의식, 공감대, 자부심도 결여될 수 있습니다. 단단하게 구조화되는 전달체계로 인해 사람 향기가 나는 것이 아니라 효율만 강조되는 조직 부품으로서 기능만 남게 될까 위기의식도 생깁니다.

이런 시기, 이 책을 통한 사회복지 역사 알기는 사회복지사들의 업무에 의미를 부여하며 자존감을 회복하는 에너지가 될 것 같습니다. 사회복지사들은 소진 예방을 위해 자발적이고 적극적이고 능동적인 자신감이 필요합니다. 사회복지를 전공하지 않은 사회복지 초기 인물들의 자기희생적 삶들은 자기결정의 자원 활동에 기반을 두었고 그 힘이 지금도 사회복지의 발판이 되어 든든하게 자리 잡고 있습니다.

이 책은 사회복지 교육과 독서 토론 자료로도 훌륭할 것 같습니다. 특히 이 지역의 사회복지사로서 긍지를 느끼고 응원과 위로를 받을 수 있을 것입니다. 여전히 눈물과 각고의 노력을 아끼지 않은 이 시대의 사회복지사들을 위한 보수교육, 회복프로그램에 활용하면 희망과 비전을 찾는 데 도움이 될 것 같습니다.

역사 기록은 지나간 일들을 서술하는 것만 아니라 독자에게 전달되어 그 뜻을 받아들이고 계승하는 의미가 있습니다. 사람이 사람을 위해 일하는 사회복지는 그 결과가 가시적으로 쉽게 보이지 않고 상당한 시간이 흘러야 알 수 있는 일이기에 기록이 더욱 소중하다고 생각합니다. 시대마다 겪는 아픔, 결핍, 불의, 양극화, 불평등은 계속 변하면서 발생하고 있습니다. 사회가 발전한다고 하여도 문제의 본질은 크게 달라지지 않기에 실천·해결 과정들을 사회복지 역사로 후대에 남기는 것은 중요합니다.

이 책은 사회복지기관이 사업과 행적들을 아카이브 기록으로 남길 때 지침서로 활용할 수 있을 것입니다. 기록 보관의 중요성을 깨닫는다면 매일 만드는 보고서를 대하는 마음이 달라질 것입니다. 이 책에 들어있는 선각자들의 추진력, 담대한 실천들은 학계, 정책, 연대 협의체, 학생, 사회복지사, 시민들의 의식개발에도 도움이 되리라 생각합니다. 추후 확장되는 연구 작업도 이어지길 기대하며 많은 분이 이 책을 읽고 더 큰 용기와 자부심과 힘을 얻길 바라는 마음입니다. 좋은 책을 만들어주신 이용교 교수님께 깊은 감사의 마음을 드립니다.

5

복지운동에서 귀일원의 역할과 과제

필자는 그동안 한국 사회복지에 깊은 영향을 준 선구자들의 업적을 정리하지 못한 점을 안타깝게 생각하면서, 복지운동에서 이현필 선생의 업적과 귀일원의 역할을 다루고자 한다. 이현필 선생의 업적을 정리한 문헌과 함께 일했던 분들의 업적을 기린 문헌 등을 참고하였다. 이를 바탕으로 복지운동에서 귀일원은 어떤 역할을 했고, 어떤 역할을 해야 할 것인지는 답이 있다. 귀일원의 역할은 이현필 선생의 뜻을 이어가는 것이고, 귀일원의 과제는 그 뜻을 새롭게 해석하여 실천하는 것이다. 필자는 귀일원은 소외된 사람에게 기쁨을 주는 복지, 주민과 함께 감사하는 복지, 세계인과 더불어 기도하는 복지를 실천할 것을 제안한다.

소외된 사람에게 기쁨을 주는 복지

귀일원을 창설한 이현필 선생은 가장 소외된 사람에게 기쁨을 주는 복지를 하였다. 이현필 선생은 1948년 여순사건으로 고아들이 생기자 1949년 화순군 도암면 봉하리 청소골에 초가삼간을 매입하여 고아 8명을 제자 김준호 선생과 정귀주 집사에게 돌보게 하였다. 이것이 오늘날 귀일원이 사회복지시설을 운영하게 된 계기이다. 고아들이 더 늘어나자, 1950년 1월 목포 공생원 윤치호 원장의 제안으로 뜻을 같이한 70명이 모여 '동광원'을 설립 운영키로 하였다. 이후 동광원은 6·25전쟁을 거치면서 원아가 600여 명에 이르게 된다. 전쟁 속에서 가장 고통받는 고아들을 돌보는 일은 이현필 선생과 제자들이 할 수 있는 당연한 일이었다.

가장 고통받는 사람들에게 기쁨을 주는 복지는 이현필 선생이 성경의 가르침에 따라 철저하게 살아온 생애와 일치했다. 동광원을 설립할 때, 광주 YMCA 총무였던 정인세 선생이 원장직을 맡아 운영할 것을 권유받았으나 망설이고 있던 차에 이현필 선생이 야고보서 제1장 제27절을 쪽지에 적어 주었다는 일화는 매우 상징성이 크다. "하나님 아버지 앞에서 정결하고 더러움이 없는 경건은 곧 고아와 과부를 환란 중에 돌아보고 또 자기를 지켜 세속에 물들지 아니하느니라"라는 말씀은 동광원의 역할과 동역자의 자세에 대해서 명쾌하게 제시한다.

이현필 선생은 전쟁 중에 고아를 돌보는 데 그치지 않았고, 1951년 화순군 도암면 화학산 소반바위 밑에서 벙어리 수도생활을 하던 중 정인세 원장에게 필답으로 "귀일원歸一園이라는 이름과 곧 나가서 광주역을 헤매는 사람들을 데려다 따뜻하게 대접하고 하룻밤씩 재워 보내는 운동을 하시오, 이 운동은 귀일원 운동입니다. 반드시 시행하십시오"라고 적어 주었다. 이에 정인세 원장은 말씀에 따라 오갈 데 없이 광주 시내를 배회하면서 광주역, 광주공원, 광주천 다리 밑에서 사는 고아, 과부, 걸인, 병자들을 치료하고 돌보았으며, 방림동 밤나무골로 데려와 대접하고 하룻밤씩 재워 보냈으며, 일부 공동체 가족들은 광주천에서 그들과 같이 생활하였다. 이때부터 십시일반운동十匙一飯運動과 일작운동一勺運動을 하며 사회복지사업의 기반을 구축하였다.

이현필 선생은 결핵 환자들에게 특별한 관심을 가졌다. 해방 직후만 하더라도 보건의료 수준이 낮아서 결핵은 불치병으로 취급되었다. 전염성 때문에 결핵을 앓은 사람은 마을에서 함께 살지 못하고 산골짜기 등에서 숨어서 사는 형편이었다. 이현필 선생은 1956년에 서울YMCA 현동완 총무의 후원을 받아 무등산으로 올라가는 산수동 골짝에 결핵 환자를 수용하는 송등원을 설립하였다.[38] 오갈 곳 없는 환자 30여 명을 수용하고 무등산장 삼밭실을 중심으로 은거 생활하고 있는 환자들과 함께 보살핀 것이다.

결핵은 이현필 선생과도 매우 인연이 깊다. 이현필 선생은 결핵환자를 간호하다 자신도 폐병에 걸렸으나 시련을 주신 주님께 감사하며, 투병 생활 중 병세가 악화되어 제중병원에 입원하였다. 그때가 1956년이니 산수동에 송등원을 설립한 것은 병원에서 퇴원한 직후이었다. 이

38 https://url.kr/rbuXq8

현필 선생은 송등원을 설립했을 뿐만 아니라, 결핵 등 중병에 걸리고도 제대로 치료를 받지 못하는 불쌍한 환자들을 심방 전도하며, 제중병원 의료봉사대를 초청하여 치료를 받게 해주었다.

이현필 선생은 결핵으로 큰 고생을 하였고, 결핵으로 인하여 사망했다. 이현필 선생의 뜻은 동광원과 귀일원을 통해서 이어졌다. 귀일원은 하나님 사랑을 증거하는 단체로 "하나님께 돌아가 하나 되어 오갈 곳 없는 사람들이 자기 집으로 알고 들어와 하룻밤이라도 쉬어갈 수 있도록 돌보며 한 가족으로서 서로 사랑하고 사는 아름다운 공동체를 이루자"는 의미로 지은 것이다. 1949년 동광원수도공동체가 터를 잡았던 광주시 남구 방림동(현 봉선동)에 1965년에 귀일원을 설립, 장애인을 돌보며 하나님 사랑을 실천하고 있다.

귀일원의 역사는 한국 사회복지 역사의 축소판이고, 장애인복지의 금자탑이다. 귀일원은 1965년 2월 24일 광주YMCA의 총무인 정인세 선생의 주관하에 "불구폐질자" 보호목적으로 보건사회부로부터 재단법인 귀일원 설립신청허가(보사부 제696호)를 받았다. 그리고 같은 날 초대 이사장으로 오북환 님이 취임하였고, 9월 10일 귀일원은 정원 20명의 "불구폐질자 보호시설인가"(전남사회 제58호)를 받았다. 당시 법인은 중앙정부 소관 부처의 허가사항이었고, 복지시설은 도지사의 인가를 받아서 운영할 수 있었다. 당시에는 사회복지법인이 별도로 없었고, 뜻있는 개인이나 단체는 재단법인을 만들어서 사회복지사업을 할 수 있었다. 재단법인 귀일원을 사회복지법인 귀일원(보사 제530호)으로 변경한 것은 1977년 9월 26일이었다.

한 가지 주목할 일은 귀일원은 "불구폐질자 보호시설"이었다는 점이다. 1965년에는 장애인복지법이 없었고, 불구폐질자 보호시설은 아동복리법의 적용을 받았다. 당시에는 오늘날 장애인복지시설은 물론이고, 한부모가족복지시설(모자원)조차도 아동복리법의 적용을 받았다. 1976년 12월 3일 귀일원의 명칭은 사회복지시설 귀일원(전남 제4호)으로 바뀌고, 정원 75명의 시설로 크게 성장했다.

귀일원은 1979년 11월 26일에 보건복지부 불우이웃돕기 성금으로 지금의 귀일민들레집의 자비반(남자 생활관)을 신축하고, 1985년 5월 2일 불구폐질자 수용시설인 귀일원을 정신장애자 수용보호시설로 변경허가(광주 제12호)를 받으면서 크게 변화되었다. 불구폐질자라는 다양한 종류의 장애인을 좀 더 특화해 정신장애인의 생활, 재활에 집중할 수 있었다.

정신장애인 수용시설인 귀일원은 1999년 10월 6일 귀일정신요양원으로 그 명칭이 변경되었고, 현재 정신보건법 제1조의 규정에 의한 무의무탁 정신장애자들이 요양, 재활치료를 통하여 자활능력을 기르며 새 삶을 추구하도록 협력함을 그 목적으로 한다. 2001년 12월 17일 정원 170명을 120명으로 변경했고 현원 110명이다. 많은 사회복지시설이 정원을 늘리려고 할 때, 과감히 그 인원을 줄여서 보다 인간다운 서비스를 지향하였다.

정신보건법의 제정으로 정신장애인에 관한 사항이 장애인복지시설에서 정신요양시설로 변경되었다. 제도적 변화는 명칭뿐만 아니라, 정신장애인에 대한 복지와 의료서비스에서 큰 변화를 가져왔다. 귀일정신요양원은 2000년 2월 29일에 '1999년도 전국 최우수 정신질환자

요양시설'로 선정되었고, 이어서 '2000년도 전국 우수 정신질환자 요양시설', '2002년도 전국정신요양시설평가 최우수 정신요양시설로 선정'되었다. 귀일정신요양원은 2005년 2월에 Pre-Group Home을 운영하였고, 2006년 2월에 '2005년도 전국정신요양시설평가 우수정신요양시설'로 선정되었으며, 2006년 10월 1일에는 법인차원의 '귀일원중장기종합발전계획'을 수립하였다. 귀일정신요양원과 귀일민들레집은 '통합지원서비스 체계확립을 위한 시범사업'을 시행하고 있다. 전국에서 가장 우수한 시설로 선정된 것은 귀일정신요양원이 생활인에게 입소에서 퇴소까지 통합적 서비스를 제공하기 때문이다.

귀일원은 장애인의 특성을 섬세하게 고려하여 맞춤형 서비스를 제공하려고 노력하고 있다. 당초 불구폐질자 보호시설인 귀일원에 속했던 귀일민들레집을 1999년 10월 1일에 정신지체장애인 생활시설(남구 99-1호)로 독립시켜서 정원 64명으로 개원한 것은 기존 불구폐질자를 정신질환자와 정신지체장애인으로 분류해서 그 특성에 맞는 서비스를 제공하기 위해서이었다. 2001년 12월 29일에 정신지체장애인 생활시설인 귀일민들레집은 장애인생활시설(남구 제2000-5호)로 변경되었다. 귀일민들레집은 장애인복지법 제1조의 규정에 의한 무의무탁 정신지체장애인들이 요양, 재활치료를 통하여 자활 능력을 기르며 새 삶을 추구하도록 협력함을 그 목적으로 하고, 현재 정원 90명에 82명이 생활하고 있다. 그 대상을 지적 장애인에게 한정시키지 않고 모든 장애인으로 확장하였으며, 장애인들이 개인별 특성과 장애 정도를 고려하여 일상생활에 필요한 지식과 기술을 학습하도록 돕는 일상생활 서비스를 제공하고, 아울러 의료재활, 교육재활, 사회재활, 직업재활을 통해서 가급적 스스로 살 수 있도록 돕고 있다.

귀일원이 장애인복지에 새로운 전기를 마련한 것은 2004년 2월 5일에 장애인 작업활동시설인 귀일향기일굼터를 신고(남구 제2004-1호)한 것이다. 귀일향기일굼터는 정원 30명으로 개원하였는데, 이곳은 중증장애인을 대상으로 보호적인 환경에서 직업재활에 필요한 각종 진단, 치료, 교육, 훈련을 실시하여 잔존능력을 개발하고 직업재활의 가능성을 부여함으로서 취업을 통한 자립기반 조성과 더불어 궁극적으로 사회통합을 이루고자 한다. 따라서 주요 사업은 장애인의 직업진단과 평가, 직업재활 교육과 훈련, 생산활동(허브화분, 압화, 허브비누, 허브차), 허브까페 운영, 허브농장 운영, 개인별 소질 개발 프로그램, 여가활동 등으로 이루어지고 있다.

이처럼 귀일원의 사회복지활동은 한국 사회복지시설의 변화와 장애인복지의 발전과정을 고스란히 담고 있다. 사회복지법인 귀일원은 장애인의 수용 보호에 만족하지 않고, 이들이 인간답게 살 수 있도록 장애의 유형과 수준에 따른 개별화된 서비스를 통합적으로 제공하기 위하여 부단히 노력하였다. 그러한 노력은 국가와 사회로부터 인정받아서 사회복지시설 평가 때마다 전국 최우수기관으로 평가받았다. 이는 귀일원이 이현필 선생의 뜻을 이어받아서 소외된 사람에게 기쁨을 주는 복지를 실천하였기 때문이다.

귀일원이 사회복지시설로 더욱 발전하기 위해서는 생활자의 시설 입소에서 퇴소까지 통합적 복지서비스를 제공하는데 그치지 않고, 입소에서 사망까지 전 생애 복지를 추구해야 할 것이다. 출생에서 사망까지 전 생애 복지를 추구하면 더욱 좋겠지만, 현실적으로 입소에서 퇴소까지 그리고 퇴소 후 사후관리를 철저히 하여 사망시까지 전 생애 복지를 추구해야 한다. 사회복지시설에서 생활한 사람들에게는 가족이 없거나 있어도 외면받는 경우가 많기에 사망 후 영혼의 안식을 추구하는 복지를 제안한다. 돌아가신 후에 제삿밥조차 대접받지 못한 영혼을 위한 복지까지 추구하면 귀일원의 정신은 완성될 것이다.

주민과 함께 감사하는 복지

귀일원은 지난 60년 동안 소외된 사람에게 기쁨을 주는 복지를 성공적으로 펼쳤다. 1965년에 귀일원을 설립한 이후 이현필 선생의 제자들은 동광원 공동체를 유지하면서 불구폐질자, 정신질환자, 지적(정신지체) 장애인, 중증장애인을 위한 복지시설을 운영하여 한국에서 가장 우수한 기관 중 하나로 평가받았다.

이현필 선생은 1951년 전쟁으로 온 국민이 환란에 빠졌을 때, '귀일원'이란 이름과 함께 귀일원이 누구를 위해서 어떤 일을 어떻게 해야 할 것인지를 매우 구체적으로 밝혔다. "광주역을 헤매는 사람들을 데려다 따뜻하게 대접하여 하룻밤씩 재워 보내는 운동"은 보호자가 없거나 있어도 보호할 능력이 없는 '요보호대상자' 중 가장 열악한 상황에 있는 사람에게 하룻밤이라도 따뜻하게 제공하자는 것이다. 이는 단순히 노숙인에게 식사나 잠자리를 제공하는 수준의 복지가 아니라, 가장 어려운 상황에 있는 주민을 섬기는 복지를 하자는 뜻이다. 이현필 선생은 그 방법으로 십시일반과 같이 누구나 마음만 먹으면 실천할 수 있는 것을 제안하였다. 우리 가족을 위해서 식사를 준비할 때마다 한 수저의 곡식을 항아리에 저축해서 다른 사람과 나누자는 일작운동이야말로 평범한 시민도 실천할 수 있는 매우 구체적인 방법이다.

이현필 선생이 꿈꾸는 복지는 사회복지시설을 운영하는데 그치지 않았고, 진정한 의미의 복지운동인 '시민과 함께 꿈꾸는 복지공동체'이었다. 어려운 이웃을 만날 때 '하룻밤이라도 따뜻한 잠자리를 제공하는 것'은 성경에 나온 착한 사마리아인의 실천과 비슷하다. 귀일원이 지향해야 할 복지는 시설의 경계를 넘어서서 주민과 함께 감사하는 복지실천이다. 이러한 본보기를 이현필 선생이 몸소 실천하였다.

이현필 선생은 결핵환자를 돌보다가 결핵에 걸렸지만, 그것을 기뻐하였다. 결핵환자를 위하여 송등원을 설립하는데 그치지 않고 숨어사는 결핵환자를 산중으로 찾아가서 심방전도하였고, 제중병원 의료봉사대를 초청하여 치료를 받게 하였다. 가난한 사람들끼리 협동조합을 조직해 공동생활로 협력하며 산에 유실수를 심을 것을 권장하고, 하나님을 믿으며 서로 돕고 의지하여 바르게 살 것을 권장하는 농촌운동을 펼쳤다. 이현필 선생이 꿈꾼 복지는 시설복지를 넘어서서 복지시설을 기반으로 하여 지역 자체를 복지공동체로 만들려는 것이었다.

지역을 복지공동체로 만들기 위해서 이현필 선생은 늘 새로운 자원을 개발했다. 본인이 헌신적으로 참여하는 것은 물론이고, 동광원 가족들 등 주변 사람들이 동참하도록 하였다. 시설의 설립 등 좀 더 큰돈이 필요할 때에는 후원자를 발굴하고, 지역사회 인사들을 참여시켰다. 1949년 수도공동체가 광주시 남구 방림동 밤나무골에 집을 지을 때에는 부지 100평을 김판용 집사로부터 희사받았고, 서울YMCA 현동완 총무의 희사금으로 집을 지어 이주하였다. 1949년에 여순사건으로 생긴 고아를 돌보기 위해서 화순군 도암면 청소골에 초가삼간을 매입하여 고아 8명을 돌볼 때에는 김상욱 씨로부터 8만 원을 희사받았다. 1956년에 결핵 환자들을 수용하는 송등원을 설립할 때에는 현동완 총무를 통해 이기붕 국회의장의 후원을 받았다. 이렇게 물질적인 후원을 받았을 뿐만 아니라, 지역사회가 가진 각종 자원을 활용하여 지역복지를 실천하였다. 송등원을 설립하고 무등산에 은거하는 결핵 환자들을 돌볼 때에는 제중병원 원장 고허번 선교사와 의료진의 도움을 받았다. 당시 제중병원은 이현필 선생과 동광원 가족들의 특별한 후원기관이었다. 이현필 선생이 결핵으로 제중병원에 입원한 것이 계기가 되어, 원장 고허번 선교사의 정성어린 치료를 받으며 두 사람 사이에 영적 교제가 깊어졌다. 이를 계기로 동광원공동체가 제중병원의 간호보조원, 미화부, 매점 운영 등을 10여 년간 맡으며 협력하였다.

이현필 선생이 복지시설을 설치하여 운영하는 데 그치지 않고, 복지공동체 운동을 활발히 펼쳤던 것은 동광원 설립과정에서도 잘 알 수 있다. 1948년 여순사건으로 고아들이 늘어나자 1950년 1월 목포공생원을 운영하던 윤치호 원장의 제안으로 광주를 중심으로 뜻을 같이한 70명이 모여 동광원을 설립한 것은 단순히 사회복지시설을 설치한 수준이 아니었다. 10여 명 미만의 이사들만 있어도 시설을 만들 수 있는데, 뜻을 같이한 70명이 동광원을 만든 것은 복지공동체를 지향한 사건이었다. 동광원 고아들을 광주 황금동 적산가옥에서 수도공동체 가족들이 주축이 되어 돌보다가, 6·25전쟁 후에는 남자들은 광주 지산동에서, 여자들은 양림동에서 600여 명까지 돌보았다. 동광원 운영에 정부와 외국 원조단체의 지원과 상무대 미군의 도움이 컸지만, 한 시설에서 600여 명의 아동을 돌볼 수 있었던 것은 동광원이 단순한 복지시설이 아니었고, 수도공동체이었기에 가능했다.

이현필 선생은 십시일반과 일작운동과 같이 따뜻한 마음을 가진 사람이라면 누구나 실천할 수 있는 복지의 본보기를 제시했다. 따라서 귀일원은 주민에게 복지의식을 심어주고, 생활 속에서 복지를 실천하도록 교육시켜야 할 것이다. 귀일원은 1999년 후원회가 조직된 이래로 후원회원이 꾸준히 늘어나서 2008년에 등록된 회원은 1,275명이고 입금하는 회원은 635명이다. 2007년 한 해 동안 후원 액수는 106,343천원이다. 이는 광주의 다른 사회복지시설에 비교할 때 많은 수치이지만, 꽃동네 등에 비교할 때 적은 수치이다. 복지에 뜻을 가진 사람들을 발굴하여 이들에게 후원할 기회를 주고, 자원봉사활동을 할 기회를 주는 것은 매우 중요한 복지실천이다. 귀일원에서 생활하는 사람을 위한 봉사와 후원을 넘어서서 지역사회의 장애인과 소외된 사람들을 위한 복지를 더욱 개발해야 한다.

장애인에게 필요한 도움은 생계, 의료, 교육, 직업재활에 한정되어 있지 않다. 지금 이 시간에도 장애인은 삶의 전 영역에서 부당한 차별을 받고 있다. 주민에게 장애인차별금지법을 홍보하여 무엇이 장애인 차별인지를 인식시키며, 일상생활 속에서 장애인을 차별하지 않고 배려하는 생활양식을 갖추도록 교육시키는 것은 귀일원이 해야 할 중요한 사업이다.

귀일원은 찾아가는 복지를 해야 하고, 주민과 함께 복지를 실천하면서 감사하는 복지를 실천해야 한다. 장애인과 그 가족에게 꼭 필요한 사항을 상담하고 고충을 해결하도록 돕는 일, 정보를 수집하여 인터넷으로 제공하는 일은 크게 품을 들이지 않고도 할 수 있다. 필요하다면 자원봉사자를 발굴하여 이들을 훈련시켜서 이들에게 복지상담, 복지교육을 하도록 하면 된다. 사회복지사, 의사, 변호사 등 전문가에게 의뢰할 일도 있지만, 시민들이 조금만 관심을 갖고 기초교육을 받으면 적극 참여할 수 있는 일이 아주 많다.

세계인과 더불어 기도하는 복지

이현필 선생은 광주YMCA 최흥종 목사, 정인세 총무, 서울YMCA 현동완 총무 등 기독교계 인사와 깊은 교류를 갖고 지냈지만, 모든 기독교인에게 늘 환영받은 것만은 아니었다. 이현필 선생과 동광원 가족들은 맨발, 탁발, 남루한 모습 때문에 경계의 대상이 되어 기독교노회로부터 이단시 되기도 하였다. 당시 동광원 가족들은 이현필 선생의 말씀을 듣고 가정을 버리고 아이들과 함께 산중에 들어와 순결을 중시하고 세상을 등지고 삶으로써 금욕주의자 또는 산중파로 불렸다. 이현필 선생의 순결 생활로 부인 황홍윤 여사가 곁을 떠났다가 다시 돌아와 동광원 가족들과 함께 산 일화만 보더라도 순결을 중시한 삶이 가족과 주변 사람들로부터 얼마나 이해받기 어려웠는지를 상상할 수 있다.

이현필 선생과 동광원 가족들이 이단시 되자, 당시 엄두섭 목사는 동광원의 실상을 제대로 알아보고자 시도했다. 그는 동광원이 교회 조직에 참여하고 있지 않을 뿐 한국적 영성을 지닌 한국 개신교 최초 수도공동체로 예수 그리스도를 믿으며 자아를 부인하고 하나님께 영광 돌리는 삶을 사는 순수한 수도공동체라고 밝혔다. 그는 이현필 선생을 "맨발, 탁발, 남루한 모습으로 죄인 됨과 약한 자임을 고백하고 오직 주님만을 의지하며 그리스도를 본으로 사신 분이었다."고 말하고, 저서에서 "한국의 성 프란치스코 맨발의 성자"로 기술하였다. 엄두섭 목사에 의해서 이현필 선생은 '맨발의 성자'로 세상에 알려지게 된 것이다.

당초 이현필 선생과 그를 따르는 공동체는 특별한 이름조차 없었고, 이 공동체가 중심이 되어서 동광원을 운영하면서 사람들이 동광원 사람들 혹은 동광원 가족이라고 부르면서 동광원공동체가 만들어진 것이다. 기독교동광원수도회는 귀일원을 통해서 소외된 사람들에게 기쁨을 주는 복지를 실천하였고, 주민과 함께 감사하는 복지를 실천하였다. 이제 귀일원을 이끌고 있는 기독교동광원수도회의 남은 과제는 세계인과 더불어 기도하는 복지이다.

이현필 선생이 1938년에 결혼하고, 1940년에 순결을 지키지 못하고 결혼한 것을 후회하며 화순군 도암면 화학산에 들어가 영성기도생활을 할 때, 스승 이세종 선생은 "파라, 파라, 깊이 파라"라고 가르쳤다. 이러한 가르침에 따라 이현필 선생은 성경을 깊이 파 진리로 조성되고 성숙되어 온전하고 완전한 하나님 사람이 되었다. 이현필 선생은 평생 동안 성경공부를 하였고 믿음을 전파하기 위해서 주일학교 교사를 하며, 1933~1934년에는 광주 어비슨 농업학교에서 강순명 전도사가 이끄는 독신전도단에 가입하여 3촌(농촌, 어촌, 산촌) 전도운동에 참여하였다.

오늘날 동광원의 뿌리가 된 모든 활동은 성경 공부와 전도로 요약된다. 1943년에 전북 남원읍 삼일목공소 오북환 집사 집에서 비밀리에 예배를 드린다는 이야기를 듣고 찾아가 성경 강해와 하나님 말씀을 전하고, 1944년에 남원 지리산 자락 서리내와 갈보리에서 신도들에게 성경을 가르치고 남원 등지를 순회하며 복음을 전하였다. 이때 이현필 선생의 그리스도인으로서의 삶의 모습에 감화를 받은 신도들이 한 명 두명 모이기 시작, 우리나라 기독교 사상 최초의 수도공동체를 이룬 것이다. 오북환 집사도 삼일목공소를 정리하고 가족과 함께 공동체에 들어와 정신적 지도자로서 성경을 가르치고 복음을 전하며 수도자의 길을 걷게 된다. 1946년 제자들과 광주에 와서 광주YMCA를 중심으로 설교와 생활지도를 하였고, 1947년에는 남원 수지면 지리산 골짝 서리내仙人來에서 집단으로 소년 소녀 14명에게 성경을 가르치기 시작하였다. 후일 광주, 화순 도암에서도 성경을 가르쳤으며, 경기도 벽제 개명산에서는 1기에 10명 내외를 1년씩 5기에 걸쳐 오북환 장로가 강사를 맡아 교육하였다. 이러한 성경공부와 전도활동이 바로 오늘날 기독교동광원수도회의 뿌리가 되었다.

이현필 선생은 성경 공부와 전도 활동이라면 광주, 화순, 남원, 벽제, 서울 등을 가리지 않고 전국적으로 활동하였다. 그리고 1949년 수도공동체가 방림동 밤나무골에 터를 잡은 이후 매년 수양회를 열었다. 이때 주요 강사는 오산학교 교장을 역임하신 다석 유영모 선생, 서울YMCA 현동완 총무, 광주YMCA 최흥종 목사 등이었다.

동광원은 1947년 남원에서 시작한 수도공동체로 1948년 광주로 이주해 있다가, 1980년 정인세 선생의 주관으로 공동체가 최초로 태동되었던 전북 남원군 대산면 운교리의 토지 147,400㎡를 매입, 교회와 집을 짓고 이전하면서 동광원 본원이 확고하게 재정립되었다. 동광원은 매년 1월에 '공동체 가족 총회'를 갖고, 8월에는 동광원에서 생활하다가 속세로 나가 생활하는 가족들의 공동체 모임인 '삼온회' 회원과 함께 '하계 수양회'를 열고 있다. 동광원 가족들은 이 행사들을 통해 이현필 선생의 거룩한 뜻과 동광원 설립 정신, 그리고 박해와 굶주림에서 그리스도인으로서 겪었던 고난의 일들을 되새기며 오직 하나님에 속한 사람의 삶으로 살아갈 것을 다짐하고 있다. 동광원 가족은 일생을 결혼하지 않고 순결을 지키며 동광원 분원과 사회복지법인 귀일원에서 불우한 이웃을 돌보거나 일하다가, 나이 들어 활동할 수 없게 되면 본원에 돌아와 여생을 보내고 공동묘지에 안장된다.

이현필 선생 사후 45여 년간 동광원은 사회복지법인 귀일원을 통해서 선생의 뜻을 이어왔다. 하지만 한때 그 가족이 220여 명에 이르렀지만, 2008년 현재 동광원에 40명, 귀일원에 26명을 합하여 총 66명의 가족이 생활한다는 것이 위기이다. 동광원의 위기는 이현필 선생을 직접 뵙고 따르던 분들의 상당수는 돌아가셨고, 일부는 속세로 나갔으며 새로운 사람이 거의 충원되지 않았기 때문이다. 샘에 비유하면 고인 물은 끊임없이 흐르지만, 새 물이 바닥에서 솟지 않았다.

이현필 선생은 수많은 인재를 발굴하고 육성했다. 동광원과 귀일원을 이끈 오북환 원장, 김준호 원장, 정인세 원장, 새마을중앙연수원 김준 원장 등이 그들이었고, 귀일원을 운영했던 역대 원장이 그의 제자들이다. 이현필 선생은 여성인재를 육성하는데도 힘썼는데, 그 전통은 여성들만의 수도처인 경기도 고양시 벽제동에 있는 개명산 분원으로 이어지고 있다.

사회복지법인 귀일원과 동광원수도회가 발전하기 위해서는 이현필 선생이 추구했던 "주민과 더불어 기도하는 복지"를 더욱 활기차게 추구해야 할 것이다. 동광원수도회는 모든 에너지를 모아서 동광원의 인재 양성에 힘써야 할 것이다. 현재 동광원 가족이 66명으로 귀일원의 종사자 60여 명보다 많지만, 동광원가족 양성을 등한시 한다면 세월의 흐름 속에 동광원은 역사 속에서 희미해질 것이다. 먼 훗날에도 귀일원은 이현필 선생과 동광원 가족들의 뜻을 새기겠지만, 그 뜻이 퇴색되는 것은 시간문제이다.

도암의 숨은 성자, 이세종

이세종은 전남 화순군 도암면에서 태어나(위 사진이 생가) 다도면 방산교회에서 노라복 선교사에게 세례 받은 뒤, 청빈하고 영적인 삶으로 세상의 존경을 받았으며, 말년은 화순 화학산 한새골 움막(아래 사진)에서 수도생활을 하였다.

맨발의 성자 이현필

기독교계에서 이세종과 함께 이현필은 영성운동의 표본으로 언급된다. 이현필은 종교적으로 이세종, 유영모의 영향을 받고 사회적으로는 최흥종, 어비슨, 원경선, 현동완의 영향을 받으며 영적 사회적 내공을 쌓았다.

이현필 임종처

이현필은 말년에 결핵과 영양실조로 기력이 쇠하자 경기도 고양군 벽제 개명산 수녀원 처소에서 고열을 앓다 숨을 거두었다. 1964년 3월 18일 새벽 3시였다.

1950년 동광원 모습

1948년 여순사건 여파로 많은 고아가 발생하자 7명을 화순군 청소골에서 돌보기 시작하였다. 이를 계기로 1950년에 정인세를 비롯한 70여 명이 뜻을 모아 동광원東光園을 만들어 600명까지 돌보았고, 1954년 아동이 해산된 후엔 기독교동광원수도회로 남았다.

동광원 수양회

다석 유영모 선생은 일 년에 두 차례 열린 동계와 하계 동광원수련회에 내려와 강의했다. 왼쪽부터 엄두섭 목사, 유영모 선생, 정인세 원장.(자료. 기독교동광원수도회)

우리 "사회복지 역사와 인물"을 읽고 현장에 실천해요

송정부(상지대학교 명예교수, 전 강원도사회복지협의회 회장)

한국 사회복지를 개척하고 발전시킨 인물에 관한 연구는 중요한 사항이다. 세상의 모든 역사를 개척한 사람들이 즉 그 시대의 '인물'인 것이다. 그 시대의 사회적 상황과 인물의 역할에 따라 세상이 변하고 역사가 만들어진다. 사회복지 역사를 앎으로써 현재를 알고 미래를 예측하며 발전시킬 수 있다. 현재 역사 연구는 미래를 개척할 수 있는 계기가 되며 시발점이 된다. 그래서 사회복지를 연구하며 실천하는 여러 사람은 사회복지역사를 연구하며 현장에서 실천하고 있다.

이용교 교수가 광주대학교에서 사회복지학을 연구하고 강의하며 여러 동료 혹은 학생들과 더불어 지역의 복지역사와 인물을 연구하며 많은 논문과 책을 집필하였다. 사회복지역사를 연구하며 우리나라 사회복지를 어떻게 발전시킬 것인가를 고민했다. 대학생들에게 역사를 알게 함으로써 앞으로 사회복지발전에 이바지할 수 있기 때문이다. 사회복지를 포함하여 모든 분야에서 역사를 꼭 연구하며 미래를 예측해야 한다.

사회복지의 정책과 사업 그리고 사회복지시설·기관·단체의 발전을 주도한 인물이 있다. 그 인물이 어떠한 사회적 환경에서 왜 무엇을 어떻게 정책과 사업을 시행했나에 대한 연구를 지속적으로 실천하고 있다. 그래서 우리에게 여러 가지를 학습하게 하고 시행을 고민하게 한다. 젊은 대학생들이 지역의 사회복지현장에 크고 많은 역할을 하도록 기대한다.

앞으로 이용교 교수처럼 우리도 전국 228개 지역에서 복지역사와 이를 개척한 인물에 대한 연구를 수행해야 하겠다. 본 추천인은 1974년 일본 동지사대학교 대학원 유학시절에 사회복지역사를 중요시하며 강의하고 토론한 기억으로 한국에 돌아와 1978년에 중앙대학교와 여러 대학에서 사회복지역사를 강의했다. 1979년에 상지대학교 교수가 되어 사회복지역사를 개설하고, 1994년에 학생들과 원주사회복지 개척자, 선구자들 등을 연구하여 『원주사회복지역사연구』(1998)를 발간하였다. 또한 1985년에 한국복지연구회 교수들과 『사회복지의 역사』를 집필하여 출판했다.

이용교 교수는 '시민과 함께 꿈꾸는 복지공동체' https://cafe.daum.net/ewelfare 카페에 사회복지 관련 자료를 게시하여 사회복지학 발전에 기여하고 있다. 사회복지와 역사에 대한 여러 가지 자료가 많다. 여러분도 이 카페의 자료실을 참고하고, 이 책을 활용하길 기대한다. 이 교수는 한국사회복지역사학회 회장으로서 여러 행사와 논문집도 발간하였다. 계속 많은 일을 하길 부탁하고 기대한다.

6

광주에서 결핵환자의 요양과 자활 공동체

결핵은 지구촌 모든 나라에서 생기고 적어도 수천 년간 지속된 질병이다. 결핵은 여러 종류의 미코박테륨, 특히 결핵균에 감염되어 발병하는 흔하면서도 치명적인 전염병이다. 결핵은 오랫동안 치료해야 하고 공기를 통해 감염되기에 결핵환자는 가족과 함께 살기 어렵고, 가족이 돌볼 수 없을 때 사회적 지원이 필요하다. 이 문제를 해결하기 위해 광주에서 무등산을 중심으로 요양과 자활 공동체를 형성하였다.

이 글에서는 광주에서 결핵환자의 병원 치료후 요양과 자활을 위한 공동체가 시작된 배경, 공동체를 주도한 사람들과 조직, 그리고 공동체의 운영과 변화과정을 탐색하고자 한다. 광주에서 결핵환자를 체계적으로 치료하기 시작한 것은 일제강점기이었지만 무등산과 그 주변에서 요양공동체가 형성된 것은 1950년대이었다. 왜 이 시기에 광주에서 결핵환자의 요양과 자활을 위한 공동체 운동을 시작하였고, 늘어나는 결핵환자를 지원하기 위해 시설을 설치·운영하는데 주도적인 역할을 한 사람과 조직의 변화를 고찰하고자 한다. 광주는 일제강점기에 나환자의 치료에 핵심적인 역할을 하였고, 해방 이후 결핵환자의 치료와 요양에 주도적인 역할을 하였다. 가족조차 보호하길 꺼려한 나환자와 결핵환자를 독지가와 시민이 중심이 되어 공동체로 돌본 경험은 사회적 귀감이 되었고, 광주·전남 사회복지의 발전에 기여하였다. 이 글에서 '광주'는 행정구역상 '광주광역시'와 '무등산'을 둘러싼 담양·화순 등도 일부 포함된다. 시간적 범위는 송등원이 설립된 1950년대부터 무등원이 아리랑고개로 이주하여 정착한 1980년대까지를 중심으로 한다.

제중병원에서 결핵환자의 입원 치료

1)결핵과 치료방법

결핵균은 1882년 미생물학자인 로베르트 코흐에 의해 발견되었고, 1950년대 항결핵제 개발 전까지 치료가 어려운 질병이었다. 항결핵제 이전의 치료방법은 그저 영양, 안정, 맑은 공기와 햇볕 쬐기가 치료법의 전부였으며, 수술요법으로는 감염부위를 폐쇄시키는 수술이었다. 결핵균은 수천 년 동안 인류에게 질병을 일으켜 왔다. 이 질환은 인체의 어느 곳에나 발생할 수 있는 전염성인 동시에 감염성인 급성질환이며 만성질환이다. 결핵은 약 85%가 폐에 발생하며, 혈류나 임파관을 따라

몸의 어느 기관에나 전파되어 영향을 줄 수 있다. 결핵은 환자의 기침, 콧물, 가래로부터 공기를 통해 전염된다. 대부분 감염자는 활동성 결핵이 나타나기 전까지는 증상이 없으며 그중 1/10 정도가 발병한다. 이때 치료하지 않으면 그중 절반 이상이 병으로 죽게 된다.

결핵의 치료는 상당히 어렵고 길며, 치료 과정에 여러 항생제가 투입된다. 필요한 경우, 폐의 공기로부터의 접촉을 차단하거나 관리하기도 한다. 다제내성 결핵에 있어서 항생제에 대한 내성의 문제가 커지고 있다. 예방은 격리와 백신(보통은 BCG) 접종에 의존한다.

2) 광주기독병원에서 결핵 치료

광주기독병원은 광주 근대의료(양의학)의 시작이다. 1905년 11월 20일 초대 원장 놀란Dr. J. W. Nolan 선교사가 광주군 효천면 양림리에 제중원을 개원한 이래로 그 이름은 제중병원, 광주기독병원 등으로 바뀌었다. 광주기독병원이 밝힌 '7인의 선교사'의 자료를 중심으로 병원의 역사를 정리하면 다음과 같다.[39]

광주기독병원은 주술과 민간요법에 의존하는 환자를 현대 의료로 치료하기 시작하였고, 우월순R.W.Wilson 2대 원장 재임기(1908~1926)에는 나환자를 치료하는데 특별한 관심을 가졌다. 그는 1911년에 양림리에 지역 최초 현대식 병원인 제중병원Ellen Lavine Graham Hospital을 건립하였고, 1911년에 효천면 봉선리에 나병원(요양소)을 세우고 1912년에 11월 15일에 나환자촌 낙성식을 가졌다.

39 http://www.kch.or.kr/sub01/sub0104_1.html

부란도L.C.Brand 3대 원장(1930~1937)은 당시 망국병으로 인식되던 결핵을 퇴치하는데 전념하였다. 1933년 발생한 화재로 병원건물이 전소되었으나 부란도의 헌신적인 노력으로 광주시민과 교회, 병원은 재건축을 위해 힘을 모으는 역사를 이루었다. 그는 병원 재건축, 간호사 기숙사 신축, 효과적인 결핵치료를 위한 결핵전용병동 신축(1936년에 타마자J.V.N. Talmage선교사의 기부금으로 병실 5개) 등 병원 발전과 결핵퇴치를 위해 헌신하다 1938년 44세에 광주에서 영면하였다.

이후 변요한 목사Rev. J. F. Preston의 아들로 1909년 광주에서 테어난 죤 프레스톤2세John Fairman Preston Jr.가 순천 알렉산더병원에서 2년간 사역하면서 의료선교사가 없는 광주제중병원에 자주 파견 진료를 다니다가 1940년 1월부터 제중병원에서 외과의사이자 4대 원장으로서 일했지만, 그해 10월 일제에 의해 병원이 강제 폐쇄되었다.

광주에서 결핵환자의 치료와 자활을 위한 공동체 운동에 가장 많이 언급되는 사람은 제5대 원장(1951~1966)인 고허번(카딩턴, H.A. Codington) 선교사이다. "광주의 성자"로 불리는 고허번은 미국 코넬의과대학을 졸업하고 1949년 미국 남장로교 한국 의료선교사로 내한하였으며 1951년 9월 광주제중병원을 재개원하였고, 25년간 결핵환자를 치료하는데 헌신하였다. 그는 1951~1966년까지 광주기독병원 원장으로, 1967~1974년까지 결핵과 과장으로 사역하였으며 1974년부터 방글라데시 다카시의 통기진료소Tongki Clinic 등에서 1999년까지 의료선교사로 헌신적인 삶을 살았다.

이후에도 광주기독병원은 결핵전문병원으로서 특별한 역할을 수행했다. 제6대 원장인 심부선W.L Simpson은 1964년부터 흉부외과 과장으로써 폐절제술 등 결핵환자 진료와 수술에 헌신하였다. 이전에는 광주기독병원에서 폐수술이 필요한 환자들을 전주예수병원으로 후송하는 어려움이 있었는데 심부선 선교사의 부임으로 인해 광주의 결핵환자들에게 더욱 빠르고 효과인 진료가 이루어졌다. 제7대 원장인 이철원R.B Dietrick은 1961년에 외과 과장을 하고 종합병원으로 발전시켰다.

3) 결핵환자 퇴원후 요양소의 필요성

일제강점기 말엽부터 늘어나기 시작한 결핵환자 수는 해방과 한국전쟁을 거치면서 급속히 증가하였다. 1950년대 한국인의 사망원인 첫 번째가 결핵이었다. 결핵이 가장 심하게 퍼졌던 1953년 한 해 동안 결핵으로 사망한 수는 8만 명으로 총인구 2천만 명의 0.4%이었다. 결핵은 결핵균이 침입한 후 체내의 저항력이 약해지면 발병할 확률이 높아진다. 영양이 결핍되면 결핵에 노출될 가능성이 높고, 영양 섭취로 면역력이 강해지면 결핵을 치료할 수도 있다. 결핵환자는 6개월에서 9개월간의 표준 치료를 모두 마친 시점에서 객담도말검사를 시행하여 결핵균이 검출되지 않으면 완치 판정을 받고 결핵 치료를 종료한다. 결핵환자는 잘 먹고 쉬며 꾸준히 약물치료를 받을 때 치료가 가능하기에 퇴원 후 체계적인 관리가 필요하다.

1951년 고허번 선교사는 광주기독병원을 재개원하여 결핵퇴치사업에 힘썼다. 1955년에는 주한 미군과 육군 등의 지원으로 결핵환자 전용 병동 3층(781평)을 증축하였다. 결핵병동은 환자로 넘쳤고, '광주의 성자'로 일컬어지던 고허번 원장은 갈 곳 없는 결핵환자들을 돕고 치료하느라 혼신의 힘을 다하였다. 남을 도우며 막상 자신과 아내와 자녀들은 검소한 생활을 할 수밖에 없었다.

무등산에서 결핵환자의 공동체

1) 송등원의 설립과 운영

이현필 선생은 고허번 원장이 결핵환자를 헌신적으로 치료한다는 소식을 듣고 눈물을 흘리며 "우리는 같은 동족이지만 돕지도 못하는데 피가 다른 서양 선교사님이 헌신적인 사랑의 인술을 배푸신다"는 사실을 뜻있는 기독교인들에게 전하였다. 고허번 선교사의 무거운 짐을 함께 나누고자 광주 기독교 지도자들이 모였으며, 이현필 선생과 최흥종 목사의 지도로 현재 신양파크호텔 아래에 천막을 치고 결핵환자를 수용할 수 있는 송등원을 창립하였다. 송등원의 총무는 처음에는 제중병원 결핵환자 박창규 전도사가 맡았고, 그가 갑자기 세상을 떠남으로써 이현필 선생의 제자 김준호 선생이 맡았다. 이후 양성 결핵환자는 음성 환자와 함께 살기 어려워 1956년에 무등산에 움막을 지어 생활하였고, 점차 샘물이 나는 곳을 중심으로 작은 집이 늘어났다.

YMCA와 동광원 사람들이 중심이 되어 송등원을 설립하였다. 송등원의 설립과정은 당사자 회고와 관계자들의 기록에서 고허번 원장, 최흥종 목사, 이현필 선생, 박두옥 장로, 정인세 원장, 김준호 선생 등의 역할이 조금씩 달리 기술되어 있다. 이 때문에 기록을 상호 대조하면서 살펴보아야 전체를 조망할 수 있다.

소화자매원의 기록을 보면, 송등원은 1954년 8월 동광원에서 열린 학습모임에서 결핵환자의 요양시설을 설치하기로 하고, 그해 동광원에서 발기회가 열렸다. 1년간 동광원에서 사업이 이루어지다가 1955년에 지산동에 시설이 설치되었다(소화자매원, 2006: 102~103).

동광원에서는 해방 후 매년 정월 초하루부터 일주일, 8월 15일부터 일주일간 학습모임을 가졌다. 1954년 정월에는 류영모 선생과 현동완 선생을 초대하였다. 중앙 YMCA 총무인 현동완 선생은 "내가 무엇을 도와줄까요?"라고 물었다.

당시 김준호 선생은 현동완 선생을 만나, 결핵병원에 대한 이야기를 하면서 "광주에는 미국 남장로교 한국선교회에서 결핵병원을 운영하고 있는데, 병원의 사정상 6개월 뒤에는 환자를 퇴원시켜야 새로운 환자를 받을 수 있습니다. 6개월 뒤에 강제로 퇴원하는 환자들이 갈 곳이 없어, 병원을 나갈 때는 독약을 품고 죽을 각오를 하는 것을 보았습니다"라고 결핵 환우들의 안타까운 사정을 전하였다. 이러한 김준호 선생의 말이 싹이 되어, 현동완 선생은 제중병원 고허번(카딩턴) 원장을 만나 여러 가지 구체적인 상의를 하였다. 현동완 선생이 서울로 돌아와 당시 국회의장이었던 이기붕씨를 만나 300만 원 후원금을 얻어 광주 동광원에 맡겼다.

1954년 동광원(현 귀일원) 예배실에서 송등원 발기회가 열렸다. 발기회에서는 오방 최흥종 목사를 이사장으로, 김준호 선생, 박두옥 장로, 고허번(카딩턴) 원장 등을 이사로 선출하였다. 송등원은 1년간 동광원에서 사업을 펼치다 1955년에 새로운 보금자리를 마련하여 지산동으로 옮겼으며, 여성들을 위한 무등원은 1956년에 창설하였다.

김준호 선생이 송등원과 무등원의 운영에 적극 참여한 것은 사실이지만, 송등원 발기와 운영에서 최흥종 목사[40]는 이사장을 맡았고, YMCA 인맥이 설립 자금을 후원하였으며, 이현필 선생과 제자들의 모임인 동광원의 역할은 매우 컸다는 것을 확인할 수 있다.

송등원의 설립과정에 대해 『귀일원60년사』는 제중병원으로부터 강제 퇴원명령을 받았으나 갈 곳이 없는 반공포로 출신 오인환이 카딩턴 원장을 칼로 위협한 사건[41]을 계기가 되었다고 한다. 이를 계기로 최흥종 목사가 동명교회 장로이며 대한적십자사 전라남도지사 회장이던 박두옥 장로 등 광주의 유력 인사들에게 기부를 요청하여 30만 원의 성금을 모을 수 있었다. 이 일에 앞장선 이가 훗날 송등원 초대 총무가 되는 결핵환자 박창규 전도사였다. 박 전도사는 이현필 선생을 찾아가 오갈 데 없는 제중병원의 퇴원환자를 받아 달라고 부탁하였다. 이에 동광원은 5~6명의 폐결핵 환자를 받아서 꼬두메(현 산수동)의 최 부잣집을 임대해 송등원이 설립되어 떠나기 전까지 10개월 정도 이들을

---

40 최흥종 목사는 일제강점기에 나환자를 치료하는 활동을 체계적으로 실천했다. 해방 후, 전남 미군정 고문위원장, 호남신문사 회장을 지냈다. 1955년에는 의재 허백련과 함께 농촌 부흥을 위해 삼애원(현 의재미술관)을 만들어 농촌지도자를 양성했다. 무등산에 폐결핵 환자를 위한 송등원과 무등원을 세웠으며 자신도 무등원 안에 복음당이라는 토담집을 짓고 결핵환자들과 함께 살았다. 증심사 계곡에는 빈민 자활촌인 삼애원, 나주 산포에는 음성 나환자 자활촌인 호혜원을 설립하였다. https://blog.naver.com/PostView.nhn?isHttpsRedirect=true&blogId=sry2000&logNo=222182907967

41 어느날 카딩턴(고허번) 원장이 회진하는데 퇴원 한 달을 앞둔 반공포로 출신 오인환 씨가 원장의 목에 칼을 들이대고서 "너 죽고 나 죽자"고 협박하였다. 사연은 간단하였다. 그 환자는 퇴원하더라도 고향도 없고 오고 갈 데가 없는 몸이므로 오히려 병원에서 죽는 편이 낫다라고 울먹이면서 칼을 내려 놓았다. 이 사실을 목격한 이현필은 동료들과 환자들을 돌볼 수 있는 '요우회僚友會'를 결성하고서 요우회에서 병원의 매점을 운영하여 그 이익금을 집 없는 환우들에게 돌려주자고 하였다(차종순, 2010).

돌보게 된다. 1957년 여름의 일이다.[42]

이 당시 동광원은 매년 정월 초하루와 8·15일부터 일주일간씩 동계와 하계 수양회를 열었는데 유영모와 현동완 서울YMCA 총무가 1958년 정월의 동계수양회 강사로 참석하였다. 이현필은 이때 현 총무에게 수많은 무의탁 폐결핵 환자들이 아무런 대책 없이 방치되는 안타까운 사연을 호소하였다. 현 총무는 당시 서울YMCA 이사장으로 있던 이기붕 국회의장[43]으로부터 매년 100만 원씩 총 300만 원의 폐결핵 환자를 돕기 위한 후원금을 약속받고 먼저 100만 원을 동광원 정인세 원장에게 보냈다.

방림동(현 봉선동) 동광원 예배실에서 최흥종 목사의 제의로 이기붕의 호 '만송'에서 '송'과 이세종의 고향이자 본래 계획이 화순 등광리에 퇴원 환자 요양소를 지을 생각이 있었기에 '등광리'의 '등'을 따서 '송등원松燈院'이라 이름 짓고, 최흥종 목사를 이사장에, 카딩턴 선교사, 박두옥 장로, 정인세 등이 이사를 맡고, 박창규 전도사가 총무를 맡았으며 김준호도 함께 사역하였다.

---

42 차종순(2000)은 동광원에서 퇴원한 결핵환자를 돌본 시기를 1955년 여름에서 가을 사이로 보고, 1956년 8월 동광원 수양회에서 현동완 총무에게 도움을 요청했다고 시기를 특정했다. 귀일원 관계자는 이처럼 책에 따라 시기가 다른 것은 회의록이 남아 있지 않아서 관계자들이 기억을 더듬어서 정리했기 때문이라고 해명한다. 소화자매원의 자료도 지산동에 송등원을 설립한 시기를 1955년으로 기록하였는데, 광주제중병원에 결핵병동을 신축한 시기는 1955년이었다. 이 시기는 광주제중병원이 결핵병동을 신축하면서 퇴원 환자의 요양을 위한 시설이 시급히 요구되었을 것이다. 송등원의 설립에 대해 귀일원과 소화자매원의 기록에서 시점은 조금 다르지만, 전개 과정은 별 차이가 없다.

43 이기붕은 1896년에 서울에서 태어나 선교사 무스Moose, J. R.의 통역으로 있다가 미국 데이버대학 문과를 졸업하였다. 광복 후 미군정청에 들어가 군정재판장의 통역을 역임하고, 민의원 의장 이승만의 신임을 받아 비서가 되었다. 1953년에 국제올림픽위원회 위원, 한미재단 한국사무소장직도 역임하였다. 1953년 12월에 자유당 중앙위원회 의장에 올라 자유당의 제2인자가 되었다. 1954년 5·20총선에서 대승을 거두고 제2대 민의원 의장, 1956년에 제3대 민의원 의장, 1958년에 제4대 민의원 의장으로 선출되었다. 1960년 3월 15일 제5대 정·부통령선거에서 자유당의 공천으로 부통령에 당선되었으나, 4·19혁명으로 부통령직을 사임하였다. https://url.kr/xUTBkE

겨울이 지나고 날이 풀리면 화순 등광리로 갈 예정이었는데, 최흥종 목사의 조언으로 꼬두메의 최 부잣집을 60만 원에 임대해 반공포로를 포함한 7~8명으로 폐결핵 환자 요양소인 송등원이 탄생하였다. 1958년 봄이었다.

이현필은 김준호와 김은자가 송등원을 돌보도록 했다. 강제 퇴원 결핵환자들의 숫자가 늘어남에 따라 동광원의 지원 인력도 점점 늘어났다. 카딩턴은 강제 퇴원 환자를 송등원에 보낼 때마다 환자 한 사람당 소액이지만 식비와 생활비를 보냈다. 송등원은 신양파크호텔의 아래쪽이자 무등파크 위쪽에 위치한 200평을 구입하여 자체 건물을 지어서 옮겨갔다. 최 부잣집 요양자들의 이주와 새로운 퇴원 환자들의 입소로 단기간에 수용인원이 30여 명으로 늘어났다. 환자들의 숫자가 늘어남에 따라 환자들을 무등산 전역으로 분산 배치시켰다. 이때부터 송등원은 사라지고 무등원이 등장하게 된다. 1962년이었다(사회복지법인 귀일원, 2010: 138~140).

최흥종 목사는 결핵환자의 요양을 위해 시설을 설립하고자 필요한 자금을 뜻을 같이 하는 사람들에게 찬조를 요구하였다. 그는 전에는 나병환자가 많았는데, 당시에는 폐결핵 환자가 많다고 하면서 이들을 구제하기 위해 '백십자여명회 취지서'를 전국 요로에 호소하였다. 취지서는 한자어가 많았지만, 내용은 "폐결핵의 예방과 치료를 시급히 호소하고, 전문병원이 만원으로 환자를 수용하기 어렵기에 각계각층과 관민이 합작하여 이들을 보호하자"는 것이었다.

백십자여명회 취지서

인류애의 지극한 격동에서 민족 보건의 간절한 요구에서, 우리는 폐결핵의 예방과 치료와 근치根治를 시급히 호소하는 바입니다. 위정당국과 유지제현은 물론, 동감의 우허와 퇴치와 방송을 염념구상이 비지일재임을 인식하오나, 세월은 전광석화로 흐르고 악마같은 결핵균은 남녀 청장년의 생명을 침탁 유린하야, 민족의 생장률을 방해위축하고 국가의 보건체를 충도식내 적하며, 폐병환자 증식 소치로 인하여 전문병원이 만원이 되어 수용 기하야 읍생의 위구가 막비우심이요. 침식의 공파가 난감 잠묵이라. 위생 교난이 불식이면 안녕질서를 난보로다. 사시호 동병상련 동지기 개인이 숙고 재삼에 제의간고명대학하며 호유 간유지제군자 하오니 비를 관철함에는 내외각계에 온갖 지지와 조력을 요하며 유지자 독지가와 공사각층과 관민합작을 기하는 바입니다. 인도의 정의로는 모든 힘을 사용할 수 있을지라. 자에 여명회黎明會를 취지를 천명하나이다.

최흥종 목사는 상당한 자금을 각계에서 후원받았다. 박종렬 목사는 '오방의 생애와 사상'에서 '폐결핵환자들을 위한 협력사업(송동원[44]과 무등원)'을 다음과 같이 기술하였다(오방기념사업회, 2000: 71~72).

1951년 광주기독병원 원장으로 온 카딩턴 의사는 최 목사에게는 포사이드 의사의 분신처럼 특별히 결핵환자들에 대한 치료와 수용

44 인용한 글에서 '송동원松東院'은 송등원으로 바로 잡는다.

병동을 만드는 헌신적인 일을 한 분이다. 더구나 카딩턴 의사의 손을 통해서 구원받은 행려병자가 수천에 이르고 그 가운데 예수를 믿고 목사 된 사람만도 6명이었다. 이때 결핵 병동의 환자 가운데 치료가 거의 끝나 가나 갈 곳이 없는 환자가 자살을 기도하는 사건이 났다. 이런 딱한 소식을 듣고 서림교회 우형필(우상필의 오자, 필자주) 목사가 상당한 헌금을 기꺼이 보내 주었다고 한다.

최흥종 목사도 이 소식을 접하고 YMCA 총무인 현동완 씨에게 협조를 부탁하고, '백십자여명회'라는 결핵 치유를 위한 호소문을 전국에 발송하였다. 현동완 씨는 당시 국회의장인 이기붕 씨에게 이 호소문을 전달하고 큰 액수의 지원금을 전달하였다. 이 돈으로 지산동 신양파크호텔 아래에 6,000여 평의 땅[45]을 전세로 얻어 일차로 60여 명의 환자를 퇴원시키고 이름을 이기붕 씨를 기념하여 호 만송晩松을 넣은 송등원松登院이라 하였다 한다. 이리하여 한때 600여명[46]까지 수용되었다 한다. 결핵환자가 밀려들어 송등원에서 완치되지 않은 자도 수용하는 상황에 이르러 시민들이 불평이 많았다. 송등원의 존폐 문제까지 거론되었다 한다.

이에 카딩턴 의사와 최흥종 목사는 양성 환자를 조봉골, 골매 그리고 무등산(소망실) 등 세 곳에 분산 수용하고 이들의 식사 및 생활을 동광원 여자 수녀들에게 위임하였다. 최 목사는 무등산 곳곳에 흩어져 있는 무등원 식구들을 위해 초막에서 예배를 보았다. 1960년 그는 증심사에서 당산나무를 거쳐 중봉으로 올라가는 중

---

45 200평을 구입하였고 수용인원이 30여 명이었다고 한다(사회복지법인 귀일원, 2010: 140).

46 송등원의 수용인원은 30여 명인데, 600명은 동광원 고아 600명이 와전된 듯하다.

> 턱에 샘터 초막에 기거하였다 한다. 1961년[47]에 함석헌 선생이 이 초막 예배 처소에 방문하였다 한다. 1963년에는 카딩턴의 도움을 받아 결핵 음성 판명자들은 무등산 깊숙이 원효사 아래의 공터에 집을 짓고 예배당까지 건설하여 이름을 '무등원교회'로 하였다.
>
> 이리하여 최흥종 목사는 무등원 결핵환자들을 위한 영적인 지도자가 되었다. 이때로부터 무등원 식구들과 마지막을 같이 보내셨다고 한다. 무등원 초막교회에 기거하는 동안 주일날 아침이면 등산길을 따라 중봉으로 올라오는 사람을 불러들여 예배에 참석하게 하였다고 한다. 1960년대에 들어서면서 무등원 환자들과 하나님과 자연과 더불어 사는 삶을 살았다. 그리고 말년에는 동광원 식구들의 수발을 받으면서 지냈다. 그러다가 1964년 12월 30일 유언장을 인쇄하여 돌렸다. 본인의 죽음을 예감하고 식구들과 친지들에게 자신의 마음을 전하려 한 것 같다.

긴 글을 인용한 것은 『소화설립50년사』와는 일부 다른 내용 때문이다. 제중병원에서 치료를 받던 결핵환자 중에는 갈 곳이 없는 사람이 많아 이들이 요양할 공간을 마련할 필요가 있었다는 점에서는 같다. 그런데, 이 글은 최흥종 목사가 송등원의 설립뿐만 아니라, 무등원에서 영적 지도자의 역할을 했다는 점을 밝혔다. 또한 무등원을 운영한 사람은 '동광원 여자 수녀들'이라는 점이다. 최흥종 목사는 1964년에 유언장을 인쇄하였는데(실제 사망은 1966년), 이 해는 최 목사가 평소에 '아들'로 여

---

47 당시 대학생으로 함석헌 선생을 초청한 최영관 교수는 1962년이라고 기록했다.

졌던 이현필 선생이 사망한 해이었다. 위 인용문을 보면, 최흥종 목사는 제중병원에서 퇴원한 결핵환자를 체계적으로 구제하기 위해 '백십자여명회' 취지서를 쓰고, 광주에 있는 서림교회 우상필 목사로부터 상당한 헌금을 받았으며, YMCA 현동완 총무를 통해 이기붕 국회의장의 지원을 받았다. 동광원 학습모임에서 김준호 선생이 결핵환자의 요양을 위한 공간의 중요성을 현동완 총무에게 설명하였더라도, 송등원의 설립 자금을 모을 때에는 최흥종 목사와 이현필 선생의 기독교계 인맥의 영향력이 컸다는 것을 알 수 있다.

송등원의 설립에서 자금을 댄 사람을 보면, YMCA를 비롯한 기독교계의 영향력이 컸다. 가장 많은 자금은 서울YMCA 현동완 총무가 자금 지원을 약속하였고, 서울YMCA 이사장인 이기붕 국회의장을 만나 300만 원 후원금 중 100만 원을 얻어 동광원에 맡겼다.[48] 이기붕 의장은 젊은 시절에 YMCA에서 활동하였고, 최흥종 목사는 광주YMCA의 창립과 해방 후 재건에 핵심 인물이었으며, 이현필 선생도 젊은 시절에 서울과 광주 YMCA에서 활동하였다.

자료를 정리하면, 송등원은 최흥종 목사와 동광원이 중심이 되어 입원 치료를 마친 결핵환자를 구제하기 위해 YMCA를 비롯한 기독교계의 지원을 받아 설립되었다. 이현필 선생은 동족도 돕지 못한 일을 피가 다른 서양 선교사가 인술을 베푼다는 사실을 알려 요양소의 필

48 300만 원의 후원금을 매년 100만 원씩 받기로 하고 우선 100만 원을 받았다는 설과 달리, '1954년에 현동완 총무가 당시 국회의장이었던 이기붕 씨를 만나 300만 원의 후원금을 얻어 광주 동광원에 맡겼다'는 설도 있다(소화자매원, 2006: 103). 현동완 총무의 주선으로 이기붕 의장으로부터 목돈을 받은 것은 확실하다. 하지만, 이현필 선생이 후두결핵에 걸린 시기가 1955년이고, 최흥종 목사가 권유하여 1956년에 이현필 선생과 김준호 선생이 제중병원에 입원하였으며, 이를 계기로 이현필 선생이 고허번(카딩턴) 원장과 유대관계를 형성했다는 점에서 송등원은 1956년 이후에 설립되었을 것이다. 귀일원은 1957년 여름부터 꼬두메(현 산수동)에 있는 최 부자집을 임대하여 5~6명의 폐결핵환자를 돌보았고 1958년 송등원을 설립하면서 이주시켰다고 한다(사회복지법인 귀일원, 2010: 138~140).

요성을 제기하고, 최흥종 목사가 '백십자여명회 취지서'를 전국에 돌려 각계의 동참을 호소하였다. 최흥종 목사는 일제강점기에 나환자를 치료하기 위해 '조선나병근절책연구회'를 만들고, 이들을 지원한 경험이 있는 탁월한 사회운동가로서 재능을 살려 송등원의 설립 자금을 조달하는데 크게 기여하였다. 송등원의 운영은 이현필 선생의 제자인 김준호 선생을 비롯한 동광원 사람들이 주도하였다.

2) 무등원의 설립과정

무등원의 설립과 운영에 대해서는 크게 두 가지 관점이 있다. 소화자매원은 50년사에서 제중병원에서 퇴원한 무의무탁한 환자들이 남자는 송등원, 여자는 무등원에서 생활하면서 치료받았고, 이현필 선생은 제자인 김준호 선생에게 무등원을 중심으로 결핵환자를 돌볼 것을 특별히 당부하였다고 하여 김준호 선생이 무등산에 천막을 친 1956년을 "무등원의 태동"으로 본다. 이후 무등원은 무등자활원(1966년 사단법인 등록), 소화자매원으로 이어졌다는 것이다.

하지만 이현필 선생과 제자들이 모인 동광원수도회와 귀일원은 무등원은 하나의 시설이나 단체가 아닌 무등산에 흩어져 있는 요양공동체를 일컫는 낱말이고, 1981년 무등자활원을 '소화자매원'으로 바꾸기 전까지 동광원의 역사에서 다루어져야 한다고 본다. 같은 사건도 다른 시각에서 기술될 수 있기에 그 근거를 살펴본다.

김준호 선생은 무등원을 지속 가능한 복지단체로 발전시키는데 역량을 발휘했다. 김준호 선생은 1946년에 이현필 선생을 만나 제자가 되었고, 1948년 여순 사건으로 고아가 많이 생기자, 이현필 선생의 뜻에 따라 1949년에 화순군 도암면 청소골에서 고아를 키웠고, 6·25전쟁 이후 커진 동광원을 운영하는데도 참여하였다. 두 사람의 특별한 관계는 『소화설립50년사』[49]에도 잘 기록되어 있다.

> 김준호(레오, 1924~2010) 선생은 1944년 일본군에 의해 강제 징병되어 끌려갔다가 1945년 해방 직후 한국에 돌아왔다. 23세인 1946년에 이현필(1911~1964) 선생과의 운명적인 만남을 가졌다. 이 만남은 선생이 평생 영육의 고난을 당하는 이들과 함께 사는 계기가 됐다(소화자매원, 2006: 100).

> 광주 제중병원의 환자들이 6개월 동안 치료를 받은 후 퇴원하게 되면 무의무탁한 환자들 중 남자는 송등원, 여자는 무등원에서 생활하면서 치료를 더 받게 하였다. 당시 동광원의 이현필 선생은 무등원과도 깊은 관계를 가지고 있어 송등원과 무등원은 상호 긴밀한 협조 관계에 있었다. 이현필 선생은 제자인 김준호 선생에게 무등원을 중심으로 결핵환자를 돌볼 것을 특별히 당부하였다.
>
> 김준호 선생은 1956년 결핵 환우였던 전건식 형제로부터 물가에 움막을 쳐달라는 소원을 듣고, "무등산 속에 들어가 생수가 나는 물가에 막을 치리라……"와 같은 기도를 하게 된다. 이 기도에 힘입어 무등원이 태동하게 된 것이다. 이현필 선생, 류영모 선생, 최흥

---

49 소화자매원은 『소화설립50년사』(1956~2006)에서 아홉 시기로 나누어서 설명했다. 즉, 시작(1956~1961), 새로운 터전(1962~1966), 자립생활(1967~1972), 존폐 위기 극복(1973~1977), 재도약(1978~1984), 사회복지법인 인가와 정신요양사업의 시작(1985~1991), 개방(1992~1996), 정신지체인을 위한 복지사업의 시작(1997~2000), 과학적인 복지사업(2001~2006) 등이다(소화자매원, 2006: 22).

> 종 목사, 현동완 선생 그리고 아픔과 행복을 함께 나누고자 한 많은 분들의 노력으로 오늘날 소화가 있을 수 있었던 것이다(소화자매원, 2006: 102~103).

김준호 선생은 1956년에 무등원을 '창설'하기 전에도 10여 년간 광주천 다리 주변에서 가난한 사람들을 돕는 활동을 꾸준히 실천하였다. 이 시기는 이현필 선생의 제자로서 '성스런 가난聖貧'을 몸으로 살았던 기간이다.

> 김준호 선생은 1946년 아시시 성 프란치스코의 '완덕의 거울'을 통해 피조물에 대한 절대의 자비심에 눈뜨게 된다. 이후 '성스런 가난'을 가슴에 가득 안고 광주천 다리 및 걸인 형제들과 함께 생활을 시작하였다. 선생은 광주천에서 걸인 형제들과 생활을 "기쁨과 평화 가운데 10년이라는 세월이 하루처럼 잠깐 흘러 지나갔습니다"라고 회고했다(소화자매원, 2006: 101).

김준호 선생은 1956년 8월[50]에 제중병원에서 퇴원하면 집에 돌아가지 않고 임종을 맞이하고자 하는 한 폐결핵 환자에게 "움막을 쳐준다"는 약속을 지키지 못한 채 그가 세상을 떠났다는 소식을 듣고 무등산에

---

50 무등원의 시작을 1956년 3월 16일이라고 쓴 자료도 있다. 소화 설립 50년사는 '연표로 본 소화의 50년'(212쪽)에서 이날 "김준호 선생이 전건식 형제의 부탁(유언)으로 제2수원지 위에 움막을 치고 결핵 환우들과 생활(소화자매원의 전신인 무등원의 시작)"이라고 기록하고 있다. 그런데, 같은 책에서 김준호 선생은 '회고사'에서 무등산에 오른 때가 1956년 8월이라고 썼다. 이에 대해 소화자매원은 김준호 선생이 1956년 봄 제중병원에서 결핵환자 전건식 형제의 부탁을 받아 '움막을 치기로 약속한 날'을 창립일로 본다. 1985년 3월 16일에 사회복지법인 소화자매원 설립 인가를 받은 날인데, 1956년 어느 봄날을 3월 16일로 간주한 것이라고 설명했다.

입산하였다. 그는 그날이 무등원의 시작이 될 것이라는 것을 자신도 몰랐다고 회고했다.

> 소화자매원 창설자 김준호 선생은 소화자매원의 시작을 이렇게 술회하였다. "강냉이 가루 몇 되, 담요 석 장을 지닌 채 무등산에 오른 그때가 1956년 8월입니다. 함께 따라온 두 걸인 소년은 10세, 11세의 나이였습니다. 우리는 폭포수 부근의 숲속, 나무와 나무 사이에 담요 한 장을 치고, 첫날밤을 맞이하였습니다. 그날이 바로 소화자매원의 시작이 될 줄을 그때는 생각지도 못했습니다. 집에 돌아가지 않고 임종을 맞이하고자 하는 한 폐결핵환자에게 움막을 쳐준다는 약속을 지키지 못한 채 그가 세상을 떠났다는 소식을 듣고 입산이었습니다. 그 형제가 적어준 성녀 소화 테레사의 시를 읽어내려갈 때 가슴이 빅차오르고 숨이 막히는 듯하였습니다"(소화자매원, 2006: 34).

무등원은 김준호 선생이 무등산에 첫 움막을 친 1956년으로 거슬러 올라간다. 이곳에서 갈 곳 없는 무의탁 결핵 환우와 노약자, 걸인 등 소외받고 어려운 사람들과 함께 공동생활을 하였다. 무등원의 설립과 발전에 그의 역할이 매우 컸다고 해서 '창설'했다고 말하기는 어렵다는 시각도 있다.

앞서 인용된 '오방의 생애와 사상'을 보면(오방기념사업회, 2000: 71~72), "결핵환자가 밀려들어 송등원에서 완치되지 않은 자도 수용하는 상황에 이르러 시민들이 불평이 많았고", "이에 카딩턴 의사와 최흥종 목사는 양성 환자를 조봉골, 골매 그리고 무등산(소망실) 등 세 곳에 분산 수용하고 이들의 식사 및 생활을 동광원 사람들에게 위임하였다"는 표현에서 볼 때 무등원의 초기 운영은 제중병원(카딩턴 원장)의 지원을 받아 동광원에서 주도했다는 것을 확인할 수 있다.

김준호 선생은 평생 동안 동광원에서 이현필 선생의 제자요 '동광원 사람'으로 살았다. 무등원의 효시인 '삼밭실'에서 여자 결핵환자 요양사업을 시작할 때 동역자 김은자 님은 이현필 선생의 제자였고, 핵심적인 역할을 한 최창익 님은 1959년에 동광원을 통해 들어왔다는 사실에 비춰볼 때 무등원의 설립과 운영은 초기에 동광원이 주도했지만, 이현필 선생 사망 이후 김준호 선생의 역할이 더욱 커진 것을 알 수 있다. 기독교동광원수도회는 김준호 선생의 역할을 다음과 같이 정리하였다.

> 김준호가 이 선생을 따라나서서 거지들과 생활하며 결핵환자들을 돌보느라 자신도 결핵에 걸려 결핵성관절염을 앓기 시작했다. 결핵균이 관절에 옮겨 곪아 터져 나오는 병으로 오래 앓았다.(중략)
>
> (제중)병원에서 어느 정도 건강을 회복한 김준호는 광주 무등산에서 움막생활을 하기 시작했다. 당시 병원에서 사형선고를 받고 퇴원한 폐결핵 환자들은 이승의 마지막 쉼터로 무등산을 찾았다. 김준호는 그곳에서 움막을 짓고 이들과 함께 생활하며 그들의 임종을 지켜봤다. 이것이 무등원의 시작이었다.
>
> 한편 송등원의 초기 총무를 담당하였던 박창규 전도사가 갑자기 떠남으로써 그 자리를 이현필 선생의 뜻에 따라 김준호가 맡게

되었다. 그런데 광주기독병원에서 강제 퇴원 당한 환자들의 수가 늘어남에 따라 무등산 전역으로 땅과 집을 매입하고 움막을 지어 환자들을 수용, 돌보게 되었다. 이때로부터 송등원은 무등원으로 통합되어 산수동 골짝 옛 송등원 시설 규모의 차원을 넘어서 원효사 계곡으로, 삼밭실로, 은혜실로, 복음당으로 여러 시설을 확대해 나갔다(기독교동광원수도회, 2018: 750~751).

제중병원 카딩턴 원장은 무등원의 설립과 운영에도 깊이 관여했다. 카딩턴 선교사는 1949년 29세에 미국 남장로교 선교회 한국 의료선교사로 파송되어 왔다. 그는 폐결핵 퇴치에 자신의 삶을 걸고, 제중병원에 폐결핵 진료소를 설치한 후 병원의 명칭까지도 '결핵진료소'로 바꿀 정도로 결핵 퇴치에 전념하였다. 카딩턴 선교사는 1951년부터 1974년까지 당시 결핵전문병원인 제중병원에서 많은 결핵환자들을 돌보아 주었다. 그는 병원 방침에 따라 환자의 병이 완치되지 않아도 입원한 지 6개월 후면 무조건 퇴원해야 하는 현실을 안타까워했다. 그는 퇴원 후 생활과 치료를 할 수 있는 시설이 필요하다는 것에 공감하고 결핵환자 요양소 무등원 설립에 크게 공헌하였다(소화자매원, 2006: 104~105).

또한, 최흥종 목사는 결핵환자들의 영적 지도자로서 역할하였다. 최흥종 목사는 무등산 초막에서 살며, 무등원에서 요양하는 사람들과 예배를 드렸다. 1962년 여름에 당시 전남대학교 학생으로 함석헌 선생 초청 강연을 기획한 최영관 전남대 교수는 "내가 만나 본 오방五放선생님"에서 함석헌 선생이 저녁 강연회가 있는 날 오전에 무등산으로 오방 선생을 찾아간 일[51]을 다음과 같이 회고했다.

> 그날 함석헌 선생님을 모신 우리 일행은 아침 일찍 무등산을 등반하였다.(중략) 최 목사님이 거처하시든 곳은 조그마한 흙담 초가집이었다. 그때 말만 듣던 최 목사님을 처음 가까이에서 뵙게 된 것이다. 조그마한 체구에 허리가 약간 굽어 보이시는 머리는 까까머리인 채 우리를 반갑게 맞아 주셨다. 거기에는 목사님을 시중드시던 할머니 한 분도 계셨다. 그런데 여기서 나는 참으로 놀라운 광경을 보았던 것이다.
>
> 우리 써클 멤버는 물론이고 아마 그 시대 많은 대학생에게 함석헌 선생님은 곧 우상이셨다. 함석헌 선생님은 우리에게는 너무 큰 분이셨고 군부정권에 담대히 비판과 정의를 외치셨든 그 시대의 선지자로 믿고 따랐던 것이다.
>
> 그런데 그러한 함석헌 선생님이 최 목사님을 뵈올 때는 아주 작아 보였든 것이다. 함석헌 선생님은 최흥종 목사님을 뵙자마자 "형님 저 왔습니다, 절 받으세요" 하고 최 목사님 앞에 큰절을 올리는 것이었다. 나는 속으로 깜짝 놀랐다. 저 조그마한 노인이 어떠한 분이시기에 우리가 하늘처럼 높이 받드는 함석헌 선생님이 저렇듯 큰절을 할 수 있을까 하고 놀란 것이다(오방기념사업회, 2000: 234~236).

51 이날 찍힌 사진에서 최흥종 목사는 앞줄에 앉고 함석헌 선생은 뒷줄에 서 있으며 최영관 학생은 함석헌 선생 바로 왼쪽에 서 있다. https://url.kr/F1UMbF

당시 무등원은 송등원과 연결되었고, 점차 무등산 일대에 움막이 늘어나고 송등원이 폐원(1962년)되면서 나머지 환자들도 무등산 움막으로 이주하였다. 자연스럽게 무등원은 송등원을 설립하고 운영하던 사람들이 함께 운영했다. 1964년에 이현필 선생과 1966년에 최흥종 목사가 작고하면서 무등원에서 김준호 선생의 역할이 더욱 커졌다. 이후 무등산 일대에 있는 거처를 아리랑고개 등으로 이주시켜야 할 때 김준호 선생이 주도적인 역할을 수행하였다.

3) 무등원의 주거 공간

초기에 무등원은 하나의 시설이 아니라, 무등산 곳곳에 설치된 작은 집들의 공동체이었다. 삼밭실, 개원사 옛 절터, 원효사촌, 덕산재, 기도실, 스기밭, 권솔재 등 곳곳에 무등원의 식구들이 분포되어 살았다.

집을 어디에 어떻게 지을 것인지는 시기에 따라 조금씩 달랐다. 최초 요양소인 삼밭실은 마실 물이 있는 "생수가 나는 곳"이었다. 과거 인삼밭이 있었던 '삼밭실'은 제철유적지 근처로 샘물이 있어서 움막 2채를 세우고 여자 환자 5~7명이 살았다. 산장에서 그리 멀지 않아서 외부에서 물품을 조달하기도 비교적 용이했다. 삼밭실은 무등원의 최초 집이었고 여성 환자들이 요양하였다.

> 무등원의 효시는 삼밭실(북구 화암동)이다. 김준호 선생은 1956년 8월에 두 명의 고아를 데리고 무등산 제2수원지 위 숲속에 움막을 쳤다. 행복한 시간이었으나, 상수원이 오염될 우려가 있다고 하여 광주시에 의해 철거명령을 받았다.

장불재를 넘어 원효사 방향으로 내려갔다. 무등산 원효사촌에서 한 할아버지로부터 "옛날에 인삼을 심었던 삼밭이 있는데, 그곳에 생수가 있다"는 이야기를 듣고, 그곳을 찾아가 자리를 잡고 움막 2채를 마련하였다. 그리고 제중병원에서 퇴원하는 무의무탁한 환우들을 요양시켰다. 이때부터 최초로 삼밭실 움막에서 5~7명의 여자 환우들이 생활하기 시작한 것이다.

삼밭실은 한 때 후두결핵을 앓았던 이현필 선생이 와서 기거하기도 하였으며, 꽃동네 오웅진 신부[52]도 신학교 시절에 늘 자원봉사를 왔던 곳이기도 하다. 이 삼밭실이 무등원의 효시가 되었는데, 이곳 역시 철거명령이 내려졌다. 삼밭실 근처에 관광호텔[53]이 들어서자 광주시에서 철거명령을 내린 것이다(소화자매원, 2006: 108~109).

『소화설립 50년사』에 따르면, 1957년 삼밭실을 시작으로 작은 집은 무등산 곳곳에 지어졌다. 송등원과 무등원을 설립한 취지는 병원에서 6개월 동안 치료를 받은 후 퇴원한 환자를 위한 요양소이었다. 병원에서 퇴원 조치를 받았지만, 오갈 데 없어서 삼밭실에서 지내다 처음 임종한 여성을 통해 당시 상황을 볼 수 있다. 김준호 선생이 1992년에 귀일원

52 오웅진 신부는 신학생 시절에 '개미회'라는 모임을 만들어 동료 신학생들과 함께 골매와 조봉골을 자주 방문하여 교리를 가르쳐 주고 물질적인 도움도 주었다. 이를 계기로 해서 골매의 온 환우들이 가톨릭에 입교하여 세례를 받았다. 신학생 시기에 봉사활동으로 인연을 맺은 오웅진 신부는 김준호 선생에게 '세례'를 주었다. 이 '사건'을 계기로 무등자활원의 봉사자와 환자들의 종교가 개신교에서 가톨릭으로 바뀐 것이다. https://url.kr/cy8367

53 무등산 관광호텔은 1959년에 광주시 북구 금곡동에 세워진 건축물이다. 6·25전쟁 이후 관광산업 육성을 위해 중앙정부에서 설악산, 서귀포, 무등산 등 국내 명승지에 건립한 관광호텔 중 유일하게 현존하는 건축물이다. 2020년 3월 9일 대한민국의 국가등록문화재 제776호로 지정되었다. https://url.kr/QM5Htr

에서 '싹 뿌리와 귀일원'이란 주제로 말한 증언이다.

삼밭실에서 돌아가신 한 영혼이 있습니다.(중략) 누구든지 6개월 되면 좋으나 싫으나 퇴원을 당하니까 그렇게 퇴원을 했는데, 갈 곳이 없어서 복도에서 잠을 자더라, 그래요. 그런데 거기도 잘 수가 없어요. 한국 땅에 누구 집을 간들 쫓겨난 여자인데, 왜? 결핵환자니까. 다 죽어가는 지금, 목숨이, 생명이 왔다 갔다 하는 죽어가는 사람인데, 광주 시내 어디를 간들 용납을 안 해요. 그래 결국은 퇴원당한 그 병원으로 다시 찾아와서 그 복도에서 용납을 받은 것이지요. 그런데, 그 복도에서 지내는 것도 한 이틀뿐이에요. 용납이 안 되어요. 간호사들이 못 자게 해요. 그래서 다리 밑으로 갔어요. 양림다리 밑에 갔는데 거기서 죽지를 않아요. 죽어지지 않아요. 그래서 얼굴을 모기가 물어가지고 퉁퉁 부었다고 그래요. 그래도 모진 목숨이 죽지 못하고, 다시 이 선생님 입원해 계신 복도에서 하룻밤을 잤든가 봅니다.

그래서 우리 자매들이 물어봤대요. "당신 소원이 뭐요?" 그랬더니 그 자매가 말했어요. 어디서 자신을 용납해주면, 죽을 순간까지만 용납해주면 좋겠다. 누군가 자기 집 처마 밑에서 죽어라고 용납해준다면, 자기가 죽을 때까지 그 처마 밑만이라도 빌려준다면 그것이 소원이라고 했어요.(중략) 이(현필) 선생님이 병실에서 그 소식을 들으셨어요. "그 언니 소원은 임종할 만한 그 처마가 없다고 합니다". "그러면 그 자매를 업어다 삼밭실에 누이시오". 삼밭실에 결핵환자들이 쳐놓았던 막 한 칸이 있었기 때문에 송등원 형제들이

쳤다고 그래요. 송등원 형제들이 쳐놨던 거기 깊은 산속인데 거기 업어다 놓고 거기서 임종을 했습니다. 그 자매가 삼밭실에서 처음으로 죽은 사람입니다(기독교동광원수도회, 2018: 435~436).

양성 결핵환자를 위한 거처가 필요하여 1957년에 삼밭실을 만들고, 1958년 여름에 800고지 옛 절터(기도실), 바람재, 화순 이서쪽 권술재, 스기밭, 금곡동 목장터, 덕산재가 세워졌다. 이때 세워진 집은 방 한 칸 혹은 두 칸이었고, 덕산재를 제외하고 모두 집 한 채이었다. 삼밭실을 중심에 두고 상당한 거리에 작은 집이 세워졌는데, 텃밭을 가꾸고 더러 농사를 지면서 자립을 도모하였다.

1959년 여름에는 원효사촌 소망실, 개원사 옛 절터에 집을 짓고 결핵환자와 일반 환자가 살았다. 1962년에 송등원이 폐쇄되어 소망실로 이주하였다. 원효사촌 소망실과 개원사 옛 절터는 산장에서 멀지 않는 곳으로 비교적 교통이 편리했다.

1960년 여름에 소태동 원제실[54], 소태동 집게봉, 담양군 금성산성에 주거지를 마련했다. 소태동은 광주에서 화순으로 가는 길목으로 시내에서 접근성이 좋았고, 금성산성은 사람이 살 수 있는 주거지와 농지가 있어서 자립생활을 도모하고 수련생활에 좀 더 집중할 수 있었다.

---

54 원제실을 보면 시설 설립에 독지가의 후원이 컸다는 것을 알 수 있다. 광주시 동구 소태동 원제실과 집게봉에는 각각 집 2동이 있어서 결핵 환우 5~6명이 기거하고 있었다. 원제실 땅이 구해지는 데는 최흥종 목사와 방안식 장로 어머니의 도움이 컸다. 최흥종 목사가 그리스도적 사랑의 마음을 담아 원제실 땅을 구입하도록 기꺼이 지원해 주었기에 원제실은 그분 일생의 기념탑이라고도 할 수 있다. 또 한 분의 은인인 방안식 장로의 어머니는 평생 모은 돈 10만 원을 어느 전도사에게, 그 전도사가 다시 김준호 선생에게 주어 구입한 것이 원제실이다. 그 당시 오갈 데 없는 결핵 환우들이 이곳에 움막을 치고 살다가 선종하였고 그 땅에 묻혔다. https://url.kr/SFJ3Te

초기에는 결핵환자들이 무등산 국유림에 움막이나 작은 집을 지어 생활하였지만, 점차 개원사 옛 절터가 중심이 되어 독립 가옥들을 지원하는 방식으로 바뀌었다. 무등원의 역할도 초기에는 결핵환자의

송등원과 무등원의 시설 현황

건축 시기	이름	규모	생활인 수	특이 사항
1954년	송등원	6,000평	60여 명 남/여	신양파크호텔 아래 접근성이 좋음
1956년8~10월	제2수원지 움막	움막	3명/남	
1957년 여름	삼밭실	방 두 칸	5~7명 여자 환우	무등원의 효시
1958년 여름	800고지 옛 절터	방 두 칸	7~8명 여자	기도실
1958년 여름	바람재	방 한 칸	2~3명 기거	
1958년 여름	화순 이서쪽 권솔재	집 한 채	5~6명 기거	
1958년 여름	화순 이서쪽 스기밭	집 한 채	7~8명 기거 /주로 남자	기인현 거주
1958년 여름	금곡동 목장 터	집 한 채	5~6명 기거	
1958년 여름	덕산재	집 두 채	9~10명 기거/소녀반	결핵환자의 자녀들
1959년 여름	원효사촌 소망실	집 두 채	7~8명 남자 결핵 환우 +10여 명 일반 환우	송등원에서 이주
1959년 여름	개원사 옛 절터	집 7~8채	80여 명 기거	본원, 지원 센터
1959년 여름	소태동 원제실	집 두 채	10여 명 기거	그린벨트 발표 후 철거
1959년 여름	소태동 집게봉	집 한 채	5~6명 기거	
1959년 여름	담양군 금성산성	집 두 채	20~30명 기거	자립생활 +수련생활

출처: 소화자매원, 소화설립50년사, 2006. 108쪽.
필자 주: 송등원의 규모는 6천 평이 아니라 2백 평이었다는 설이 유력하다(사회복지법인 귀일원, 2010: 140).

요양을 지원하였지만, 점차 봉사자의 수련활동을 지원하는 일에도 역점을 두었다.

한편, 『귀일원60년사』를 보면 삼밭실이 무등원의 효시라는 점은 같지만, 집들의 설립 시기가 『소화설립50년사』에 비교하여 조금 늦다.[55] 1963년 중반에는 '속립성 결핵' 진단을 받은 이현필 선생이 제중병원에서 간호조무사로 근무한 경력이 있는 이오순과 복은남에게 무등산으로 올라가 폐병 환자들을 돕도록 명하였는데, 그들은 1년간 은혜실과 삼밭실에서 환우들을 돌보았다(사회복지법인 귀일원, 2010: 140).

이 시기에 무등산 곳곳에 작은 집들이 설치될 수 있었던 것은 봉사자들과 환자들의 노력이 컸고, 서울YMCA 현동완 총무의 협조로 한미재단에서 제공하는 밀가루와 옥수수를 학동과 산수동의 주민에게 제공하여 무등산 길을 보수하고 움막을 짓도록 한 것으로 보인다. 현동완 총무는 송등원의 설립 자금을 주선했을 뿐만 아니라, 이후 무등원이 성장할 수 있도록 지원하였다. 그는 이세종 선생 기념관을 건립할 수 있도록 귀일원에 사비를 출연하기도 했다.[56]

이러한 시설확장은 당시 현동완 총무의 협조로 한미재단에서 제공하는 밀가루와 옥수수를 가지고 학동과 산수동의 어려운 사람

---

55 무등원의 시설(집)의 설립 시기는 무등원의 효시인 삼밭실과 다른 시설 등을 설치하는데 주도적인 역할을 한 김준호 선생과 그 제자들의 기록을 기준으로 한다.

56 현동완 총무는 조선중앙YMCA 학관을 졸업했고, 농구 선수 겸 감독원으로서 활동했다. 1938년 일제의 탄압으로 YMCA가 폐쇄 상태에 있었던 시기나 8·15 해방 후의 혼란기, 6·25전쟁으로 인한 회관 상실, 부산 피난과 환도 이후의 혼란기에 YMCA를 지키기 위해 힘썼다. 한국전쟁 이후 고아와 부녀자를 위한 구호사업에 주력했다. 1953년에는 한강 난지도에 '보이즈타운'이라고 불린 삼동소년촌을 짓고 거리에서 방황하는 고아들을 데려다가 양육하였다. https://url.kr/NftuKn

> 들에게 일자리를 만들어 길을 닦고 집을 지을 수 있었기 때문이었다. 이들은 무등산에 널린 돌을 모아서 집을 짓곤 하였으며, 카딩턴은 이들에게 식품과 약품을 공급해주었다(기독교동광원수도회, 2018: 751).

한미재단이 제중병원을 통해 제공한 밀가루와 옥수수를 어떻게 활용하고, 누구에게 얼마나 줄 것인지를 매우 신중하게 다루어졌다. 이현필 선생이 정인세 원장, 김준호 선생 등을 통해 챙겼다는 것을 당신의 1960년 11월 7일 '일기'를 통해 확인할 수 있다.

> 정(인세) 원장이 오셨습니다. 무등산 나무꾼들이 굶주림을 보충코자 빵을 만들게 해주시라고 부탁했습니다. 최(흥종) 목사님, 홍종우 장로님, 김석환 씨를 김준호 씨가 찾아보고 오셨습니다. 전도관서 오신 송집사댁과 방림 밭집 노인댁, 진노인댁, 문재척 댁, 이영운 씨 댁에 밀가루 분배해 드리게 했습니다. 성홍기 씨와 박갑주 장로댁에도 밀가루 드리게 했습니다(엄두섭 엮음, 1993: 298).

4) 무등원의 운영체계

시간이 지나면서 개원사 옛 절터가 무등원의 중심 역할을 했다. 이곳 7~8채의 집은 은혜실, 미싱방집, 꼭대기집, 삿갓집, 식당집, 남반 등으로 불렸다. 다른 시설은 작은 집 1~2채에서 10명 미만으로 살았는데, 이곳에는 80여 명이 살았다. 각 집은 특징이 있었는데, 은혜실은 중증결핵 환우 20여 명, 꼭대기집은 척추결핵 환우 5~6명, 삿갓집은 성매매 경험 여성 2명이 살다 나중에 골결핵 환우, 식당집은 간질환자와 중증장애인, 남반은 남성 환우들이 살았다. 그중에서 센터 역할을 한 곳은 식당집이었는데, 은혜실 다음으로 커서 '신심회' 등 각종 모임을 하였고, 창고에 물품을 보관하였다가 여러 집에 공급하였다.

> 은혜실은 가장 큰 건물인데, 20여 명이 생활하는 공간으로 그 구조는 강당식으로 되어 있었다. 이곳에는 결핵균이 나오는 2~3기 중증결핵 환우가 생활했던 곳으로 일반인들이 접근하기 어려운 곳이었다. 이곳에서 생활하는 중증 환우들은 잘 먹어야 하며 충분한 휴식을 취해야 병이 호전될 수 있기 때문에 모든 면에서 특별한 배려가 필요한 곳이었다. 은혜실에는 젊은 여자 환우들이 많았는데, 각혈을 하다 쓰러져 회복을 못하고 임종을 맞는 경우도 있었다. 병마와 힘겨운 싸움을 하는 와중에도 아침, 저녁으로 예배를 드렸다.
>
> 꼭대기집은 산중턱에 외따로 떨어진 집이고, 위치가 높다 보니 사람들의 왕래가 드물었다. 이곳에는 거동이 불편한 척추결핵 환우 5~6명이 생활하였다. 거동이 불편한 관계로 빨래나 식사 등 일상생활은 다른 사람들의 손을 빌리지 않으면 해결할 수 없었다. 그들은 병을 이기려는 노력과 함께 끊임없이 기도하고 주님을 찬미하며 예배드리는 일에 열중하였다.
>
> 삿갓집은 지붕이 삿갓처럼 생겼다. 삿갓집은 매매춘 여성 두 명이 지은 집이다. 집창촌에 있던 중에 김준호 선생의 권유로 그곳을 벗어나 무등원으로 들어와 본인들이 살 집을 크고 작은 돌들을 모아 지었다. 이곳에서는 나중에 골결핵 환우들이 기거하였다.

식당집은 은혜실 다음으로 큰 집이었다. 신심회 모임이나 회의가 있을 때는 주로 이 방에서 이루어졌다. 이곳에서는 간질 환우와 중증 장애를 지니고 있는 이들이 기거하였다. 그리고 식당집에는 창고가 있어서, 시내에서 물건이 들어오면 이곳에 저장해두었다가 다른 여러 곳의 거처로 물건을 나누어 주는 센터 역할을 하였다(소화자매원, 2006: 109~111).

개원사 옛 절터 이외에도 원효사촌 소망실, 덕산재, 기도실 등은 독특한 기능을 수행하였다. 원효사촌 소망실은 송등원에서 이주한 남자 결핵환자들이 생활하였고, 바로 옆에는 최흥종 목사가 살면서 예배를 드렸다. 덕산재에는 부모가 결핵에 걸려서 함께 살기 어렵거나 부모가 없는 소녀들이 봉사자들과 함께 살았고, 이들이 학교를 다닐 수 있도록 유안동에 있는 집을 활용하였다가 조봉으로 옮겼다.

한편, 무등산 800미터 고지에 기도실을 만들고, 구도자를 걷기 위해 출가한 젊은 봉사자들이 기도공간으로 활용했다는 것은 의미가 크다. 1962년에 구도자의 길을 찾아 출가한 윤남님 자매 등 건강한 봉사자들 7~8명이 생활하면서 기도와 영성 수련으로 김준호 선생과 김은자 자매의 영성을 이어받았다. 기도실에서 은수자들의 생활을 동경하면서 향후 예수의소화수녀회의 뿌리를 내렸다. 초기 무등원의 영성 지도자는 최흥종 목사와 이현필 선생이었는데, 점차 김준호 선생과 구도자의 길을 걷는 봉사자들로 세대 교체되었다.

소망실은 원효사 건너편에 흙으로 지어진 작은 집 두 채이다. 1962

년에 지산동 송등원에 있던 남자 결핵환자 10여 명이 이곳으로 옮겨와 살면서 이 집의 이름을 소망실이라 불렀다. 그 옆의 집에는 일반 환우 7~8명과 오방 최흥종 목사가 함께 생활하였고 식사를 담당해주는 여자 봉사자들이 기거하였다.

덕산재는 증심사에서 원효사로 넘어가는 덕산재에 마실 물이 있는 곳이 있어 집 두 채를 짓고 그 집의 이름을 덕산재라고 하였다. 박옥선을 비롯한 자원봉사자들과 소녀반 10여 명이 함께 생활하였다. 소녀반 대부분은 부모들이 결핵에 걸려 부모와 함께 살 수 없거나 부모가 없는 어린이들이었다. 자원봉사자들은 어린이들에게 한글을 가르치며 돌보았다.

시내 유안동에는 큰 집 한 채가 있었다. 무등산에서 일을 보러 시내에 내려오는 경우에 이곳에서 머물곤 했다. 덕산재의 소녀반 아이들이 학교 통학문제로 잠시 유안동 집에서 기거하기도 하였다. 이후 소녀반이 조봉으로 거처를 옮겼고, 이들을 위해 김경자 루시아 자매(현 미리내수녀회 수녀)와 김순화 아네스 자매(현 예수의소화수녀회 수녀) 등이 돌보았다.

기도실은 1958년에는 무등산 상봉 밑 800미터 고지에 작은 움막집을 지어 기도실을 마련하였다. 돌담길 뜰에는 색색의 당국화가 곱게 피어있고 기도실 주변을 둘러싼 우람한 나무들과 어울려, 크고 묵직한 산줄기들 안에서 무언가 성스러운 기운을 느끼게 하는 곳이었다. 이곳 기도실에는 1962년 23세의 젊은 나이에 구도자의 길을 찾아 출가한 윤남님 테레사 자매(현 예수의소화수녀회 총원장)와 구도의 뜻을 가진 봉사자들이 돌아가면서 생활하였다(소화자매원, 2006: 111~112).

무등원의 식량은 구호 물품인 밀가루와 옥수수가루가 주식이었고, 텃밭 가꾸기, 산나물 채취, 닭과 토끼 키우기 등을 통해 자립생활을 도모했다. 당시 무등산 곳곳에 염소를 키우고 있었기에 텃밭 가꾸기도 쉽지 않았지만, 산에서 쉽게 구할 수 있는 도토리도 식량으로 활용하였다. 어려운 환경 속에서도 뽕나무를 심거나 산 뽕을 채취하여 누에를 치기도 했다. 정부의 구호물픔만으로 살기 어려운 상황에서 자립생활 밖에는 대안이 없었다.

식량은 밀가루와 옥수수가루가 주식이었고 쌀은 금싸라기와 같이 귀했던 시절이었다. 그나마 배급되던 콩기름은 풍부해서 구운 빵을 자주 먹을 수 있었다. 박옥선 막달레나는 큰 손으로 찐빵과 구운 빵을 넉넉히 만들어서 명절이나 신심회, 식구들이 모였을 때 잔치를 베풀곤 하였다. 그중에서도 도토리빵은 아주 일품이었다. 가을에 무등산 곳곳에 널려 있는 도토리를 주워 일년내내 빵을 만들어 공동체 식구들의 끼니를 때우곤 하였다(소화자매원, 2006: 118).

스기밭은 무등산 너머 화순 이서 쪽을 향한 무등산 분원들 가운데서 특별히 깊은 산 속에 자리 잡은 곳이다. 소망실의 남자 환우들 가운데 기인현 형제는 구도자의 삶을 갈망하여 어렵고 힘든 스기밭으로 자원하여 갔다. 그는 이곳에서 황무지를 일구어 감자, 도라지, 약초, 채소를 가꾸고 닭과 토끼를 기르며 7~8명의 고아, 결핵 환우들과 함께 자립생활을 하였다(소화자매원, 2006: 113).

1960년~1965년 담양군 금성산성에서 공동체 생활이 시작되었다. 구도의 뜻을 갖고 출가한 자매들과 급성 결핵이 치유된 많은 젊은이가 이곳에서 함께 살았다. 김준호 선생은 공동체 식구들이 늘어나 구호 식량에만 의존하여 생활할 수 없다는 것을 알고 젊은 청년들과 부모와 떨어져 생활하는 청소년들을 담양에 있는 금성산성 안(논과 밭이 있었음)으로 파견하여 농사를 짓고 뽕나무를 가꾸어 누에치기를 하면서 자립생활과 영성 생활을 하도록 하였다(소화자매원, 2006: 118~119).

5) 무등원의 주요 인력

초기 무등원은 결핵환자, 노약자, 걸인, 결핵환자의 자녀와 고아 등을 보살피는 공동체이었다. 최흥종 목사, 이현필 선생, 김준호 선생을 비롯한 동광원 사람들이 중심에 있었고, 점차 결핵을 치유한 사람들과 구도의 뜻을 가진 봉사자들이 그 뜻을 이어받았다. 이현필 선생은 결핵환자 요양사업을 위해 송등원을 설립하고, 운영, 인사 문제까지 직접 지도했는데, 이것이 무등원으로 발전되었다(엄두섭 엮음, 1993: 19). 1964년에 이현필 선생, 1966년 최흥종 목사가 작고한 이후에는 김준호 선생의 영적 위로와 김은자 마리아의 따뜻한 사랑과 봉사자들의 헌신으로 유지되었다.

초기의 봉사자 중에는 변재갑 토마 형제와 장순자 릿다 자매가 있었다. 이 두 사람은 김준호 선생과는 광주 양림다리 밑에서부터 잘 알고 지내 온 오랜 친구이자 동료요 소화자매원의 뿌리이다. 김준호 선생은 1950년대 광주천 다리 밑 걸인생활을 하던 시절부터 그들을 돌보았고 인생의 긴 여정을 함께 했다. 변재갑 형제는 병원에서 퇴원한 환자를 지게에 지고 무등산에 오르곤 하였다. 또한, 최창익 베드로는 군입대 신체검사에서 결핵을 판정받고 고모가 봉사하던 동광원을 통하여 김준호 선생을 만나 이후 오른팔처럼 일하였다.

> 대부분의 환우는 병원에서도 더 이상 살 희망이 없다고 포기한 차츰 생명이 꺼져가는 이들이 대부분이었다. 스스로 혼자 걸어서는 산을 오르지 못할 상황이었기에 변재갑 형제를 비롯한 남성들이 지게로 데리고 오곤 하였다(소화자매원, 2006: 115).
>
> 최창익 베드로는 무등산의 흙집을 짓는 일, 장례 치르는 일 등 어디에나 그의 손길이 닿았고 새로 시작한 분원마다 어려운 일을 도맡아 하였다. 그는 금성산성, 전주 등지에서 자립생활을 시작하는데도 큰몫을 하였다. 한동안 하루에 한 끼만 식사하면서, 아무리 힘든 노동일을 하여도 새벽 4시 예배와 밤 예배를 늦게까지 주관하는 열렬한 신앙생활을 하였다(소화자매원, 2006: 117).

생활공동체가 곳곳에 늘어나면서 크고 작은 일거리가 많아졌다. 일부는 환자들이 했지만, 양성 환자는 노동이 불가능했기에 건강한 몇 사람이 의식주 등 모든 일을 책임져야 했다. 장마에 대비하여 지붕을 손질하고, 겨울을 나기 위해 땔감을 준비하고 김장 준비를 하였다. 특히 한 달에 한 번씩 제중병원에서 온 구호물자를 분원에 전달하는 것은 힘겨운 일이었다. 바로 그 일을 공동체의 형제와 자매 봉사자들이 도맡아 했다.

> 제중병원에서 한 달에 한 번씩 화암부락 옆 도로에 옥수수가루와 밀가루 등 식량과 물건을 내려놓고 가면, 그날 해가 지기까지 공동체의 분원 삼밭실, 덕산재, 스기밭, 권솔재, 바람재 등 공동체 분원에 배정하여야 했다. 이를 위해 몇몇의 남녀 젊은 봉사자들은 온종일 무거운 식량과 생필품을 나르는 일을 했다(소화자매원, 2006: 116).

각 분원에서 공동체 생활은 환우 중에서 지도자 격인 사람이 주도하고, 식사와 살림은 봉사자의 지원을 받는 경우가 많았다. 본부 격인 개원사 옛 절터에서 멀리 떨어진 스기밭은 자립생활을 도모하였다. 다른 분원도 정도의 차이는 있었지만, 일상생활에 필요한 제반의 일은 환우와 봉사자들이 공동체로 생활하였다.

> 스기밭의 식사와 살림은 김길님 어머니가 맡아서 봉사하였다. 기인현 형제는 성인처럼 철저한 고행과 기도, 노동, 극기를 하며 성서 말씀 중심으로 생활하며 그곳의 영적 생활은 물론 일상생활의 책임자 역할을 하였다(소화자매원, 2006: 113).

이러한 중에도 공동체 남녀 젊은이들은 김준호 선생의 가르침에 따라 예수님의 정배로서 순결하게 복음적 생활을 하는 것에 관심을 갖게 되었다. 시간이 지나면서 전국 각지에서 찾아오는 사람들이 많아져 산속 외딴 곳에는 돌담집이 하나 둘 늘어나기 시작하였다.

김준호 선생은 '신심회'를 조직하여 매월 소화테레사 성녀의 영성

즉 '작음', 아시시의 성 프란치스코 성인의 '가난'에 대해 가르쳤다. 김준호 선생의 감화로 많은 봉사자가 가정에서 출가하여 구도자의 길을 걷고, 뒤를 이어 많은 봉사자가 일생을 헌신하겠다는 뜻을 세우고 소화공동체의 구성원이 되었다(소화자매원, 2006: 116). 한편, 결핵환자를 돕는 과정에 신앙공동체로 발전한 사례는 전남 무안 한산촌의 디아코니아자매회에서도 찾아볼 수 있다.[57]

자활 시도와 사회복지법인으로 전환

1) 새 터전으로 이주와 외부 지원의 중단 위기

무등산 일대에서 결핵환자의 요양공동체는 상당한 성공을 거두었다. 하지만, 공동체의 식구들이 늘어나면서 지속 가능한 방식을 찾아야 했다. 1967년에 무등산에 제4수원지가 만들어지고, 결핵환자들이 사는 움막의 철거령이 내려졌다.

이에 무등원은 생활근거지를 무등산에서 시내로 옮기는 방안을 추진했다. 1964년에 남구 봉선동 아리랑고개에 결핵요양소(소망실)를 짓고, 1967년에 조봉골과 골매에도 건물을 지었다. 제중병원 고허번 원장의 도움으로 아리랑고개 옆 밭 500평에 48평 흙벽돌집인 결핵요양소를 짓고 무등산에 살던 남자 환우들이 이사했다. 1967년에는 한

57 여성숙 의사는 1961년 목포의원을 하던 시절에 갈 곳이 없는 10대 소년 폐결핵 환자를 자기 방에서 돌보기 시작했다. 간호사였던 동생으로 하여금 그 소년을 돌보게 했다. 토담집 한 채로 시작된 한산촌은 폐결핵 환자 50~60명이 모여들어 대규모 수용소가 됐다. 환자들을 돌보던 봉사자들은 디아코니아자매회로 성장했다. https://url.kr/YPDDId

미재단의 지원을 받아 조봉골 밭 600평에 5.6평짜리 흙벽돌집 15동, 골매 밭 500평에 5.6평짜리 결핵요양소 5동을 짓고 여자 환우들이 살았다. 1972년 5월에는 무등산이 도립공원이 되면서 요양소가 모두 철거되었다.

새 주거지로 아리랑고개를 선택한 것은 1911~1912년 인근에 광주나병원과 나환자정착촌이 설립된 것과 관련이 높다. 지금은 아파트 단지로 바뀌었지만, 당시만 하더라도 도심에서 상당히 떨어져 있고, 주변에는 마을이 별로 없어서 결핵환자들이 살 수 있는 적합한 장소이었다. 바로 옆에 귀일원이 있었다는 점도 작용했을 것이다.

무등산에서 아리랑고개로 이주는 고허번 원장과 한미재단의 지원으로 이루어졌는데, 이후 새로운 과제를 남겼다. 당시 한국은 비약적으로 경제가 성장하여 선진국이 더 이상 도와줄 나라가 아니라는 인식이 생겼고, 점차 외국 원조기관들이 철수하였다. 송등원과 무등원의 적극적인 후원자이었던 고허번 원장도 1974년에 방글라데시로 떠났고, 기독교세계봉사회 등 외부 지원도 끊기면서 위기를 맞이했다.

2) 사단법인 무등자활원과 자활 시도

김준호 선생은 자신을 대표로 1966년 8월 18일에 '사단법인 무등자활원'을 등록했다. 당시 동광원은 1965년 2월 24일에 법인설립 인가를 받았고, 1965년 9월 10일에 시설(귀일원) 인가를 받았는데, 그 다음해 '무등자활원'이란 별도 법인의 설립은 동광원에서 논란이 되었다.

사단법인의 등록은 무등산에 있는 요양시설을 아리랑고개 등으로 이주해야 하는 상황에서 외부 지원을 받기 위한 방편으로 인식되었지만, 김준호 선생의 독자 노선이란 시각도 있어서 논란이 되었다. 이 시기는 이현필 선생이 돌아가신 직후이고, 동광원이 법인을 만들고 사회복지시설을 공식적으로 시작하던 때이었다. 결과적으로 무등자활원의 등록은 동광원에서 귀일원과 무등자활원(이후 소화자매원)이 분리될 수 있는 계기가 되었다.

세월이 흘러 2008년 12월 5일에 무등산 소화자매원의 김준호 선생 거처에서 귀일원 복은순 원장 일행과 면담에서 김준호 선생은 "먹고 살기 위해, 정부보조금을 더 받기 위해 사회복지법인 귀일원 내 하나의 시설이 아닌 별도 법인을 만들어야 정부보조금을 더 받을 수 있었고, 그래야 시설 생활인들을 먹여 살릴 수 있다고 판단해 할 수 없이 분리했다"고 한다(사회복지법인 귀일원, 2010: 142).

당시 귀일원의 보호대상은 생활보호법상 시설보호를 받는 사람이었기에 정부로부터 지원을 받았지만, 무등자활원은 사단법인 명칭만 있고 정부 지원을 받기는 어려웠다. 결핵환자는 가족이 있는 경우가 많았고, 당시 생활보호법은 보호자가 없거나 있어도 보호할 능력이 없는 사람만 지원하였기에 18세 이상 65세 미만은 생활 능력이 낮아도 지원을 받기 어려웠다.

따라서 무등자활원 식구들은 자립생활을 위해 몸부림을 쳤다. 외국의 원조는 점차 끊어졌고, 농사를 지어 식량과 반찬거리를 조달했지만 늘 부족했다. 제중병원에서 환자들이 먹다 남은 잔반을 얻어다 돼지 등을 키웠지만, 돼지값 파동으로 큰 낭패를 보기도 했다. 염소를 키워 양젖을 매일 새벽에 50여 가구에 배달했다. 은인의 후원으로 산 젖소를 키워 우유를 팔기도 했다. 양돈사업 등의 실패로 빚은 늘어나고 힘든 시기를 보냈다. 자선음악회 등을 통해 후원금을 모금하는 등 자립 방안을 다각적으로 모색했지만 자립하기는 쉽지 않았다.

3) 요양공동체에서 사회복지법인으로 전환

경제적 어려움이 계속되자 무등자활원은 요양공동체에서 사회복지시설로 전환을 시도했다. 당시 아동양육시설 등이 아동복리법에 의해 정부의 지원을 받았고, 사회복지사업법에 의해 양로원, 재활원 등이 정부의 지원을 받았다. 무등자활원은 사단법인만으로는 정부 지원을 체계적으로 받기 어렵기에 사회복지법인으로 전환하고, 사회복지시설로 허가를 받는 것이 중요하다는 것을 인식했다.

1977년 무등자활원의 김천자 세라피나 원장은 새로운 시대를 열었다. 그동안 사단법인 무등자활원은 상근 원장이 없었는데 김 원장이 지도력을 발휘했다. 그는 김은자 마리아의 동생으로 동광원에서 양재 등을 가르치며 조봉골에서 지냈지만, 골매, 소망실을 자주 돌보고 영적으로 물질적으로 자활원의 책임을 맡았다. 그녀는 1964년 이현필 선생 선종후 김준호 선생을 지도자로 모시고 여성 봉사자들을 이끌었다.

1977년에 정부의 식량 지원 중단 결정으로 무등자활원 80여 명 생활은 암담했다. 이에 김천자 원장은 친구 임종례에게 어려움을 호소하고, 은사인 광주YWCA 조아라 회장에게 도움을 요청하여 시설유지 이사회의 이사장으로 모셨다. 가난과 빚에 시달리던 무등자활원은 전주 예수병원의 자선음악회를 광주에서 열어 기금을 모금했다. 1978년 자선음악회의 티켓 판매를 계기로 계림동 성당 조비오(철현) 신부와 깊은 인연을 맺었다. 이전에도 조 신부는 빈첸시오 회원들과 골매를 후원하고, 미인가시설로 자립하기 어려울 때 사비로 후원하고 공동체의 지도신부를 맡았다.

시간이 가면서 사회복지법인으로 전환하여 정부 지원을 받는 것은 추진되었다. 1981년 4월 1일 무등자활원에서 소화자매원으로 이름을 변경하고, 1984년 1월 시설유지를 위한 후원회(회장 조비오 신부)를 구성하며, 1985년 3월 16일 사회복지법인 소화자매원 설립 인가를 받았다. 초대 이사장은 조아라 회장이었지만, 1991년 2대 이사장은 조비오 신부가 되었다.

소화자매원은 1985년 6월 13일에 여자정신질환자 요양시설로 시설허가를 받았다. 같은 해 성인사회복지시설 생계비 보조금을 받아 기관을 안정적으로 운영할 수 있는 토대를 마련했다. 무등원(무등자활원)은 남녀 결핵환자를 돌보는 요양공동체이었지만, 시간이 지나면서 남자 환자들은 사망하거나 별로 남지 않았기에 여성정신질환자 요양시설로 허가를 받을 수 있었다.

1999년에 광주대교구 소속으로 예수의소화수녀회가 창설되었다. 이로써 무등원은 결핵환자 요양공동체에서 사회복지법인 소화자매원, 여자정신질환자 요양시설 소화자매원 그리고 예수의소화수녀회로 변화되었다. 소화자매원의 초창기 일원이고 예수의소화수녀회총원장인 윤남님 데레사 수녀는 '함께 일구어 온 오십년'을 이렇게 기억하였다.

"소화의 첫 출발은 1956년 무등산에서 시작하였고, 몇 년 후에 무등자활원으로 바뀌었으며 1981년에 소화자매원으로 개명되었습니다. 해외원조가 끊어지고 근 20여 년간을 미인가시설로 지내면서 백여 명의 환우 가족들 생계유지를 위하여 젖소와 양을 기르면서 공동체 온 가족이 힘겨운 중노동에 시달렸던 일, 양돈사업을 하면서 자립생활이 가능할 것이라는 희망의 꿈을 펴보았지만, 그 당시 돼지값 파동으로 거듭 실패하고 길이 보이지 않아 암담했던 일, 그러나 50년이라는 기나긴 시간 저 너머에서 우여곡절을 겪으며 가까스로 피어난 소화의 작은 꽃이 이제는 이만큼 양적으로나 질적으로 튼실하게 성장한 것이 참으로 대견스럽기만 합니다."(소화자자매원, 2006: 36).

한편, 1949년 초봄 이현필 선생과 제자들에 의해 시작된 일은 사회복지법인 귀일원과 기독교동광원수도회로 꾸준히 발전하였다. 귀일원은 현재 성인여성정신장애인을 위한 정신요양시설인 귀일정신요양원, 성인여성 지적장애인을 위한 거주시설인 귀일민들레집, 등록장애인을 위한 장애인직업재활시설인 귀일향기일굼터를 운영하고 있다. 귀일정신요양원 등은 보건복지부의 사회복지시설평가에서 전국 최우수기관으로 여러 차례 평가받았다.

2010년에는 가장 한국적인 기독교수도회인 동광원과 사회복지법인 귀일원의 60년을 조명한 『한국적 영성의 뿌리: 성자 이현필의 생애를 찾아서』와 『귀일원 60년사-맨발의 섬김으로 피어오르는 사랑』이 발간되었다.

치료에서 자활로

1950년대 중반에 광주에서 장기간 치료가 필요한 결핵환자를 돌보기 위해 요양과 자활 공동체가 설치되었다. 제중병원은 결핵환자를 치료하고 6개월이 지나면 퇴원시켰는데, 오갈 데 없는 환자들의 요양과 자활을 지원하기 위해 송등원이 설립되었고, 이후 무등산 곳곳에 작은 집이 생기면서 무등원으로 불렸다. 송등원과 무등산 일대에 생긴 결핵환자 요양공동체의 설립과 변화과정을 정리하면 다음과 같다.

첫째, 광주에서 결핵환자의 요양과 자활을 위해 제중병원 고허번 원장과 YMCA 인맥이 중심이 되어 1956년에 송등원을 준비하여 설립하고 동광원 사람들이 운영하였다. 고허번 원장의 헌신적인 활동을 보고, 광주YMCA 최흥종 목사, 박두옥 장로, 동광원 이현필 선생, 정인세 원장, 김준호 선생 등이 결핵환자를 위한 요양공동체의 설립을 주도하였다. 동광원에서 열린 수양회에서 YMCA 현동완 총무에게 도움을 요청하고, 이기붕 국회의장으로부터 지원금을 받아 송등원을 설립했다. 무등산 자락 지산동에 설립된 송등원에는 30여 명 결핵환자들이 살았고 동광원에서 운영을 주도했다.

둘째, 송등원에서 살기 어려운 양성 결핵환자들은 무등산 곳곳에 움막을 짓고 생활하면서 무등원으로 불렸다. 무등산 일대에 샘물이 나는 곳에 움막을 지어 결핵환자 등이 살았다. 삼밭실을 시작으로 800고지 옛 절터(기도실), 바람재, 화순 이서쪽 권솔재, 스기밭, 금곡동 목장터, 덕산재, 원효사촌 소망실, 개원사 옛 절터에 집을 짓고 결핵환자와 일반 환자가 살았다. 이후 소태동 원제실, 집게봉, 담양군 금성산성에 주거지를 마련했다. 시간이 지나면서 개원사 옛 절터에 세워진 집이 본부 역할을 하고, 작은 집을 분원으로 관리하였다. 샘물을 구할 수 있는 삼밭, 목장터, 절터, 금성산성 등에 작은 집을 지어 생활하고, 무등산의 자연환경을 활용하여 최대한 자립생활을 추구하였다.

셋째, 무등산에 제4수원지 조성과 도립공원 지정으로 결핵환자들이 아리랑고개로 이주하면서 김준호 선생은 1967년에 '무등자활원'을 사단법인으로 등록하였다. 1967년 무등산에 제4수원지가 조성되면서 움막 철거령이 내려졌고, 점차 아리랑고개 주변으로 삶터를 이전하였다. 1964년에 남구 봉선동에 결핵요양소(소망실)를 짓고, 1967년에 조봉골과 골매에도 건물을 지었다. 최대 후원자인 고허번 원장이 1974년에 방글라데시로 떠났고, 기독교세계봉사회 등 외부 지원도 끊기면서 무등자활원은 농사와 양돈 등으로 힘겹게 자활을 시도했다.

넷째, 김준호 선생은 봉사자와 환우들에게 소화테레사 성녀의 영성 즉 '작음', 아시시의 성 프란치스코 성인의 '가난'에 대해 가르쳤다. 김준호 선생의 감화로 많은 봉사자들이 가정에서 출가하여 구도자의 길을 걷고, 뒤를 이어 많은 봉사자들이 일생을 헌신하겠다는 뜻을 세웠다. 이것이 뿌리가 되어 시간이 지난 후 예수의소화수녀회의 창설로 이어진다.

다섯째, 사단법인으로 정부 지원을 받기에 한계가 있다는 것을 알고 사회복지법인을 설립하고 사회복지시설의 허가를 받고자 했다. 1977년에 정부의 식량 지원이 중단되자 김천자 원장은 사회복지법인으로 전환을 시도했다. 1981년에 무등자활원을 소화자매원으로 이름을 바꾸고, 1985년에 조아라 초대 이사장이 여자정신질환자 요양시설로 시설허가를 받았다. 2대 이사장인 조비오 신부의 지도를 받아 1999년에 예수의소화수녀회가 창설되었다.

요약하면, 결핵환자 요양공동체인 송등원과 무등원은 이현필 선생을 따르던 동광원공동체가 운영하였다. 이현필 선생이 세상을 떠난 후 정인세 원장이 1965년 재단법인 귀일원을 세우고 이어서 김준호 선생이 1967년 사단법인 무등자활원을 등록함으로써 점차 분리되기 시작하였다. 송등원부터 시작된 이현필 선생 제자들의 남녀 결핵환자 요양공동체는 시간이 지나면서 사회복지법인 귀일원(귀일정신요양원, 귀일민들레집, 귀일향기일굼터)과 기독교수도회 동광원, 이현필 선생 사후 김준호 선생을 중심으로 한 사회복지법인 소화자매원(소화누리, 소화천사의집, 소화성가정, 소화진달래집, 소화아람일터, 소화햇살둥지)과 예수의소화수녀회로 변화되었다. 귀일원과 소화자매원 등은 결핵환자의 요양과 자활을 성공적으로 수행하였고, 현재 정신요양시설과 장애인복지시설을 모범적으로 운영하고 있다. 오갈 데가 없는 결핵환자의 요양과 재활을 위한 공동체 운동은 오늘날 사회복지시설 운영과 수도공동체로 이어지고 있다.

결핵환자의 아버지, 카팅턴 선교사

1949년~1974년 25년간 한국에서 결핵 환자들을 치료하며, 가난과 질병으로 고통받는 이들에게 치료약과 먹을 것을 주었고 각종 구호물자로 빈민 구제에 나섰으며, 가난한 환자를 위해 자신과 가족의 식사, 옷 등 모든 것을 나누어주었다. 많은 걸인까지 거두어 그의 별명이 '거지대장'이기도 했다.

초기 송등원

결핵환자들의 생활공동체인 송등원은 최흥종 목사와 이현필 선생, 카딩턴 선교사, 현동완 중앙(서울)YMCA총무, 정인세, 박창규 전도사, 김준호 등이 힘을 모아 1958년 무등산 자락에 설립했다. 송등원이 설립되기 전에 결핵환자를 소규모로 돌본 시기가 있었다.

결핵환자촌 삼밭실

김준호 선생이 1956년부터 무의무탁한 결핵환자들과 무등산 제2수원지 위쪽에서 움막살이를 하였고, 철거 명령으로 무등산 제철유적지 근처에 있는 삼밭실에서 결핵환자를 돌본 것이 계기가 되어 무등원이 만들어졌다.

최흥종과 함석헌

1962년 무등산 원효사 계곡에서 결핵환자들과 함께 지내시던 최흥종 목사를 함석헌 선생과 전남대학교 학생들이 찾았다. 뒷줄 중앙의 수염을 기른 이가 함 선생이고, 오른쪽 옆이 최영관 학생이고, 아래 줄 왼쪽 두 번째에 낮은 의자에 앉은 이가 최 목사이다.(사진. 최영관)

'복지의 뿌리'를 정리하고 알리는 책

최원규(전북대학교 교수)

복지정보를 대중에게 친근하게 안내하는 일에 헌신하고 있는 이용교 교수께서 이번에 펴낸 『사회복지 역사와 인물』은 호남지역, 특히 광주와 전남지역의 근현대 사회복지 역사에 관한 안내서이다. 일찍이 『이야기 사회복지』(1993)를 통해 우리나라 복지 형성기에 활약했던 주요 인물들과 인터뷰를 수행하고 그 결과를 정리한 이 교수의 사회복지 역사에 관한 관심은 『시설과 인물1』(1999)을 통해 더욱 깊이를 더해갔고, 마침내 재직한 광주대학교 사회복지전문대학원 학생들과 함께 작업한 『한국 사회복지를 개척한 인물』(2013)로 결실을 맺었다. 이번의 저작에는 그간의 저작들, 특히 2013년 저작의 내용을 좀 더 보완하고 발전시킨 내용이 담겨있고, 거기에 더해 광주·전남·전북을 중심으로 하면서 한국의 사회복지 역사에 관해 부문별로 개관한 내용을 담았다.

이들 저작들에 담긴 이 교수의 뜻은 분명하다. '복지의 뿌리'를 정리하고 알리자는 것이다. 구체적으로 이 교수는 "광주 사회복지의 역사를 만들어 온 선각자들은 어떤 뜻으로 사회복지를 시작하였고, 어떻게 실천하였는지를 알고 싶었습니다"라고 하면서 1601년 영국 엘리자베스 구빈법은 잘 알면서도, 우리나라에서 구빈법 혹은 공적부조와 관련된 법과 실제에는 무지한 실정을 극복하고자 함을 밝히고 있다.

1970년대 서구 사회정책학자 중에 예컨대 제임스 미즐리James Midgley나 스튜어트 맥퍼슨Stuart Macpherson과 같이 제3세계 사회정책을 연구한 학자들이 있었다. 그중에서 남아프리카공화국에서 태어나 그곳에서 사회정책을 공부한 후 영국에서 학위를 취득한 미즐리 교수는 자신이 고국에서 공부할 때 영국의 구빈법 등에 대해 많은 것을 배웠지만, 정작 고국과 아프리카 여러 지역의 전통적인 복지와 그 이후의 발전에 대해서는 무지했었다는 점을 고백하고, 그래서 자신이 제3세계의 사회정책에 관심을 갖게 되었음을 술회한 바 있다. 그는 특히 제국주의 세력이 제3세계에 진출하여 전통 사회복지를 약화시키거나 혹은 왜곡시켰고, 자국의 케케묵은 사회정책들을 식민시에 이식했으며, 식민시 국가의 독립 이후에도 제국주의적 지배-피지배 관계를 유지하고자 했음을 드러낸 바 있다. 그에 따르면 제국주의 초기 진출 과정에 성경을 든 선교사들이 주요한 첨병으로 활약했다는 것이다.

이 교수의 이번 저작에도 요약되어 소개된 전통사회에서의 사회복지는 어떤 모습이었는지, 그것은 제국주의 열강의 침략 과정에서 어떻게 변형, 왜곡 또는 중단되었는지 등은 사회복지역사 연구에서 중요한 주제들이다. 구한말 이래 서세동점 추세에 따라 조선 및 대한제국은 서구 열강의 주요한 표적이 되어왔다. 강화도 조약을 통하여 일제가 문을 연 조선에 미국, 영국 등 서구 열강들이 진출한 것은 모두가 아는 사실이다. '성경과 대포'라는 두 개의 단어로 요약되는 서구 제국주의의 진출에서 부드러운 방법으로 대상국 민중에게 우호적인 생각을 심어주기 위한 선교사의 진출이 선행되는 경우가 많았다. 개신교 혹은 구교(가톨릭) 선교사들은 성경을 앞세우면서 의료, 교육 및 사회사업을 통해 민중에게 친숙하고도 절실하게 다가갔다. 선교사 및 그들을 보냈던 제국주의 본국의 선교조직들은 기독교 복음의 전파를 위한 크고 작은 희생을 감수할 만큼 열렬하게 무장된 젊고 유능한 선교사들을 보냈던 것이다.

19세기 말 미국 개신교의 복음주의 신앙 기조는 아시아나 아프리카의 많은 민중에 대한 기독교 전파를 강조하는 흐름을 만들어냈고, 그 결과 조선은 개항 이후 짧은 기간에 미국을 위시한 여러 제국주의 국가들에서 온 신·구교 선교조직들이 협의하여 선교 구역을 분할하기에 이르게 된다. 그 결과 전라관찰사의 관할지(전라남북도 및 제주도)는 미국 남장로교의 선교 구역으로 정해졌고, 그에 따라 군산과 목포 등 개항장을 통해 미국 남장로교 선교사들이 유입된다. 그들은 광주와 목포, 전주와 군산 등 호남의 주요 거점에서 의료시설, 교육시설 및 사회사업 시설들을 세우면서 교세를 확장해나갔다. 이때 호남지역에 들어온 선교사들에 의한 현저한 사랑의 실천이 이 지역 사회사업 및 의료사업, 교육사업의 뿌리가 되었다.

한편 선교사들의 선행에 감동을 받거나 자극을 받은 한국인들이 교회와 긴밀하게 협력하면서 혹은 독자적으로 현실에서 필요한 다양한 사회사업들을 전개하기 시작하였다. 해방 후 여순사건이나 이후 한국전쟁 및 빨치산 토벌작전 등 정치적 격동기에 많은 복지대상자가 발생하였고, 그에 대한 대응에서 때로는 교회들과 협력하여, 또 때로는 한국인들이 독자적으로 복지대상자들의 욕구를 충족하기 위한 시설 설립 등의 사회사업을 시작하였던 것이다. 요컨대 구한말부터 해방 후에 이르기까지 호남지역의 사회사업은 이 지역의 역사적 격동과 관련, 다양한 양상으로 전개되었다고 할 수 있다. 이 교수님의 이번 저작에서는 이 가운데 여러 주제들을 다루고 있어, 광주·전남·전북·제주지역의 지역복지사에 관심이 있는 독자나 연구자를 위한 훌륭한 길잡이가 되고 있다.

7

광주 사회복지에서 장애인복지의 변화

나환자를 품은 광주

조선시대까지 대표적인 복지제도는 춘궁기에 양식이 없는 사람에게 곡식을 빌려주고 추수기에 받는 환곡제도와 더불어 사궁 대책이었다. 홀아비, 과부, 부모없는 고아, 자녀가 없는 독거노인 등 환과고독鰥寡孤獨은 가족의 돌봄을 제대로 받지 못한 사람들로 가장 대표적인 복지대상이었다. 조선시대에는 지방관의 책임하에 겨울부터 봄까지 유기아와 행걸아를 보호하는 집(토담집)이 있었고, 조선시대 말에는 주로 선교사들이 운영하는 고아원과 양로원, 지역유지들이 운영하는 고아원이 있었다. 이러한 시설은 한양 등 인구 밀집 지역에 있었고, 당시 광주에 사회복지시설이 있었다는 기록은 찾기 어렵다.

늘어난 나환자를 치료하기 위해 1911년에 봉선리(현 봉선동)에 '광주나병원'을 개원하였다. 나병원을 짓게 된 결정적인 계기는 최흥종의 헌신적인 활동 덕택이었다. 그는 1909년부터 나환자를 치료하는 일을 돕고 봉선리에 '광주나병원'을 건립하도록 적극 지원하였다. 광주나병원은 영국 선교단체의 지원을 받아서 E자 형으로 지어졌다. 양쪽은 각각 남녀 공간이고 가운데는 치료와 선교 그리고 각종 활동의 공간으로 사용되었다. 광주나병원은 치료소, 숙소, 학교, 교회, 작업장 등 복합적인 기능을 하였다. 오늘날 장애인복지시설·기관은 재활원, 재활병원, 특수학교, 교회, 보호작업장 등으로 세분되었는데, 당시에는 한 시설에서 복합적인 기능을 수행하였다.

광주 인구가 늘어나면서 나환자를 이주시켜야 한다는 여론이 형성되어 1926년부터 전남 여천군(현 여수시) 율촌면에 애양원을 만들고 단계적으로 이전하여 1928년에 완료했다. 당시 나환자들은 사흘 동안 걸어서 이주하였다. 광주나병원이 나환자를 품을 수 있었던 것은 제중원 원장 윌슨의 치료, 의료선교사 서서평의 간호, 최흥종 선생의 헌신으로 가능했다. 광주나병원의 설립과 운영을 계기로 최흥종 선생은 평생을 '나환자의 아버지'로 살았다.

불구폐질자의 보호와 자활

복지의 주된 대상이 환과고독에서 "불구폐질·질병·상이 기타 정신 또는 신체장애로 인하여 노무를 하기에 장애가 있는 자"로 확대된 것은

1944년 조선구호령이었다. 이전에도 맹인, 농인, 지체장애인 등 오늘날 장애인으로 분류되는 사람들에 대한 보호가 있었지만, '불구폐질자' 혹은 '신체장애자'로 명시적으로 구분된 것은 조선구호령으로 제도화되었다. 불구폐질자 혹은 신체장애자가 구분된 결정적인 계기는 1931년에 시작된 만주사변과 이후 중일전쟁, 태평양전쟁으로 이어지면서 상이용사들이 늘어나면서 이들에 대한 지원이 필요했기 때문이다. 1945년에 일본이 패망하면서 조선구호령은 제대로 시행되지 않았지만, 그 내용은 미군정기의 후생국보3C호와 정부수립 이후 1961년 생활보호법으로 이어졌다.

광주에 있는 사회복지시설 중 가장 오래된 무등육아원의 연혁을 보면, 1928년 6월 13일에 부랑걸식 폐질환자 22명으로 개원하였다. 1930년 12월 1일에 광주공제조합으로 칭했고, 1956년 2월 6일에 광주 무등육아원으로 개칭하였다. 초기에는 유랑걸식하는 폐질환자를 보호하였고, 아동에서 노인까지 연령 구분이 없었다. 생활하면서 상태가 나아진 어른들은 점차 나가고, 아이들만 남으면서 무등육아원으로 정착되었다.

무등육아원이 만들어진 시기는 일본에서 구호법이 제정된 1929년과 관련되었다. 조선은 일제에 강점되었기에 일본 구호법의 영향을 받았다. 또한 무등육아원이 설립된 위치에 주목할 필요가 있다. 도심에서 조금 떨어진 무등산 자락으로 계곡물을 취수하고, 논밭에서 농사를 지어 자립하기에도 안성맞춤이었다. 근처에 있는 다리는 "배고픈 다리"(현 홍림교, 과거에 '선거리'로 불림)로 불렸는데, 그 이름의 유래를 다리의 안쪽이 꺼져서 배고픈 사람 배처럼 생겼다는 설과, "배舟의 고를 푼 자리"라는 뜻에서 유래되었다는 설이 있다.

이 지역은 증심사의 입구로 조선시대에 광주와 화순을 잇는 길옆에 분수원分水院이 있었고 주막거리가 형성되었다. 한국민족문화대백과사전에 따르면, 원은 공적인 임무를 띠고 지방에 파견되는 관리나 상인 등에게 숙식 편의를 제공하던 공공 여관으로 흔히 역驛과 함께 사용되었다. 원은 교통 사정이 원활하지 못한 당시에 여행자를 도둑이나 맹수로부터 보호하고, 사신 접대와 숙식을 제공했으며, 지방에서 기로연耆老宴(나이가 많은 정2품 이상의 문신을 예우하기 위해 베푼 연회) 실시와 진제장賑濟場을 두어 굶는 사람들을 구제하였다. 조선시대에 1,310개소의 원이 대로大路, 중로中路, 소로小路의 역·관과 인접한 지역에 설치되었다. 한양에서는 동대문 밖 보제원普濟院, 서대문 밖 홍제원弘濟院, 남대문 밖 이태원梨泰院 등이 대표적이었다.

배고픈 다리는 "배의 고를 푼 자리"에 있는 다리라는 호남신학대학교 차종순 총장의 주장은 오늘날의 시각에서 보면 다소 엉뚱하다. 하지만, 1978년에 영산강 하구둑이 생기기 전에는 영산포까지 큰 배가 들어왔고, 작은 배는 광주와 담양까지 왕래했다. 해방 후에도 "양림동에 샘을 파면 짠물이 나왔다"는 신애원 김오현 이사장의 증언 등을 고려할 때 광주천을 따라 운행한 배는 증심사 입구에 있는 선착장에 고를 풀었을 수 있다.

무등육아원에서 행복재활원이 분리되었다는 것도 의미심장하다. 해방과 6·25전쟁을 거치면서 폭발적으로 늘어난 육아시설을 정비하는 과정에서 국가는 건강한 아동과 신체허약아 등을 구분하여 보호하였다. 행복재활원의 연혁을 보면, 1956년 12월 27일에 동산보육회 설립인가를 받고, 1957년 4월 22일에 '신체허약아' 보호를 위해 행복원 시설인가를 받았다. 1963년에 다시 행복원으로 갱신 인가를 받았고, 1974년에 심신장애인 재활시설로 목적을 변경하였다. 두 시설의 연혁을 보면 최초에는 연령 구분 없이 보호하다가, 점차 아동만 보호하고(무등육아원), 신체허약아(혹은 심신장애자)를 구분하여 보호하는 방식(행복원)으로 정립되었다. 이 시기 장애인은 어린 시절에 신체가 매우 허약한 사람만 공적 보호를 받았고, 정신장애인과 지적장애인 등은 공적 보호를 체계적으로 받지 못했다.

부랑인과 결핵환자의 보호

해방이 되고 정부가 수립되었지만, 성인 장애인에 대한 사회적 관심은 매우 열악했다. 1944년에 제정된 조선구호령은 보호 대상을 "65세 이상의 노약자, 13세 이하의 유자, 임산부, 불구폐질·질병·상이 기타 정신 또는 신체장애로 인하여 노무를 하기에 장애가 있는 자"로 규정하였지만, "불구폐질·질병·상이 기타 정신 또는 신체장애로 인하여 노무를 하기에 장애가 있는 자"는 주된 관심 대상이 아니었다. 특히, 6·25 전쟁 때 전쟁고아가 폭발적으로 증가되고 외국 원조단체도 고아와 과부에 대한 지원을 우선으로 하였다. 장애인 중 아동은 아동복지의 틀에서 다루어졌지만, 성인 장애인에 대한 공적 대책은 거의 없었다.

당시 가족의 보호를 제대로 받지 못한 장애인은 유랑걸식하는 부랑인으로 사는 경우가 많았다. 광주 부랑인은 광주천 주변에 움막을 짓고 살거나 다리 밑에서 살았다. 이현필 선생과 그 제자들은 봉선동 밤나무골 일대에서 걸인과 빈민을 구제하였다. 이현필 선생은 1948년 여순사건으로 발생된 고아 8명을 1949년부터 화순군 도암면 청소골에서 키웠고, 이를 계기로 1950년에 최흥종, 김천배, 정인세 등 지역 기독교지도자들과 함께 동광원東光園을 운영하였다. 1954년에 동광원에 살던 아동들은 전남 여러 지역으로 분산 배치되었다.

6·25전쟁 직후 결핵이 만연되었고 제중병원에는 한강 이남에서는 유일하게 결핵 병동이 있었기에 밀려드는 환자를 입원시켜 6개월만 치료하면 퇴원시키는 정책을 실시했다. 당시 환자들은 전염이 되기에 가족과 함께 살기도 어려워 무등산으로 들어가서 사는 경우가 많았다. 환자를 돕기 위해 최흥종 목사, 이현필 선생 등이 1956년 말에 송등원松燈園을 설립하였고, 동광원 사람들이 중심이 되어 운영하였다. 1962년 송등원은 폐원되었고 1964년 이현필 선생이 돌아가신 후 김준호 선생이 중심이 되어 무등원으로 발전시켰다.

현재 광주에서 가장 오래된 부랑인 보호시설인 광주희망원의 연혁을 보면 박금현 원장이 1956년 7월 1일에 서구 광천동 하천부지에 '무등갱생원'(홈페이지에는 '무궁갱생원'으로 나옴)의 설립에서 비롯되었다. 광천동 일대는 하천부지이었고, 전쟁 피난민들이 많이 거주했다. 무등갱생원은 1957년 4월 1일에 서구 월산동 595번지로 이전하고, 1961년 11월 25일에 전라남도로부터 부랑인 특수시설로 지정되었다.

1981년 11월 17일에 동구 용산동 630번지에 광주시립갱생원이 만들어지고 박금현 씨가 계속 운영하게 된다. 당시 갱생원은 전국 주요 도시에 만들어지는데, 이름만 '시립'이고 그동안 갱생원을 운영했던 시설장이 운영했다. 시립갱생원이 있는 자리는 현재 제2순환로와 그 주변에 아파트단지가 형성되었지만 6·25전쟁 때 민간인을 집단으로 죽여 매장시켰던 오지이었다. 초기에 갱생원에 대한 국가의 지원은 육아원에 비교하여 빈약했다. 육아원은 보호자가 없거나 있더라도 보호자가 보호하기에 부적절한 아동을 보호하였기에 인력을 배치하고 생계비 등을 지원하였다. 갱생원은 각종 장애나 질병이 있더라도 노동능력이 있는 사람이 적지 않았기에 일을 통해 자활하고 부족한 것만 정부가 지원하는 수준을 유지하였다.

부랑인 중 정신장애인이나 알콜중독자 등은 가족이 있더라도 외면받았기에 도움을 받을 수 없었다. 초기에 이들을 보호한 사람들 중 목회자들이 많았다. 기독건강병원과 빛고을정신요양원(나주 소재)의 뿌리가 된 은성원을 설립한 은희남 목사가 대표적이다. 그는 1969년에 광주내방교회에서 목회할 때 갱생원을 방문하여 시설이 매우 열악한 것을 보고 어머니 홍승애 권사의 후원으로 그해 6월 5일에 행려정신질환자 요양시설인 '사랑의집'(내방동)을 운영하였다. 이후 교회를 그만두고 본격적으로 사랑의집을 운영하였다. 정신질환자를 보호하는 과정에 목사가 "의료행위를 한다고 검찰의 조사를 받는 등 곤욕"을 치룬 것이 계기가 되어 장녀와 장남이 의사가 되었다고 한다.

1950년대에서 1960년대까지는 광주에서 각계각층이 부랑인과 결핵환자를 돕기 위해 다양한 방식으로 참여했다. 천주의성요한의료봉사수도회 아일랜드 관구 소속 수사들은 1950년대 후반 새로운 곳을 찾고 있었다. 광주 대교구장 현 헤롤드 주교가 아일랜드를 방문하여 수도회를 초대하고, 아일랜드 관구는 1958년에 5명의 수사들을 한국에 파견하였다. 북구 임동에 땅과 건물을 구입하여 현대식 병원으로 개축하고 수도원을 신축하여 1960년 1월 2일에 천주의성요한병원을 개소했다. 1968년에 수도회는 첫 한국인 지원자를 받아들이면서 의료봉사활동에 활기를 띠기 시작했다. 1973년에 정신과 외래 진료를 시작하고 1975년에 국내 최초 정신과 주간센터를 개원하였다.

장애인시설과 특수학교

광주에서 가장 오래된 장애인시설인 광주영광원과 특수학교인 광주세광학교의 역사를 보면, 장애인시설과 특수학교의 변천을 알 수 있다. 광주영광원은 1954년 7월 1일에 구동 12번지에서 전남영광원과 맹학원(초대 원장 김택만)으로 설립되었다. 장애인시설에 특수학교가 함께 설치된 경우가 많았는데, 1961년 4월 6일에 교육부로부터 '전남맹학교'(초등·중학교)로 인가받았다. 같은 해에 시설 설치 허가를 받고, 사회복지법인 전남영광원 설립허가를 받았다. 1962년에 학3동 901번지로 이전하고, 1987년에 덕흥동으로 이전하였다. 1990년에 시설명칭이 광주영광원, 광주세광학교로 바뀌고, 고등학교 설립인가를 받았다. 1995년에 유치원과 2003년에 고등학교 이료직업재활과정을 인가받아 유치부로부터 고등부와 직업재활과정까지 설치되었다.

광주인화학교는 1956년 10월 1일에 전남농아원으로 창립되었고,

1960년 4월 17일에 전남농아학교 설립인가를 받았다. 1962년에 재단법인 전남농아원 법인허가를 받고, 1963년에 시설허가를 받았다. 1964년에 중학부 설치허가를 받고, 1972년에 사회복지법인으로 전환되었다. 1981년에 광주인화원으로 바뀌고, 동구 학동 901번지에서 서구 봉선동 산 38-1로 이설했다가, 1993년에 광산구 삼거동 산 603-1번지로 이설되었다. 1993년에 유치부, 고등부 설치허가를 받고 2012년에 폐교되었다.

광주선명학교는 1978년 4월 29일에 공립 특수학교 설립 인가를 받고 1980년에 개교하였다. 1983년에 초등부가 완성되고, 1986년에 중학부 증설과 유치부 병설, 1989년에 고등부 증설되어 유치부부터 고등학교까지 25학급이 완성되었다.

은혜학교는 1982년 9월에 임동성당 내 씨튼조기교육센터로 시작되었다. 1983년 11월에 지체장애 아동을 위한 초등부를 인가받고, 1984년 3월에 은혜학교를 개설하고, 6월에 유치원을 인가받았다. 1985년에 북구 오룡동 산 8번지로 이전하고, 1986년 중학부, 1989년에 고등부를 인가받았다.

광주선광학교는 1986년 1월 20일에 설립 인가를 받고, 3월 25일에 비아초등학교 가교사에서 초등·중학교로 개교하였다. 1987년에 광산구 신가동 303번지로 이전하여 1991년에 25학급을 편성하고, 1997년에 전공과를 설치했다. 지적장애와 발달장애를 포함한 특수교육 대상자를 위한 학교로 발전하였다.

요약하면, 초기에는 시각장애인과 청각장애인 등 중증장애인의 거주시설에서 특수학교를 개교하였다가 점차 공립 특수학교의 개교로 확대되었다. 1954년에 시각장애인을 위한 영광원에서 맹학교를 열고, 1956년 농아원에서 농아학교(광주인화학교)를 개교하였다. 이후 광주선명학교(1978년), 은혜학교(1984년), 광주선광학교(1986년)가 초등부와 중학부를 개설하고 점차 유치부와 고등부를 개설하였다. 초기에는 중증장애인을 위한 특수교육을 실시하고, 점차 지적장애와 발달장애인을 위한 특수교육으로 확장시켰다.

장애인종합복지관과 특화 복지관 등

1970년대까지 장애인복지는 중증장애인이나 아동 장애인에 집중하였고, 경증장애인과 성인 장애인에 대한 관심은 매우 빈약했다. 1988년 1월 1일에 개관한 광주광역시장애인종합복지관은 집에 거주하는 성인 장애인을 위한 시설이었다. 1981년 6월에 심신장애자복지법이 제정되었고, 1988년에 장애인올림픽을 앞둔 시점에 장애인의 교육, 재활, 고용, 여가생활 등은 중요한 관심사이었다. 1982년 12월 17일에 서울장애인종합복지관이 개관되었고, 정부는 장애인종합복지관을 시·도에 1개소씩 설치하고자 하였다.

광주지역에서는 장애인재활협회가 중심이 되어 공동모금을 하고, 정부 지원을 받아서 1988년에 장애인종합복지관을 설립했다. 이 복지관은 점차 시설과 프로그램을 확충하고 인력도 더 충원하였다. 1992년에 재가장애인 순회재활서비스센터(현, 재가복지봉사센터), 1995년에 장애인종합체육관과 직업훈련실, 2000년에 장애인특별운송사업(순환버스, 콜차량)을 개시하였다. 2004년에 수탁기관이 장애인재활협회에서 사단법인 광주장애인총연합회로 변경되었고, 2005년에 문화센터를 개소하였다. 2007년에 여성장애인 역량강화사업 수행기관으로 선정된 이후 여성장애인을 위한 사업을 확충했다. 수탁기관의 변화는 장애인계의 무게중심이 재활의학과 의사, 특수교사, 사회복지사 등 전문가집단에서 점차 장애인 당사자로 바뀌었다는 것을 상징한다.

이후 장애인복지에 대한 수요가 늘어나면서 1개 구에 1개씩 장애인복지관이 설립되었다. 광산구·동구·서구·남구 장애인복지관, 북구장애인직업재활센터 등이 설립되었다. 가장 먼저 설립된 광산구장애인복지관은 2003년 3월 7일에 개관되고, 그해 아산사회복지재단으로부터 '중증 장애아동의 재활치료 및 감각활동 증진 프로그램'을 지원받았다. 2005년에 재가복지봉사센터, 하남 IT PLAZA(다기능정보이용센터)를 개소했다. 2006년에 장애영유아를 위해 어린이집을 개원하고, 장애이해전문교육센터를 운영했다. 2007년에 장애인활동지원사업, 2008년에 장애인복지일자리사업 수행기관으로 선정되었다. 2009년에 장애아동재활치료사업 제공기관, 장애인정보화 집합교육기관으로 선정되고, 2012년에 '악기로 세상과 소통하는 장애인·비장애인 밴드 'OPEN SPACE' 사업'이 선정되었다. 2014년에 위탁운영방식에서 광산구청의 직영으로 바뀌고, 광산구장애인취업지원센터를 개소하고, 취업박람회를 개최하였다. 장애인복지관은 정부가 역점적으로 추진하는 장애인복지사업을 수행하고, 장애인과 부모의 욕구를 고려하여 특화사업을 실행하였다.

이 밖에도 광주에는 엠마우스복지관, 시각장애인종합복지관, 실로암사람들이 있다. 엠마우스복지관은 지적장애인·자폐성장애인, 시각장애인복지관은 시각장애인을 위한 복지관이고, 사단법인 실로암사람들은 장애인을 위한 교육, 문화, 권익옹호 등에서 전문성을 인정받고 있다.

엠마우스복지관은 사회복지법인 무지개공동회가 운영한다. 엠마우스는 성골롬반 외방선교회 천노엘 신부가 1981년 1월에 월산동에 위치한 주택에서 지적장애인과 봉사자와 함께 공동생활가정을 운영하였다. 당시 지적장애인·자폐성장애인은 다른 장애인과 함께 살아 장애인 중에서도 소외를 받았다. 천노엘 신부는 천주교 광주대교구 유지재단 소속으로 지적장애인·자폐성장애인의 능력 증진과 삶의 질 향상을 위한 특수교육, 직업훈련, 사회적응훈련은 물론 긍정적인 이미지 보급을 위해 '정신박약아'라는 용어 바꾸기 운동, 사회통합운동 등을 체계적으로 시행하였다. 1985년에 북구 운암동에 장애인 이용시설인 엠마우스복지관을 설치하고, 1987년에 미취학 아동을 위한 조기교육센터를 개관하였다. 1991년에 보호작업장, 엠마우스교육관, 1993년에 주간보호센터, 1993년에 무지개체험장, 1996년에 엠마우스산업, 2000년에 엠마우스어린이집과 보호작업장을 설치하였다.

시각장애인복지관은 1981년 5월 1일에 설립된 한국맹인복지협회가 1982년 4월 13일에 광주전남지부를 설립한 것에서 비롯되었다. 협회는 1986년에 회관건립추진위원회를 결성하고, 1988년에 착공하여 1989년에 회관(지하 1층 지상 2층)을 준공하였다. 1991년에 심부름센터를 시작하고, 1999년에 점자도서관을 개관하였다. 2000년에는 광주광역시시각장애인연합회로 법인을 설립하고, 장애인무료직업소개소를 개소하였다. 2008년에 광주광역시로부터 보조금 12억 원을 지원받아 복지관 신축공사를 시작하여 2009년 광주광역시시각장애인복지관(대지면적 649m^2, 연면적 1,210m^2)을 개관하였다.

1976년 7월 15일에 창립된 실로암사람들은 지난 40년을 3시기로 자체 평가했다. 제1기 꿈이 자라다(1976~1991년)는 1977년부터 월간 '실로암'을 발간하고, 1981년에 실로암중창단 창단, 장애인캠프(연 1회), 1983년에 여성장애인 생활시설인 실로암재활원, 1990년에 장애인결혼상담실, 하나된 소리 공연(연 1회), 민들레작은도서관, 1991년에 실로암재활매장 개설 등이다.

제2기 꿈이 달려가다(1992~2004년)는 1992년에 목요일 밤에 채플을 시작하고, 장애인부부상 시상(연 1가정), 1996년에 실로암수화학교, 장애인야학 꿈을 나누는 사람들 개설, 장애인문학회, 수화찬양단과 목요찬양단 창단, 장애청소년 통합캠프(연 1회)를 실시하였다. 2000년에는 사단법인 실로암사람들로 인가를 받았고, 2002년에 열린문장애인자립생활센터, 2003년에 실로암장애인문학상(연 1회), 2004년에 광주장애인인권상 시상식(연1회)을 시작하였다.

제3기 꿈이 타오르다(2005년~현재)는 2005년에 꽃피는집 공동생활가정(성인 남성), 무진장애인장학회, 골목길음악회(연 2회)를 시작하였다. 2006년에 광주장애인가정상담소, 홀더 쌍촌동 공동생활가정(여성 청각), 2007년에 홀더 금호동 공동생활가정(남성 청각), 홀더지역아동센터, 항꾸네 공동생활가정(성인 여성), 오방장애인자립생활센터를 개소하였다. 인화학교 사건의 피해자들이 인화원을 나와 새 거처를 마련해야 할 때 실로암사람들이 적극 나섰다. 2009년에 실로암장애아동재활치료센터(치료바우처 서비스), 실로암장애인평생교육원, 장애인차별상담전화, 여성장애인가정폭력피해자보호시설 새날, 월곡홀더 공동생활가정(남성 청각)을 개원하고, 탈시설장애인 자립주택지원사업을 실시하였다. 2010년에 아하장애인가족지원센터, 2011년에 라브리주간보호센터, 장애인활동지원기관 선정(오방장애인자립생활센터), 카페홀더 1호점 개업(광주도시철도공사)이 이어졌다. 2012년에 장애인극단 그래도를 창단하고, 카페홀더 사회적기업으로 인증받았다. 2013년에 카페홀더 2호점을 개업(광산구청)하고, 사회적협동조합 홀더를 창립하여 실로암으로부터 분립되었다. 광주광역시 장애인임대주택 지원사업을 시작하고, 장애인북카페 들(각화주공 상가)을 개소하였다. 2015년에 천천공동생활가정(성인 여성)을 개원하였다.

실로암사람들은 초기에 실로암재활원을 개원하는 등 여성장애인 관련 사업을 집중하였고, 학습, 문학, 캠프, 공연 등 새로운 활동을 시작하면 매년 1회 이상 지속적으로 수행하였다. 특히, 인화학교 성폭력 사건의 피해자를 지원하면서 공동생활가정, 지역아동센터 등 작은 규모 시설을 운영하고, 이후 장애인의 주거, 학습, 취업 등 욕구에 맞는 새 사업을 기획하였다. 실로암사람들은 장애인 당사자와 사회복지사 등 전문인력이 중심이 되어 장애인의 인권증진을 위한 다양한 사업을 개척했다는 점에서 돋보인다.

소규모 보호와 자립생활 그리고 인권운동

광주에서 장애인(인권)운동은 이른바 '도가니 사건'을 계기로 크게 달라졌다. 2000년부터 5년 동안 광주인화학교에서 일어난 청각장애 아동을 대상으로 교장을 비롯한 교직원들이 저지른 성폭행 사건은 사회문제화되었지만 덮어졌다. 공지영 작가가 쓴 '소설 도가니'가 2011년에 영화로 만들어지면서 이 사건은 큰 반향을 일으켰다. 인화학교에서 피해를 받은 장애인들은 새로운 삶터를 찾아 2006년에 공동생활가정으로 옮기고, 지역아동센터 등에서 학습하면서 역량을 키웠다. 영화 도가니가 잊혀진 사건을 사회문제화시키면서 인권에 기반한 사회복지를 실천할 수 있도록 사회복지법인에 외부 추천 이사가 참여하는 내용을 포함하여 사회복지사업법을 개정하였다. 광주지역 장애인계가 도가니 사건을 주도적으로 끌어갈 수 있었던 것은 광주장애인차별철폐연대(장차연)가 활동가들을 조직화하고 협상력을 키웠기 때문이었다. 장차연은 2001년에 이동권 투쟁을 중심으로 역량을 키우기 시작하였다. 장애인이 시내버스나 지하철 등을 이용할 때 차별받지 않는 세상에서 살고 싶다는 운동은 2005년에 전국장애인차별철폐연대를 통해 더욱 조직화되었다.

엠마우스복지관은 그룹홈운동을 시작하여 전국적인 모델을 제시하였고, 실로암사람들은 인화학교 출신을 위해 그룹홈을 만들어 소규모 보호 양식을 확산시켰다. 우리이웃은 2000년부터 오치주공아파트에서 장애인 자립생활을 시도하고, 체험홈에서 생활한 생활인들은 인터넷을 통해 장애인 자립생활의 중요성을 역설하고 장애인활동가로 성장하였다.

한국 장애인운동이 장애인재활협회를 중심으로 했던 시기를 지나, 지체장애인협회가 중심에서 장애인총연합회를 꾸려 활동할 때, 광주에서는 장애인차별철폐연대와 경쟁하거나 협력하면서 장애인운동을 주도하였다. 2016년 양 단체에 참여하는 단체와 기관들이 광주장애인정책연대를 만들어 4·13 총선에 장애인 공약을 제안한 것은 새로운 흐름의 신호이었다.

광주 장애인복지를 요약하면, 1909년 천형으로 알려진 나병환자를 치료하고 보호하며 이들이 자립할 수 있도록 광주나병원을 만들고 여수애양원으로 발전시켜 장애인복지의 본보기를 제시했다. 고아, 부랑인 등 무의무탁한 불구폐질자 등을 위한 시설보호로 출발하여 점차 집에 사는 성인 장애인과 경증장애인(주로 발달장애인)을 위한 재가복지를 포함하여 모든 장애인을 위한 생애주기별 복지를 발전시켰다. 1950년대 시각장애인과 청각장애인 아동을 위한 시설보호와 특수교육을 시작하였고, 점차 공립 특수학교가 초등부와 중등부를 개척하고, 마침내 유치부에서 고등부까지 생애주기별 교육과정을 완성하였다.

집에서 사는 장애인 특히 성인 장애인의 사회활동과 고용을 촉진하고, 다양한 문화생활을 지원하기 위해 장애인종합복지관이 설립되고, 점차 구 장애인복지관이 증설되었다. 또한 엠마우스복지관, 시각장애인복지관 등 특성화된 복지관이 만들어지고, 실로암사람들은 장애인의 교육·문화·재활 등을 통해 인권증진에 크게 기여하였다. 인화학교에서 성폭력사건은 아픈 일이었지만, 이를 해결하는 과정에서 인권에 기반한 복지서비스를 제공할 수 있도록 사회복지사업법을 개정하도록 한 것은 장애인운동의 성과물이었다.

초기에는 독지가, 재활의학과와 특수교육 그리고 사회복지 전문가들이 장애인복지에 대한 여론을 형성하였지만, 점차 장애인 당사자들의 목소리가 커졌다. 장애인운동의 무게중심이 장애인재활협회에서 지체장애인협회로 바뀌고, 이후 장애인총연합회와 장애인차별철폐연대가 쌍벽을 이루었으며 광주장애인정책연대를 통해 목소리를 내기도 했다.

광주지역은 여성장애인 운동도 매우 활발해서 한국여성장애인연합을 만들고, 그 중심에 선 곽정숙 회장은 국회의원으로 사회복지사업법의 개정과, 사회복지사 등의 처우 및 지위향상을 위한 법률 제정에서 큰 역할을 했다. 공동생활가정 등 소규모 시설의 확산, 자립생활의 제도화에 기여하였고, 특히 발달장애인 권리보장 및 지원에 관한 법률을 제정할 때 장애인부모연대 등을 통해 여성 장애인·사회복지사·부모의 역할은 매우 돋보였다. 이처럼 장애인운동에서 상당한 영역은 광주 장애인계가 시작하여 전국 장애인계가 동참하였고, 관련 법률의 제정과 개정, 예산의 배정, 인력의 배치 등으로 실현되고 있다. 선대가 광주를 "대한민국 복지성지"로 만들었으니, 후대가 그 명성을 이어받기 위해 노력해야 할 것이다.

연구하는 엠마우스

광주엠마우스복지관은 장애인 복지의 새로운 지평을 향한 도전을 해왔고, 실천 사례 연구집 발간으로 지식과 인식의 공유에 인색하지 않았다.

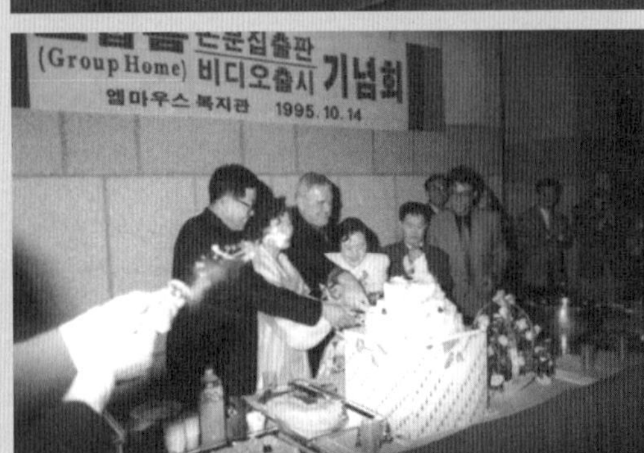

광주장애인차별철폐연대

광주장애인차별철폐연대와 '공익변호사와 함께 하는 동행', '민주사회를 위한 변호사모임' 광주전남지부는 2022년 11월 17일 광주지법 앞에서 "이동권 보장을 위한 장애인들의 재판이 5년째 진행되지 않음"에 항의 집회를 하고 있다.(자료. 한겨레)

사회복지사업법 개정운동

광주 장애인인권단체 등 시민사회단체와 야당이 2011년 10월 국회에서 "사회복지법인의 장애인 인권침해 문제 예방을 위해 사회복지사업법 개정"을 촉구하는 기자회견을 하고 있다.(자료. 에이블뉴스)

도가니

광주 인화학교의 청각장애학생 인권침해 사건이 2009년 소설 『도가니』(공지영 작)로 출간되고 2011년 영화 <도가니>(황동혁 감독)로 제작되어 큰 파문이 있었다.

광주와 복지에 진심인 사람

김용목(실로암사람들 대표)

2024년 봄에 대한 기억은 한 권의 책에 대한 기억으로 남을 것이다. 이용교 교수로부터 추천사를 부탁받고, 과분한 요청이라 생각했지만 거절하지 못했던 것은 『사회복지 역사와 인물』이라는 책의 제목 때문이었다. 책이 담고 있는 내용에 대한 관심과 기대는 컸지만 바쁜 일상으로 약속한 시간이 다가오자 부담감만 쌓여갔다. 그즈음 코로나에 확진되어 집안에 격리되자 비로소 책과 마주했다.

이용교 교수는 광주를 넘어 한국 사회복지의 소중한 자산이다. 대학교수로서 후학을 양성해 온 것뿐만 아니라 복지평론가와 디지털 복지의 선각자로서 보편적 복지시대를 선도해 왔다. 무엇보다 연구자로서 복지현장과 소통하며 협력하는 일을 평생의 과업으로 안고 살아왔기에 가능한 일이었다. 광주광역시사회복지사협회가 현재의 위상을 갖게 된 것도 이용교 교수의 역할에 힘입은 바 크다.

책을 펼치면 등장하는 인물과 복지현장이 자연스레 떠오른다. 100여 년 전 최흥종과 서서평이 거닐었던 길이 "대한민국 복지성지, 광주"의 길이 되었다. 무엇보다 감사한 것은 광주와 복지를 향한 저자의 진심이다. 그 따스한 시선을 따라가다 보면 가슴이 뜨거워지고 광주인으로 복지인으로 자긍심이 차

오른다.

책을 읽으며 평소에 고민하던 것을 해결할 수 있어서 좋았다. 이 책이 필요한 이유이기도 하다. 복지현장에서 일을 시작하는 이들에게 추천하고 싶은 책이 생긴 것이다. 직원 교육을 통해 기관의 정체성과 역사뿐 아니라 광주의 사회복지 역사와 인물을 이해한다면 큰 힘이 될 것이다. 삶이든 복지든 근본이 없이 생겨나고 발전할 수는 없다. 다만 근본을 모를 뿐이다. 이 책은 그 근본이 무엇인지 사회복지 역사와 인물을 통해 친절하게 안내한다. 저자의 바람처럼 이 책을 이어서 후속 연구가 활발하게 이어져 광주복지의 토대가 더욱 튼실해지고 풍성해지길 바란다. 저자와 동시대에 광주복지의 현장을 함께하고 있다는 것은 참 다행이다. 늦게나마 저자에게 고마움을 전한다.

8

역사적 맥락에서 본 광주 청소년의 인권

잊어진 주역, 청소년

인권은 모든 인간이 언제나 어디서나 누려야 할 최소한의 보편적 권리이다. 보편적인 주제인 인권을 '광주'란 특정 지역의 '청소년'에 한정해서, '역사적 맥락'에서 살펴본다는 것은 어려운 일이다. 하지만, 지난 100여 년 인권을 위해서 가장 치열하게 싸운 곳이 광주이고, 그 중심에는 청소년이 함께 있었기에 연구할만한 주제이다.

광주 청소년의 인권을 역사적 맥락에서 볼 때, 가장 중요한 사건은 광주학생독립운동과 5·18광주민중항쟁이다. 1929년 광주학생독립운동은 일제하에서 학생들이 일으킨 가장 대규모 독립운동이었고, 1980년 5·18광주민중항쟁은 민주화운동의 분수령이 되었다. 학생독립운동의 주역은 중고등학생이었고, 5·18민중항쟁의 한 주역도 10대 청소년과 20대 청년이었다.

그럼에도 불구하고 5·18민중항쟁에서 청소년의 역할은 제대로 조명되지 못했다. 수많은 연구에서 대학생과 노동자의 역할은 조명되었지만, 청소년의 역할에 대한 연구는 별로 없다. 5·18연구에 독보적인 전남대학교 5·18연구소의 국내외학술행사에서도 청소년에 대한 연구는 거의 없었다. 예컨대, '5·18과 청년학생들'이란 글에서는 주로 대학생의 역할이 논의되었고(이춘문, 1990), '5월 민중항쟁과 여성의 참여'에서 여고생의 활동 사례가 잠깐 언급되었다(안성례, 1998).

5·18 이후 진상규명과 명예회복 과정에서도 청소년의 활동과 목소리는 유족이나 부상자 등으로 구성된 5월단체의 활동에 가려져 왔다. 다양한 5월단체들이 진상규명과 명예회복을 외칠 때, 가장 중요한 협력자가 바로 5·18 당시 중고등학생이었던 청년학생이었지만 이들의 역할은 과소 평가되었다. 어른들이 5·18과 이후 민주화과정에서 청소년의 역할을 잊어버리면서, 오늘날 청소년도 5·18광주민중항쟁과 그 정신을 기억하지 않는 것 같다. 전남에 사는 초중고등학생에게 "5·18 발생연도"를 물은 결과 "1980년"을 기입한 사람은 0.3%에 불과했고(광주사회조사연구소, 2002: 415), 광주의 학생도 22.4%이었다(광주사회조사연구소, 2000: 294). 오늘날 청소년의 무관심만 탓할 것이 아니다. 어른들이 당시 10대 청소년의 역할을 제대로 조명하였는지를 반성하고, 이들이 자라면서 우리 사회의 민주화와 인권을 위해서 노력한 점을 제대로 평가하며, 체계적으로 가르쳐야 할 것이다. 그때의 청소년과 어린이는 이제 성인이 되었다.

이 글은 광주학생독립운동을 간략히 살펴보고, 5·18광주민중항쟁과 그 이후 과정에서 청소년의 역할을 탐색하고자 한다. 5·18민중항쟁에서 10대 청소년의 역할 뿐만 아니라, 당시 청소년이 자라면서 민주화와 인권신장에 기여한 바를 정리한다. 역사는 기억하고 기록하는 자의 것이기에 기록물을 중심으로 살펴보았다. 글의 전개는 선행 연구의 시대구분을 참고하되, 일제하 학생독립운동, 그리고 5·18광주민중항쟁의 당시, 진상규명 시기, 책임자 처벌과 명예회복 시기로 나누어서 논의하였다.

광주학생독립운동에서 학생의 역할

광주학생독립운동은 1929년 11월 3일 전후에 광주에 인접한 나주에서 일어난 한 조선인 학생과 일본인 학생 간 개인적인 싸움에서 비롯되었지만, 점차 민족 간 집단 패싸움으로 번졌고 이후 전국적인 독립운동의 기폭제가 되었다. 개인적인 싸움이 민족 갈등과 독립운동으로 비화될 수 있었던 것은 3·1운동 이후 일본제국주의자들이 한민족의 항일의식을 약화시킬 목적으로 실시한 문화정책을 통한 민족말살통치에 대한 저항때문이었다. 문화정책은 표면적으로는 이전의 무력적 탄압에 비하여 너그러운 듯하나, 사실은 한민족의 반항 정신을 소모시키는 가장 지능적인 통치 방법이었다. 이러한 일본의 통치에 대항하며 각 지역에서는 독립투쟁을 위한 많은 조직들이 생성되고 다양한 민족해방투쟁을 전개해 나갔다. 이 시기에는 민족주의 진영과 사회주의 진영 간

결합인 신간회가 결성된 것과, 학생들을 중심으로 한 항일 모임과 단체가 결성된 것이 학생독립운동의 전국화의 통로이었다.

사건의 발단은 그해 10월 30일 오후에 광주를 떠난 통학 열차가 나주역에 도착했을 때 광주중학 3학년인 후쿠다 슈조福田修三 등의 일본인이 광주여고보 3학년인 박기옥 등을 희롱하는 것을 목격한 박기옥의 사촌 동생 박준채 등이 후쿠다를 후려치자 학생들 사이에 편싸움이 벌어졌다. 이 싸움은 11월 1일에도 계속되었으나, 2일은 소강상태를 유지하다가 3일 오전 11시경 광주중학의 일본인 학생과 광주고보의 한국인 학생 간에 또 충돌이 일어났다.[58] 이때 광주고보 학생 중 일부는 일본 학생을 편들어 보도한 일본어 신문인 광주일보 본사를 습격하여 윤전기에 모래를 끼얹었다.

학생들의 불같은 투지와 학생투쟁 지도본부의 열성적인 노력으로 광주학생운동은 한 단계 높은 차원으로 비약할 준비를 갖추게 되었고, 11월 12일 제2차 투쟁이 전개되었다. 전날까지 인쇄한 격문을 가지고 등교한 각 학교 학생들은 일제히 시위 운동에 돌입하였다. 학생들은 독립만세운동을 펼치면서 학생들 석방과 경찰의 교내 침입 반대, 자치권 획득 및 언론, 출판, 집회, 결사, 시위의 자유를 요구했다.

처음에는 개인 간 감정적 충돌이던 것이 학교와 학교 사이의 충돌로 확대되었고, 나아가 전 호남 일대의 한국인과 일본인 학생 간 충돌로 발전하였다. 이러한 과정 중에서 광주의 학생들은 서슴없이 '조선독립만세'를 외쳤으며, 독서회의 지도자들은 학생들의 항일투쟁을 격려

58 11월 3일은 일요일로 본디 쉬는 날인데, 일본 명치천황의 생일이라는 이유로 학생들에게 광주공원에 있는 신사에 의무적으로 참배하도록 하였기에 배일감정을 표현하였다고 한다. https://url.kr/Rls89n

하고 후원하였다. 그 결과 광주의 신간회지부·청년단체·사회단체 등은 혼연일체가 되어 투쟁의 전국적 확대에 힘썼고, 학생들은 더욱더 가열찬 항일 독립운동을 전개하였다.

이러한 광주학생독립운동은 호남 일대 뿐만 아니라 전국적으로 확대되었다. 12월 2일 서울의 경성제국대학을 비롯한 중요 공·사립학교와 시내 곳곳에 광주학생운동의 전국화를 위해 학생과 민중의 총궐기를 촉구하는 내용의 격문이 살포되었다. 이에 호응하여 경성을 비롯한 전국 주요 도시로 번져 수많은 학교가 가두시위 또는 동맹휴학을 하였다. 전국 각지의 거의 모든 학교가 참가한 이 운동에는 194개교 학교와 54,000여 명 학생이 참여하였으며, 그중 580여 명이 퇴학 처분과 함께 최고 5년의 체형體刑을, 2,330여 명이 무기정학 처분을 받았다.

광주학생독립운동은 3·1운동 이후, 젊은 학생들을 통하여 항일 독립정신이 다시 한번 분출된 독립운동사상 격렬하고 힘찬 운동이었다(광주학생독립운동동지회, 1996). 이 운동은 참가자뿐만 아니라 광주 시민에게 일제에 항거하여 독립을 외쳤다는 자긍심을 심어주었을 뿐만 아니라, 광주학생독립운동기념회관(약칭 학생회관)의 건립(1967년)을 통해서 광주의 청소년에게 실질적인 영향을 주었다. 국가는 11월 3일을 국가기념일로 지정하였기에 학생들은 매년 학생독립운동의 정신을 계승하였다. 특히, 광주지역 학생들은 전국에 하나밖에 없는 학생회관에서 공부하면서 회관 안에 있는 '독립운동사료전시실'에서 일제하 학생독립운동의 전개과정과 성과를 배울 수 있었다.

최근 중고등학생들 사이에서도 '학생의 날'(11월 3일)이 국가기념일로 인식되지 않고, 이날이 제정된 경위를 잘 모르는 상황인데도, 광주 지역 청소년단체들은 매년 학생의 날을 기념하여 학교 간 연합행사를 하는 것은 광주학생독립운동의 정신이 이어지고 있다는 증거이다.

5·18광주민중항쟁에서 청소년의 역할

5·18광주민중항쟁은 계엄군의 폭력적인 시위진압에 항거한 대학생의 가두시위로 촉발되어 노동자와 시민이 참여하여 이루어졌다. 항쟁의 참여자 중에서 대학생과 노동자 그리고 일반 시민의 활동과 역할은 상당히 정리되었지만, 10대 청소년의 활동에 대해서는 다소 소홀히 취급되었다. 광주민중항쟁과 관련된 자료를 분석하여 보면, 10대 청소년은 가두시위, 시민군, 가두방송 등 선전활동, 민중항쟁의 소식지인 투사회보의 제작과 배포, 통신연락과 정보수집, 헌혈과 간호, 식량보급, 시신분류와 입관, 각종 시위대 지원활동 등에서 상당한 역할을 하였음을 알 수 있다. 소년뿐만 아니라, 여고생을 포함한 소녀들도 기여하였다(안성례, 1998: 1).

1) 10대 청소년의 구성

10대 청소년이 광주민중항쟁의 전 세력에서 어떤 비중을 차지했고, 어떻게 활동하였는지를 정확히 재구성하기는 쉽지 않다. 민중항쟁에 대한 각종 평가는 항쟁참여자에 대한 기록과 증언에 의존하는 경우가 많은데, 조직적으로 참여한 대학생에 대한 기록은 많지만 상대적으로 조직적이지 못한 노동자, 특히 도시 하층 직업인, 고등학생 등에 대한 기록은 별로 없기 때문이다. 그런데, 항쟁 기간에 사망한 사람들을 검시한 광주지방검찰청의 자료를 보면 165명 중 10대가 전체의 21.8%(36명)로 20대 45.5%(75명)에 이어서 두 번째로 많았다(안종철, 2000: 17 재인용). 10대는 20대와 함께 광주민중항쟁에 가장 열심히 참여하고, 가장 심각한 피해를 받았다. 10대와 20대의 사망자가 전체의 67.3%를 차지하지만, 학생이 전체의 18.2%에 불과한 것은 대학생과 고등학생이 아닌 다수의 노동자와 일반 시민이 광주민중항쟁에서 중요한 역할을 했다는 것을 알려준다.

항쟁에 참여한 10대 청소년의 직업은 5·18민중항쟁이 시작된 날의 '계엄상황일지'의 연행자의 신분을 통해서도 짐작할 수 있다. 5월 18일에 공식적인 연행자는 405명이었다. 실제 연행자는 이보다 훨씬 많았을 것으로 보이지만, 기록된 405명의 직업은 대학생이 114명으로 가장 많고, 그 다음은 재수생 66명, 전문대생 35명, 고교생 6명, 일반시민이 184명이었다. 이날 계엄군은 시위에 참가한 사람들과 그 주변에 있는 젊은이들을 시위진압봉으로 마구 패고 무차별적으로 연행해갔는데 전체 연행자 중 10대일 것으로 보이는 재수생과 고교생이 17.8%(72명)이고, 일반시민으로 분류된 사람 중에서도 10대 근로청소년이 포함되었을 것이다. 사망자에 대한 자료와 비교할 때, 시위 첫날의 주된 연행자는 대학생이나 재수생 등 젊은이들이었다. 이는 첫날에는 주로 대학생이 시위를 주도하였고, 시위장소인 금남로 주변에는 재수생들이 많이 이용하는 학원가인 것과 무관하지 않다. 10대 청소년의 다수라고 볼 수 있는 중고등학생은 시위 첫날 조직적으로 참여하지 않았고, 시위진압을 한 계엄군도 대학생을 주된 표적으로 삼았다.

2) 청소년의 시위참여

광주민중항쟁이 대학생의 계엄해제 시위로 촉발되었지만, 민중항쟁으로 이어질 수 있는 결정적인 계기는 가두시위에 시민의 참여이었다. 공수부대의 무자비한 구타로 수많은 시민들이 피를 흘리며 쓰러지자, 18일 오후 4시경부터 시민들의 저항은 적극적인 공세로 양상이 바뀌기 시작했다. 소수 대학생의 시위를 자연빌생직인 거대한 시민항생으로 바꿔 놓은 것은 바로 공수부대의 잔혹한 폭력이었다(임철우, 2000: 75). 이날 계엄상황일지에 적힌 연행자 405명 중에서 68명(16.8%)이 두부외상, 타박상, 자상(대검 사용에 의한 부상) 등을 입었고, 12명(3.0%)은 중태라는 것을 볼 때, 계엄군은 살인적인 진압을 한 것이다.

광주민중항쟁에 고등학생과 근로청소년이 보다 조직적으로 참여한 것은 두 번째 날인 19일부터이다. 첫날 가두시위가 전개된 전남대 입구–광주역–시외버스터미널–가톨릭센터 주변에는 상가가 많았고 이곳에서 일하는 근로청소년들은 잔인한 시위진압을 직접 목격했다. 19일 금남로 등 시내 상가는 대부분 문을 닫았기에 이곳에서 일하는 근로청소년들은 시위에 참여할 수 있었다. 전날 폭력적인 시위진압에 대한 분노와 공포에 떨며 밤을 새운 시민들은 오전부터 중심가로 모여들었기에 대학생이 아닌 젊은 시민들도 쉽게 시위에 참여할 수 있는 분위기가 형성되었다.

이날 오후부터 시민들은 공포심을 딛고 스스로 생존을 위해 적극적으로 싸움에 가담했다. 상황은 지금까지보다 훨씬 치열하고 공세적인 국면으로 전개되었다. 트럭을 이용하여 시내 곳곳을 누비면서 개머리판과 대검을 휘두르며 더욱 포악해진 공수부대와 맞서, 일부 고등학생까지 합류한 시위대는 비가 오는 날씨에도 죽음을 각오한 처절한 싸움을 계속하였다. 이날 밤 시내 중·고등학교엔 휴교령이 내려졌다(임철우, 2000: 77).

여기에서 주목할 것은 19일 오전부터 고등학생들이 교내시위를 하고, 오후에는 시내에 진출하여 가두시위에 합류하였다는 점이다. 전날 공수부대의 진압작전이 이루어진 유동3거리와 가까운 중앙여고 학생들은 오전 11시경에 교내시위를 하고, 이를 기점으로 하여 여중생, 주부, 매춘여성, 할머니들까지 가두시위에 참여하였다(안성례, 1998: 3).

10대 청소년이 가두시위에 본격적으로 참여한 19일에 광주민중항쟁이 질적인 변화를 보이기 시작했다는 것은 우연의 일치가 아니다. 이러한 변화는 시민들이 스스로 생존을 위하여 선택하고, 인간의 존엄성에 대한 확인을 표현한 것이었다. 이미 전날부터 시위의 양상은 수세에서 공세로 바뀌고, 19일 오전부터는 시위의 중심세력이 대학생에서 시민대중으로 바뀌고 있었다. 거기에다 수만 명으로 늘어난 시위대중의 수와 그 구성의 변화, 고교생들의 조직적인 참여시도, MBC와 KBS 등 제도언론기관에 대한 공격, 그리고 무엇보다도 시가전을 방불케 한 투쟁의 격렬성 등이 변화된 모습이었다(안종철, 2000: 4).

고등학생의 시위 참여를 우려한 당국은 20일부터 중고등학교에 휴교령을 내렸지만, 이미 고등학생들은 가두시위에 참여하였고 이들은 항쟁 기간 내내 시민군으로 활동할 뿐만 아니라 선전활동, 헌혈과 간호, 식량보급 등을 통해서 민중항쟁의 중요한 구성원이 되었다.

3) 청소년의 무장투쟁

5·18광주민중항쟁이 그 직전에 일어난 부마항쟁, 서울역 시위 등과 크게 다른 점은 시민들이 스스로 무장하여 시민군을 만들고 다른 시민들이 시민군으로 인정했다는 점이다. 처음 시위대는 계엄군과 투석전을 하거나 화염병을 투척하며 각목과 쇠파이프 등으로 무장하는 수준이었다. 20일 밤 광주역에서 계엄군이 시위대를 향해 발포하여 사망자(김재화, 25세)가 발생하면서 시위대는 무장투쟁의 필요성을 절감하였다.

계엄군의 발포에 분노한 시민들은 21일 새벽 1시에 세무서로 몰려가 기물을 부수고 불을 질렀다. 국민의 생명과 복지를 위하여 쓰라고 거둔 세금이 자신들을 죽이고 두들겨 팬 군대와 무기 구입에 사용되었다는 것이 그 이유이다. 그리고 이날 오전에 광주역에서 사망한 시민의 시체 2구를 손수레 위에 싣고 대형 태극기로 덮어 천천히 시내로 나가면서 10만여 명의 시민들이 금남로로 모이게 되었다.

21일 오후 1시 정각, 도청 옥상에 설치된 스피커를 통해 애국가가 울려 퍼지면서 공수부대가 시위대를 향해 조준사격을 한 '집단 발포'는 시민군의 형성에 결정적인 계기가 되었다. 시민들은 공동체를 지키고 더 이상의 희생을 막기 위해 무장을 서둘렀다. 시민들은 총을 확보하기 위하여 광주 근교에 있는 화순, 나주, 장성, 영광, 담양 등지에 있는 경찰서와 파출소에 있는 무기를 쉽게 획득하여 오후 3시 15분경부터 반격을 시작하였다. 무장시위대는 광주시민들에게 자연스럽게 '시민군'으로 불렸고, 공수부대(계엄군)에 맞서 싸우는 '아군'으로 간주되었다.

처음 가두시위를 주도한 사람이 대학생이라면, 무장 시위대인 시민군은 노동자 특히 10대 후반 근로청소년과 20대의 노동자가 중심이 되었다. 시민군의 사기는 대단히 높았지만, 그들은 아직 조직적인 전투를 벌일 수 없었다. 도청 앞의 전투 현장에서 한 예비군 장교가 나서서 공수부대를 물리치려면 조직적으로 싸워야 한다고 역설하자 시민군들은 오후 4시경 총기와 차량을 가지고 광주공원으로 집결하여 시민회관을 본부로 삼았다. 10대 후반에서 20대에 이르는 젊은이들이 그 무기를 받아 전투조직을 편성했다. 예비군 장교들은 총을 안전하게 다루는 방법을 가르쳤고, 본격적인 시민군은 이때 비로소 등장한 것이다(안종철, 2000: 8).

시민군에서 10대 후반의 청소년과 20대 청년이 중심적인 역할을 했다는 것은 시민군으로 가장 먼저 도청에 진입한 김원갑 군(만 19세)의 사례를 통해 알 수 있다. 그는 삼수생이었는데, 다른 청년들과 함께 광주공원에서 시민군에게 가장 중요한 장비였던 차량을 등록시키고 번호를 매겨가며 임무를 부여하는 등 차량을 통제하였다. 등록된 차량은 모두 78대였는데, 도청을 중심으로 백운동, 지원동, 서방, 동운동, 화정동까지 각각 10대씩 배치하였다. 소형차량은 중간연락, 환자수송 등을 하도록 운행지역과 임무를 나누어주었다. 즉, 소형차량은 주로 구호연락 등의 임무를 맡도록 하고 군용찝차는 지휘통제, 순찰과 상황통제, 전달, 헌병업무, 그리고 군용트럭은 전투업무를 담당하게 하였다. 광주공원에서 차량편성을 마친 김원갑 등은 도청 상황실로 들어와 차량 편제의 내용을 임시 지휘본부에 알렸다. 그들은 계엄군이 반격해올 때 신속하게 지역지원을 할 수 있도록 무장 트럭 20대를 도청 앞에 대기하도록 했다(안종철, 2000: 9).

시민군은 크게 핵심 대학생층과 행동대원, 그리고 잡다한 계층으로 구분될 수 있는데, 잡다한 계층의 절대다수는 신문팔이, 구두닦이, 술집이나 식당 종업원, 공장 노동자, 행상 등 갖가지 직업을 가진 17~18세 가량 근로청소년이었다. 이들은 주로 소총을 들었거나 지프를 운전하는 등 최일선 행동대원이었다. 소년시민군들은 5~6개 팀으로 150~180여 명이었고, 군복무경험이 있는 30대 '대장' 5~6명의 지도를 받았다(안종철, 2000: 16).

한편 유동삼거리에서 박남선(26세, 골제업) 씨를 총지휘자로 한 200여 명의 시민군이 편제되어, 광주공원의 시민군과 합세하여 적십자병원을 본부로 하는 시민군의 사령부를 만든다. 이들 대부분도 산업노동자, 목공, 건설노동자, 구두닦이, 웨이터, 일용품팔이 노동자들이었다.

4) 각종 지원활동

10대 청소년의 활동은 가두시위와 무장 항쟁에서 뿐만 아니라, 선전활동, 헌혈과 간호, 사망자의 수습, 시위대에게 식사제공 등 각종 지원활동에서도 돋보였다. 특히, 헌혈, 사망자 수습, 식사제공, 선전활동 등 비전투 활동에서는 여고생의 활동이 두드러졌다. 21일 도청 앞에서 약 10분간 계엄군이 시위대에게 집단 발포를 하면서 수많은 사람이 죽고 부상을 당하면서 긴급히 혈액이 필요하게 된다. 군의 발표와 1988년 이후 피해자 신고서 내용을 종합할 때, 집단 발포로 인하여 최소한 54명 이상이 숨지고, 500명 이상이 총상을 입은 것으로 추정된다.

이날의 총격전으로 광주 시내의 모든 병원은 총상환자로 만원이었다. 버스나 소형차량들은 주로 부상자나 시체들을 병원으로 실어 날랐다. 의약품이나 일손도 태부족한 실정이었다. 의사와 간호사들은 정신없이 뛰어다니며 한 사람이라도 더 살려내려고 노력하였다. 또한 병원 앞에는 시위대열에 적극적으로 가담하지 못한 여고생, 여중생, 아가씨, 가정주부, 심지어 어린이들까지도 헌혈을 하기 위하여 몰려들었다(안종철, 2000: 8).

특히 21일 춘태여상고 3학년 박금희(17세) 양이 헌혈을 마치고 귀가하면서 공수부대의 저격을 받은 사건은 청소년들에게 분노를 자아내게 하고 전의를 키우는 계기가 되었다. 박양은 학교에서 선도부장으로 활동하는 등 모범학생이었는데, 헌혈 방송차량을 보고 곧장 기독병원으로 향했다. 헌혈을 마친 후 병원을 나와 양림교에 이르렀을 때 공수부대의 총탄이 그녀의 복부를 관통했다. 그녀는 조금전 헌혈을 했던 기독병원으로 옮겨졌으나 이내 숨을 거두었다(안성례, 1998: 4).

항쟁기간동안 제도권 언론이 광주민중항쟁을 폭도들의 폭동으로 매도할 때, 거의 유일한 매체는 '투사회보'이었다. 이 회보는 들불야학을 하는 강학인 대학생과 노학인 노동자 등에 의해 19일부터 매일 만들어져 배포되었다. 이 유인물의 원고를 작성하는 것은 학생운동 경험이 많은 대학생 등이었지만, 제작해서 배포하는 일은 주로 들불야학의 노학과 여학생들이 담당하였다. 이들은 유인물을 만들고, 대자보를 작성하여 시내 곳곳에 부착하여 시민들에게 객관적 상황인식과 행동지침을 알렸고, 플래카드, 피켓 등 궐기대회에 필요한 여러 가지 물품을 만들었다(안성례, 1998: 8).

여학생들은 행방불명자 접수 등 민원처리, 부상자 수송과 사체처리 등에서도 활동하였다. 당시 사망자들은 신원을 확인하고 입관하여 도청 맞은편에 있는 상무관에 안치되었는데, 여학생들은 공수부대가 퇴각한 이후 도청 지하실에 안치된 희생자들의 시신을 깨끗이 닦고 옷을 갈아입히는 일을 하였다. 장례 준비를 하는 과정에서 관을 구하기 위해서 화순으로 가던 신의여고 3학년 박현숙(18세) 양이 공수부대에 의해서 총살을 당하기도 했다. 외부와 철저히 차단된 광주에는 그 많은 희생자를 입관할 관이 턱없이 부족한 탓에 그녀를 포함해서 도청 지하실에서 함께 일하던 시민군들은 어떻게든 시외로 나가 관을 구해와야 한다며 23일 오후 2시경에 화순 방향으로 향했다. 박양이 이 소형버스에 탄 것은 자신이 화순 주민들에게 사정하는 것이 나을 것이라 생각했기 때문이다. 그러나 무차별적인 공수부대의 발포로 죽고 말았다(안성례, 1998: 6).

벌집투성이로 변한 채 전복된 이 차량에는 여고생 1명, 방직공장 여공 3명, 남자 14명 등 모두 18명이 탑승했으나 15명은 그 자리에서 즉사하고 3명이 생포되었다. 형체를 구분할 수도 없을 만큼 처참하게 너부러진 시체에 군인들은 일일이 생존을 확인하여 사격까지 하였다. 생포된 사람들은 여고생 1명과 남자 대학생 2명이었는데, 군인들은 이들을 데리고 산으로 올라가던 도중 장교의 명령에 따라 대학생 2명을 현장에서 사살해 암매장해버렸다. 이 사건은 유일한 생존자 홍금순(17

세) 양의 증언으로 뒤늦게야 자세히 밝혀졌다(변주나·박원순 편, 2000: 87~88).

5) 청소년이 항쟁에 참여한 의의

10대 청소년은 광주민중항쟁에서 가두시위, 무장항쟁, 각종 지원활동 등에서 상당히 중요한 역할을 수행하였다. 하지만, 연령차별적인 사회적 분위기와 아직 경험이 미숙한 점이 있었기에 수습대책위원회, 학생수습대책위원회, 시민학생투쟁위원회와 같은 공식적인 지도부 활동을 하지는 못했다. 이 때문에 상당한 역할에도 불구하고, 5·18의 진상규명과 명예회복과정에서 청소년의 공적은 비교적 소홀히 취급되었다.

청소년이 5·18광주민중항쟁에 참여한 의의는 무엇인가? 이들이 외친 구호는 비상계엄 해제하라, 김대중 석방하라, 휴교령 철회하라, 전두환 물러가라, 계엄군 물러가라 등 시위대의 전체적인 구호와 다를 것이 없다. 10대 청소년이라고 해서 '청소년'의 입장에서 요구한 것이 아니고, 전체 민중항쟁의 참여자로 가담하였기 때문이다. 하지만, 청소년이 광주민중항쟁에 참여했다는 것은 큰 의의가 있다. 무엇보다도 청소년이 직접 가두시위와 시민군으로 참여하면서 공수부대로 대표되는 정부의 폭력성을 직접 경험한 것은 제도교육을 받은 청소년에게는 큰 충격이었다. 이후 20여 년 동안 지속된 5·18의 진상규명과 명예회복의 싸움에서 항상 유가족과 부상자 등 5월단체를 지지하였던 세력은 5·18 당시 청소년과 어린이였던 대학생과 청년이었다.

짧은 시간이었지만, 군대가 없고 행정기능이 마비된 상황에서 청소년들이 참여하여 스스로 생명과 재산을 지킨 시민군 활동과 헌혈 등 지원활동, 가두시위와 결의대회 등을 통하여 집회와 결사의 자유를 누린 '해방 광주'의 경험은 시민 자위권의 소중함을 몸으로 체득할 수 있는 계기이었다. 이후 1988년까지 광주민중항쟁을 폭도들에 의한 폭동이라 규정한 지배권력에 대항하여 청소년과 청년들이 치열하게 싸울 수 있었던 것은 바로 이 '해방 광주'의 경험일 것이다. '해방 광주'의 경험은 이들에게 인권이 보장된 시간이었고, 인권을 배울 수 있는 좋은 계기이었다.

5·18 진상규명 과정에서 청소년의 역할

1) 5·18 이후의 시기 구분

5·18기념재단은 광주민중항쟁 이후의 시기를 세 시기로 나누었다. 첫 번째 시기는 1980년 5·18 이후부터 1985년까지를 '항쟁이후 민주화 과정'으로, 두 번째 시기는 1986년부터 1990년까지를 '민주시민운동의 폭발'로, 세 번째 시기는 1991년부터 2002년까지를 '학살책임자 처벌 운동'으로 나눈다.

정근식은 5월 기념행사의 진행 과정을 비합법적 투쟁기(1981~1988년), 반합법적 행사기(1988~1997년), 합법적 행사기(1997년 이후)로 구분한 바 있고(정근식, 1998: 143), 오재일 등은 기념사업의 내용과 주체를 중심으로 전면적인 억압기(당사자 중심 1기: 1980년 5월 직후~1985년 위령탑건립추진위), 부분적인 억압기(당사자 중심 2기: 1985년~1988년 민화위 구성), 맹아기(시민사회 부분 참여기: 1988년~1993년 5·13특별담화), 분출기(국가권력의 승인 및 시민사회 참여기: 1993년 5·13특별담화~1997년), 개화기(정권교체 이후~현재)로 나누었다(오재일·민형배, 1999: 14). 5·18 이후 활동의 핵심이 진상규명, 책임자처벌과 명예회복이라는 점에서 볼 때, 필자는 지난 20여 년간을 크게 1980년부터 1988년까지를 진상규명의 시기, 1988년부터 현재까지를 책임자 처벌과 명예회복의 시기로 나누고, 각 시기에서 청소년의 역할을 살펴본다.

2) 자기희생을 통한 진상규명 요구

이 시기에는 투신과 분신자살과 같은 자기희생적인 방식으로 시민들에게 "학살정권 타도"와 "광주민중항쟁"을 알리려는 시도가 많았다. 대표적인 사건은 1980년 5월 30일 서강대생 김의기 군이 "학살정권 타도"를 외치며 투신한 사건을 비롯하여, 거의 매년 대학생과 노동자의 투신·분신이 이어졌다. 5·18과 관련하여 최초로 투신한 김의기(21세) 군은 우리나라 군대에 의해 우리 민족이 처참하게 살육당하는 현장을 목격하고 광주의 참상을 서울 시민에게 널리 알리기를 결심하였다. 5월 30일 기독교회관에서 열린 정기 금요기도회를 시위 날로 잡았으나 대중적으로 결행하지 못하고, 혼자서 추진하던 중 6층의 창문 밖으로 떨어져 사망했다(전국민족민주유가족협의회 http://www.ugh.or.kr 열사기념관).

자기희생을 통해서 진상을 요구한 대표적인 사건은 1986년 4월 28일 이재호·김세진 군이 "반전 반핵 양키고홈"을 외치며 분신후 투신한 일이다. 특히 이재호(21세)군은 5·18 당시 광주 송원고 1학년생이었고, 1983년에 서울대학교 정치학과에 입학하여 1986년부터 '반전

반핵 평화옹호 투쟁위원회' 위원장으로 활동하였다. 이재호 군이 병원에 입원하여 사망할 때까지 약 한 달간 투병하는 동안은 5·18에서 미군이 신군부를 지원했다는 것을 널리 폭로하고 반미투쟁을 대중화시키는 전기가 되었다. 이 사례는 5·18광주민중항쟁을 직접 목격한 청소년이 성장하면서 대학생운동에 깊이 관여하고, 자기희생을 통해서 진상규명 등을 요구하게 된다는 것을 보여준다.

3) 시위와 점거를 통한 진상규명 요구

이 시기에는 가두시위와 공공건물 점거를 통한 진상규명 요구를 치열하게 하였다. 대표적인 공공건물 점거시위는 1980년 12월 9일 광주미문화원 방화사건을 비롯하여, 부산미문화원 방화사건(1982), 3개 대학생 민정당사 점거 시위(1984), 서울미문화원 점거 농성(1985), 광주미문화원 점거 농성(1985), 건대사건(1986) 등이었다.

대학생들의 점거 농성과 방화는 미문화원을 주된 표적으로 삼았는데, 이는 5·18광주민중항쟁을 무력으로 진압한 신군부가 미군의 승인하에 군대를 이동시켰기 때문이다. 5·18 당시 광주시민과 항쟁지도부는 미군이 신군부를 견제할 것이라고 기대했지만, 미국은 신군부를 방임 혹은 지지하였기에 5·18에 대한 미국의 책임을 물은 것이다.

가두시위는 5·18의 진상을 알리는 가장 일상적인 투쟁 방법이었다. 대학생들은 매년 5·18주간이 되면 가두시위를 하고, 학교의 축제를 마친 날에는 의례 가두시위를 하였다. 그중 학생과 시민이 전국적으로 참여한 시위는 1987년 1월 16일 서울대생 박종철 군의 고문치사사건으로 촉발되었다. 박종철 군의 고문치사사건을 축소 은폐하려는 경찰의 시도가 폭로되면서 시민들은 "호헌철폐 독재타도"를 외치는 6월 항쟁을 이끌었고, 시위진압과정에서 연세대생 이한열 군이 사망하여 7월 9일 장례식을 '민주국민장'으로 거행하면서 망월동묘지는 국민에게 민주의 성지로 다시 한번 각인되었다.

이한열 군(21세)은 1980년 당시 광주 동산중 학생이었고, 1986년 연세대학교 경영학과에 입학하여 1987년 6월 9일 시위 도중 경찰이 쏜 최루탄에 피격당해 뇌손상으로 투병하다 7월 5일에 사망하였다. 이 군은 대학입학 후에 교내에서 열린 광주학살에 대한 사진 전시회, 비디오를 보고 학교 집회에 참석하면서 사회적 관심이 높아지고, 사회의 무풍지대에서 살아왔던 자신을 부끄러워하며 점차 실천적 인간이 되었다. 당시 경찰은 시위 때마다 최루탄을 다량 발사하여 많은 사람이 부상당했는데, 경찰이 직격으로 쏜 최루탄에 이한열 군이 맞아 중태에 빠져 한 달가량 사경을 헤매는 동안에 전국의 학생과 시민들이 궐기하기 시작함으로써 마침내 6월항쟁이라는 '시민혁명'으로 이어졌다. 특히, 이한열 군의 어머니 배은심 여사는 아들의 죽음을 계기로 하여 전국민족민주유가족협의회에 주도적으로 참여하여, 유가족이 진상규명에 보다 조직적으로 참여하는 전기를 마련하였다.

4) 진상규명과정에서 청소년의 역할

1987년 6월항쟁을 통해서 신군부의 폭력성이 폭로되고, 5·18 진상규명에 대한 국민적 동의가 이루어졌다. 1988년에 노태우 정부는 민주화합추진위원회를 통해서 5·18을 '광주민주화운동'으로 규정했다. 또한, 같은 해 11월에는 국회에서 광주특별위원회와 청문회가 가동되어 전국민은 5·18의 진실을 청문회 텔레비전 생중계를 통해서 확인할 수 있었다.

5·18 진상규명이 강조되던 시기에 청소년의 역할을 보면, 1980년 당시 청소년이었던 사람들이 대학생이 되면서 학생운동을 통해서 5·18 진상규명을 외치게 된다. 대중적인 방법은 가두시위이었지만, 미문화원 등 공공시설의 점거와 방화, 자신의 몸을 분신하거나 투신함으로써 5·18의 진실을 밝힐 것을 요구하였다. 이 과정에서 수많은 젊은이가 불법으로 체포되고, 물고문과 전기고문 등을 받았는데, 서울대생 박종철 군의 고문치사사건과 연세대생 이한열 군의 사망사건은 국민적 분노를 일으켰다. 특히, 시위과정에서 죽은 이재호 군이 5·18 당시 광주에서 고등학교를 다녔고, 이한열 군이 중학교를 다녔다는 것은 의미가 크다. 1980년에는 나이가 어려서 시민군으로 싸우는 등 5·18에 직접 참여하지 못했더라도, 이후 성장하면서 5·18의 진상규명을 위해서 온몸으로 싸우게 된다는 것은 청소년기의 경험이 인권운동에 큰 힘이 된다는 것을 보여준다.

더욱이 광주에서 자란 청소년뿐만 아니라, 1980년대 대학을 다니거나 직장을 다닌 젊은이들은 5·18을 통해 부도덕한 정부의 폭력성을 인식하고, 교과서에서 배우지 못한 인권의 소중함을 배우게 된다. 그리고 5·18 진상규명을 위해 가두시위를 하고, 전단지를 만들어서 배포하는 과정에 집회와 결사의 자유를 몸으로 체득하고, 민주화를 위한 운동에 앞장서게 된다. 당시 청소년은 인권에 대한 교육을 학교에서 보다는 거리의 시위에서 배웠다고 볼 수 있다.

이 시기에 중고등학교에 다니는 청소년들은 대학생에 비교할 때

인권에 대한 각성의 수준도 낮고 민주화운동에 크게 기여하지 못했다. 인권에 대한 담론은 아직 대중적으로 형성되지 않았고, 인권이란 주제는 국가보안법의 폐지, 사형제도의 폐지, 호헌철폐와 같은 거대 담론 속에 파묻혀 있었다.

5·18 책임자처벌과 명예회복과정에서 청소년의 역할

1) 이 시기의 전반적인 상황

1987년 6월항쟁과 1988년 국회청문회를 거치면서 5·18의 진상은 점차 규명되고, 책임자처벌과 명예회복으로 국면이 전환되었다. 이제 5·18은 더 이상 광주시민만의 문제가 아니고, 전국민의 관심사로 바뀌었으며, 5·18기념행사도 전국적인 행사로 바뀌게 되었다. 1992년에 김영삼 대통령이 취임하고, 5·18문제해결을 위하여 진상규명, 책임자 처벌, 집단배상, 명예회복, 기념사업 등 5대 원칙이 확정되었다. 주목해야 할 점은 국가가 정당한 법 집행을 하는 과정에서 손실이 생긴 경우에는 "손실보상"을 하는데, 5·18광주민중항쟁에서 국가가 국민의 생명과 재산에 손해를 입힌 것은 불법행위이므로 "손해배상"을 해야 한다는 점이다. 5·18학살책임자에 대한 고소와 고발운동이 전개되고, 마침내 1996년 1월 23일 전두환·노태우 등 5·18학살책임자 8명이 내란혐의로 기소되었다. 광주시민을 폭도로 규정했던 바로 그 학살의 책임자들이 법에 의해서 심판받게 된다. 1997년에 정부는 5·18민중항쟁을 국가기념일로 제정하고, 신묘역 준공식을 갖는 등 5·18의 성역화 사업을 전개하였다. 2000년에는 내란음모죄로 사형을 선고받았던 김대중 씨가 대통령의 자격으로 20주년 기념식에 참가하였다. 2001년에 국회에서 광주민주유공자예우에관한법률이 제정되고, 이에 의해서 5·18묘지는 국립묘지로 승격되었다.

이 시기에 책임자처벌, 집단배상, 명예회복, 기념사업은 순탄하게 된 것은 아니다. 1989년에는 조선대생 이철규 군이 의문사를 당했고, 1991년에는 명지대생 강경대 군이 백골단에 의해 타살당하기도 하였다. 수많은 사람이 가두시위, 서명운동, 분신자살 등을 통해서 책임자처벌과 명예회복을 외쳤고, 민주유공자에 대한 예우는 매우 느리게 진행되었다. 책임자처벌과 명예회복의 운동에 5·18유가족과 부상자 등 5월단체가 중심에 서 있었지만, 1987년에 만들어진 전국 대학생들의 연합조직인 '전대협'이 핵심적인 지지세력이었다. 1980년에 고등학생 혹은 중학생이었던 젊은이들이 대학생이 되어서 한국사회의 변혁운동을 반외세 자주화, 반파쇼 민주화, 조국통일투쟁의 3대 영역으로 밝히고 5·18책임자처벌과 통일투쟁에 전력투구하였다. 전대협은 이후 한총련으로 틀을 바꾸었지만, 이 시기에 대학을 다닌 젊은이들은 386세대로 불리며 우리 사회의 청년운동을 주도하고 있다. 특히, 5·18을 직접 경험한 광주와 전남의 대학생들은 전대협과 한총련을 통한 5·18책임자처벌과 명예회복에 앞장섰다. 이 시기에는 전대협뿐만 아니라, 전국노동자들의 단체인 전노협, 전국교사들의 단체인 전교조 등이 활기차게 사회변혁운동을 시도하였고, 점차 경실련, 참여연대 등 새로운 시민사회단체가 여론형성을 주도하였다.

2) 참교육운동과 연계된 학생운동

이 시기 청소년운동은 교사들의 참교육운동과 밀접한 관계를 맺으며 전개되었다. 1961년 군사쿠데타에 의해서 교원노조가 해체된 이후 20여 년간 교사운동은 암흑기였다. 1980년대 초반 YMCA, 흥사단 등 시민단체를 중심으로 교사들의 소모임이 꾸려지면서 교사운동이 다시 시작되고, 1985년 '민중교육'사건을 계기로 1986년에 '교육민주화선언'이 이루어졌다. 이러한 상황에서 1987년 6월항쟁과 7월부터 진행된 노동자 대투쟁을 계기로 사학민주화와 교육민주화를 지향하는 교사 조직이 전국적으로 모색되었다. 그해 7월 27일 광주에서 전국 각지에서 모인 40여 명의 교사대표들이 '민주교육추진 전국교사협의회' 건설을 결의하고 9월에 전교협을 창립했다.

전교협은 민족, 민주, 인간화교육으로 대별되는 '참교육'을 지향하면서, 교육법 개정 투쟁을 가장 핵심적인 과제로 삼았다. 전교협은 교사와 교육을 통제하는 악법이 정통성을 갖지 못하는 독재정권에 의해서 만들어지고, 국정교과서 등을 통해 학생들에게 굴종을 가르치도록 강요하기 때문에 이를 거부하고 참교육을 해야 한다고 주장했다. 교육민주화를 주장하는 전교협은 노동 3권을 보장받는 합법적 조직으로 발전시키고자 1989년 5월 28일에 전국교직원노동조합을 조직하였다. 이에 정부는 전교조의 지도부를 구속하고, 회원들에게 탈퇴를 강요하여 응하지 않은 1,519명의 교사를 파면·해임하고 42명을 구속시켰다. 이 사건은 교사운동을 넘어서 고등학생을 중심으로 한 '참교육선봉대'와 학부모를 중심으로 한 참교육학부모회의 연대로 전교조의 합법화까지 줄기차게 이루어졌다. 민족, 민주, 인간화교육을 이념으로 한 참교육은 청소년에게 강한 영향을 주었고, 파면과 해임을 면한 교사들은 학교에서 해직당한 교사는 학교밖에서 청소년에게 참교육을 역설하였다.

당시 학생들의 운동은 참교육운동을 하려는 전교조 교사들과 강한 일체감을 형성하면서 이루어졌다. 1991년에는 전남 보성고등학교 3학년인 김철수(18세) 군이 학교운동장에서 '노태우 정권 퇴진'을 외치며 분신하기도 하였다. 5월 항쟁 11주년 기념일이자 강경대 열사의 장례 행렬이 망월동으로 향할 때 보성고 학생회 주최로 열린 5·18 기념행사를 치르던 도중 김철수 군은 온 몸에 불을 붙인 채 '노태우 정권 퇴진'을 외치며 행사장으로 달려가면서 친구들에게 "잘못된 교육을 계속 받을래?"라고 외쳤다. 유서로 보이는 타고 남은 종이에 노태우 정권의 퇴진과 참교육 실천을 위해 기성세대의 깨달음을 촉구하였다.[59]

당시 고등학생들 중에는 '참교육선봉대'에 가입하여, 시민들에게 참교육쟁취와 교육악법 철폐를 홍보하고 모금활동을 하기도 하였다. 1987년 6월항쟁과 1989년 전교조에 대한 탄압국면에서 고등학생은 지역별로 연대조직을 만들었다. 광주지역고등학생협의회(약칭 광고협) 등은 고등학생인 김철수의 죽음을 추모하기 위하여 2만여 명이 참가하는 집회를 열기도 하였다. 전교조가 주장하는 참교육을 옹호하는 고등학생들은 이른바 '전교조 1세대'로 불렸는데, 이들은 1990년대 초에 대학에 입학하여 전교조와 대학생이 연대하여 교육운동을 체계적으로 실천하는 계기를 만들었다.

59 https://www.hanion.co.kr/news/articleView.html?idxno=22977

3) 청소년에 의한 청소년운동

초기의 청소년운동은 교사운동을 응원하는 성격이었지만, 광주에서는 1997년 4월 19일에 '청소년을 사랑하는 젊은이들의 모임'(약칭 젊은모임)이 창립되면서 청소년과 청년에 의한 청소년운동으로 성격이 바뀌었다. 이 모임은 고등학교 시절에 참사랑배움터(1989) 등을 조직하여 청소년운동을 했던 대학생과 청년들이 청소년의 다양한 활동을 지원하고 올바른 가치관을 가진 청소년을 육성하며 청소년이 건강한 시민으로 성장하는 것을 돕기 위해서 만들어졌다.

젊은모임은 이른바 전교조 1세대로 불렸던 고등학생들이 대학에 진학하거나 사회에 진출하면서 1996년에 창립 준비를 하고, 그해 5·18일일체험학교와 봉사활동을 통해 청소년을 조직화 해갔다. 5·18 일일체험학교는 젊은모임의 정민기 군이 기획한 것으로 '주먹밥만들기'와 '모의시위' 등 체험활동을 통해 5·18 당시 청소년의 역할이 컸음을 청소년에게 인식시킨 사업이었다. 이 사업은 이후에도 매년 계속되었고, 5·18의 공식 기념사업의 하나로 추진되기도 하였다. 젊은모임은 1996년 11월에는 중고등학생에게 거의 잊혀진 학생의 날을 맞이하여 청소년대축제 및 학생의날 기념 봉사활동을 기획하였고, 1997년 경제위기 시에는 외산 담배 학용품 안쓰기, 1998년에는 청소년인권 거리캠페인, 청소년 사회봉사학교, 청소년 언론인학교 등을 기획하였다.

1999년은 광주에 있는 여러 고등학교 학생회 대표와 동아리 대표 등이 연합하여 '청소년포럼'을 조직하고, 학생인권의 현실과 극복방안, 학생자치활동 활성화 방안 등을 주제로 청소년포럼을 개최하기도 하였다.

청소년포럼은 대학생과 청년의 모임인 젊은모임의 후원을 받아서 고등학교 학생회·동아리 대표가 직접 조직하였다는 점에서 큰 의미가 있다. 많은 고등학교가 학생자치활동을 학교 내의 학생회와 동아리활동에 한정시키는 상황에서 광주시내에 있는 여러 고등학교의 학생회와 동아리 대표들이 함께 모여서 청소년포럼을 개최하고, "학생인권의 현실과 극복방안"을 토론한 것은 청소년의 집회·결사의 자유와 표현의 자유를 신장시키는 계기가 되었다.

청소년에 의한 청소년운동이 가능하게 된 것은 1995년에 조직된 학생복지회의 활동과 1998년에 새로 만들어진 청소년헌장과 무관하지 않다. 학생복지회는 주로 하이텔과 나우누리를 이용하는 중고등학생들이 학생의 선택권을 무시하는 야간자율학습과 비인간적인 체벌의 폐지를 주장하는 커뮤니티를 만들면서 시작되었다. 그리고 국민의 정부에서 새로 만들어진 청소년헌장은 청소년의 표현의 자유, 집회의 자유 등을 포함한 12개 조항 청소년의 권리를 포함하였기 때문이었다.

이 시기에 광주에서 청소년운동이 활발히 전개될 수 있었던 것은 YMCA, YWCA, 흥사단, 맥지 등 청소년단체의 사업에 힘입은 바 크다. YMCA는 청소년상담실과 청소년인권센터, YWCA는 가출청소년을 위한 쉼터, 흥사단은 고교아카데미와 자원봉사센터를 통해 청소년활동을 장려했다. 특히, 맥지청소년사회교육원은 5·18 당시 주로 조선대학교에서 학생운동을 했던 젊은이들이 사회에 진출한 이후에도 '맥지회'를 만들어서 광주민중항쟁을 기념하고 친목을 도모하였는데, 5·18집단배상금의 일부를 기금으로 적립하여 만든 청소년단체이었다. 이 단체는 대안교육운동, 영상운동 등을 통해 학교 교육에서 소외되기 쉬운 청소년을 위한 사회교육운동을 펼쳐왔다.

최근 광주YMCA와 흥사단이 광주광역시 청소년기금의 지원을 받아서 기획한 '청소년의회'는 청소년의 참여권을 신장하려는 시도이다. 이는 청소년에 의한 청소년운동의 가능성을 실험한 사업이다.

4) 청소년인권운동단체의 출현

이 시기에 청소년인권운동의 가장 큰 특징은 청소년인권운동단체의 출현이다. 1995년에 학생의 의사에 반하여 야간자율학습을 시키는 것은 헌법이 보장하는 행복추구권을 부당하게 침해하는 것이라고 헌법소원을 하겠다는 춘천고 최우주 군을 학교에서 징계하려는 것에 반발하여 하이텔에서 학생들이 학생복지회를 만든 것이 그 시초이었다. 학생복지회는 주로 하이텔에서 활동하면서 중고등학교에서 교사에 의한 체벌의 금지, 강제로 시키는 야간자율학습의 폐지를 주장하였다. 학생복지회의 활동을 이어받아서 생긴 중고등학생연합은 "짜르지마"를 외치며 두발자유운동을 펼쳤고, 마침내 교육부는 중고등학교에게 머리의 모양에 대한 학생의 선택권을 존중하고 교사·학생·학부모의 합의로 기준을 정하도록 하였다. 청소년의 인권운동은 참정권을 확대하기 위한 선거권 연령 낮추기 운동으로 이어졌다. 지방선거와 대통령선거를 맞이하여 광주지역에서 활동하는 청소년은 2002년 4월 27일에 미래유권자연대를 만들고, 선거권의 연령을 18세로 낮출 것을 주장하였다. 선거권 연령을 "낮추자"는 운동은 중고등학생연합 등 여러 청소년단체들에게 큰 호응을 받았다.

이 시기 청소년의 인권운동은 전 시기 대학생들이 가두시위, 분신과 투신 등 강렬한 방식에 비교할 때 서명, 온라인서명, 항의 메일보내기, 홈페이지 의견게시, 전단지 나누어주기, 음악, 판넬전시 등과 같이 부드러운 방식으로 이루어졌다. 청소년 대중가수들은 노래로 입시위주의 교육을 비판하고, 학교폭력, 가출, 성폭력 등 청소년의 인권문제를 정면으로 다루었다. 음악성과 대중성으로 한국 대중음악에 큰 영향을 미친 서태지는 자신의 꿈을 이룰 수 없는 고등학교를 자퇴하고 음악인의 길을 걸어서 꿈을 성취한 대표적인 사례가 되었다.

청소년들이 인권운동을 비교적 체계적으로 수행할 수 있었던 것은 1989년 유엔총회에서 아동의 권리에 관한 국제협약이 만장일치로 채택된 이후, 아동·청소년의 인권에 대한 사회적 각성이 생겼고, 청소년도 집회와 결사의 자유, 표현의 자유를 상당히 누릴 수 있었기 때문이다. 무엇보다도 청소년은 인터넷을 통해 전국 청소년들과 함께 정보를 나누고, 가상공간에 모임을 만들어서 인권에 대한 담론을 형성하기 쉬웠다. 인권 관련 활동을 문제 삼아서 학생을 징계하려는 사례가 인터넷에 게시된 것을 보고 청소년 네티즌이 사이버시위를 해서 해당 고등학교의 교장이 다른 학교로 전보된 모 고등학교의 사례는 매우 상징적인 사건이었다.

아울러 1990년대 이후에 인권에 관심있는 시민사회단체들이 많이 생기고, 이들이 청소년에게 인권을 가르치거나, 인권캠프 등을 통해서 다양한 인권운동의 모델을 제시했다. 서울지역에서는 인권운동사랑방, 유네스코한국위원회 등이 중요한 지지세력이고, 수원의 다산인권센터, 충남의 청소년인권센터, 광주의 청소년인권센터 등이 대표적인 기관이다. 광주지역의 경우에는 5·18민중항쟁을 경험한 세대와 그후 세대가 청소년인권의 중요성을 인식하고 청소년인권교육과 인권관련 활동을 강조하여 왔다. 광주YMCA는 광주광역시의 지원을 받아서 2000년에 청소년인권센터를 만들었고, 이곳을 중심으로 청소년의 인권활동이 수렴되었다. 청소년인권센터는 청소년들에 의해서 자발적으로 이루어졌던 청소년포럼을 청소년인권포럼 등으로 이어받고, 인권실태조사, 인권상담, 인권을 고려한 교칙만들기 등을 주도적으로 실시하였다. 청소년이 스스로 인권의 중요성을 자각하고, 이들의 활동을 청소년단체, 시민단체, 지방자치단체가 지지하는 것이 바로 청소년인권운동의 모델이라고 볼 수 있다.

청소년인권위원회와 청소년인권센터

청소년인권을 철저히 보장하기 위해서는 무엇보다도 먼저 청소년인권위원회 등 책임있는 조직을 만들어야 한다. 이를 통하여 인권침해사례의 발견과 상담, 인권을 존중하는 생활양식의 보급, 인권교육의 실시, 인권활동가의 양성, 인권에 관한 자료의 집적, 인권에 관한 조사연구, 인권보장을 위한 법적 제도적 장치의 마련 등을 체계적으로 실시해야 한다.

필자는 청소년인권위원회의 조직을 국가인권위원회의 소위원회나 특별위원회의 형식으로 하고, 부설기관으로 '청소년인권센터'를 설치할 것을 제안한다. 청소년인권센터는 인권상담, 인권교육, 인권에 대한 홍보, 정보자료의 수집과 제공 등 기본적인 사업을 수행하고, 점차 청소년인권지표의 개발, 청소년인권백서의 발간, 유엔아동권리위원회에 인권보고서의 제출 등으로 목적사업을 확대한다. 인권센터의 주요 기능과 사업을 정리하면 다음과 같다.

첫째, 청소년인권 침해사례를 수집하고 대응 방안을 제시한다. 신체적 학대, 체벌, 성폭력, 유기, 인신구속 등 청소년에 대한 인권침해 사례를 수집하고, 침해 사례에 대한 상담과 옹호를 한다. 특히, 가정, 학교, 직장, 사회에서 청소년인권을 경시하는 전형적인 사례를 발견하고, 인권침해 사례별로 예방, 응급조치, 법률구조 등의 방안을 제시한다.

둘째, 청소년인권에 대한 이론을 연구한다. 청소년인권의 발달, 이론적 입장 등에 대한 연구, 청소년인권의 침해를 정당화하는 관습에 대한 연구, 청소년인권에 관한 국내외 연구 결과를 수집하고 그 자료를 정리·활용한다.

셋째, 청소년인권 의식을 함양하기 위한 교육과 교육용 자료를 개발한다. 청소년인권의 상황을 정기적으로 연구하고, 인권교육을 위한 교재와 프로그램을 개발하며, 인권활동가, 교사에 대한 체계적인 연수를 실시한다. 인권에 대한 객관적 정보를 축적하기 위하여 청소년인권 지표의 개발과 인권백서를 발간하고, 청소년인권학교를 운영한다.

넷째, 청소년인권 관련 법령과 제도를 연구한다. 국내외 청소년인권 관련 법령과 제도의 비교연구, 청소년인권의 규제를 정당화하는 법령과 제도의 개정방안 제안, 그리고 청소년인권 침해사례에 대한 판례를 연구한다.

이처럼 청소년인권센터는 청소년인권위원회에서 해야 할 일을 포괄적으로 위임받아서 기초자료를 수집하고, 교육용자료를 개발하고 보급하며, 인권정책을 개발하는 일을 담당한다. 위원회가 주로 의제를 만들고, 의사결정을 하는 곳이라면, 인권센터는 청소년, 청소년지도사, 인권활동가 등과 직접 대면하면서 보다 실천적인 일을 하는 곳이다. 이를 효과적으로 추진하기 위해 인권센터의 기구는 소장과 인권상담부, 인권교육부, 정보운영부 등 3부 체제로 구성하고 이를 연차적으로 확충한다. 업무분장을 보면, 소장은 센타를 대표하면서 업무를 총괄하고; 인권상담부는 인권상담, 위기전화 운영, 법률구조사업 등; 인권교육부는 인권상황에 대한 연구, 인권교육자료개발, 청소년인권학교 등; 정보운영부는 청소년인권지표 개발, 청소년인권백서 발간, 국내외 인권자료 수집과 정리, 공중통신망에 인권정보센터의 운영 등을 수행한다.

인권센터의 주요 인력은 청소년인권에 대한 전문적 지식을 갖춘 법률가, 사회복지사, 교사, 청소년지도사, 사서 등 전문인력과 일반사무직원을 단계별로 확충한다. 준비기에는 약간 명의 상근직원과 상근자원활동가 그리고 자원봉사자로 운영한다. 각 분야에 대한 전문적 상담이나, 전문적 조언, 주요 사업에 대한 자문에 응할 전문위원과 일반사무와 지킴이 활동 등을 도와줄 자원봉사자가 필요하다. 특히, 법률, 의료, 상담, 복지, 교육 등에서 전문적인 식견을 갖춘 사람들을 비상근 전문위원이나 자원봉사자로 위촉하도록 한다.

청소년인권센터는 중앙뿐만 아니라, 시·도 단위에도 반드시 설치되어야 한다. 청소년의 생활권은 통학권을 넘어서기 어렵기에 전국에 하나 있는 청소년인권센터는 인권교육에 필요한 자료의 개발과 보급,

인권지표의 개발과 인권백서의 발간 등을 수행할 수는 있지만, 전국의 청소년에게 인권상담과 위기개입 서비스를 주기에 한계가 있다. 일상 생활권 단위로 인권침해사례에 대한 모니터링과 위기개입을 위해 우선 인구가 많고 지역의 중심지인 6대 광역시에 청소년인권센터를 시범 실시하고, 점차 도청소재지까지 확산시킬 필요가 있겠다. 도청 소재지 이상의 대도시에서 청소년인권센터의 운영을 평가한 이후에는 점차 대도시의 자치구, 중소도시에 인권센터를 설치하도록 장기계획을 세운다. 이 경우에도 모든 자치구보다는 청소년의 주류가 중고등학생이라는 점에 착안하여 교육지원청 단위로 인권센터를 설치하는 것이 보다 합리적이다. 특히 광주는 일제강점기에 학생독립운동을 일으킨 곳이고, 5·18광주민중항쟁을 경험한 인권의 성지이기 때문에 국제적 규모의 청소년인권센터를 설치할 것을 제안한다. 이 사업은 광주학생독립운동기념회관 혹은 진남도청의 이진과 같은 계기를 통해 역사적으로 의미있는 장소에 국제청소년인권센터를 건립하는 형식이 바람직하다.

청소년인권이 보장받는 사회를 위하여

광주는 일제강점기인 1929년에 광주학생독립운동을 일으켰고, 1980년에 5·18광주민중항쟁을 일으킨 인권의 성지이기에, 역사적인 맥락에서 살펴볼 필요가 있었다. 이 연구는 이 역사적 사건에서 청소년의 역할을 살펴보고, 청소년이 인권운동에 어떻게 기여하였는지를 살펴보았다. 광주학생독립운동은 조선인 학생과 일본인 학생 간 사소한 싸움이 계기가 되었지만, 전국적인 학생독립운동의 전기를 만들었다. 중고등학생이 중심이 되었지만, 점차 전국 대학생과 독립운동단체들도 합류하여 독립운동으로 발전되었다. 광주학생독립운동이 일어난 날을 기념하여 정부는 11월 3일을 '학생의 날'로 정하고, 광주학생독립운동기념회관을 건립하여 광주의 학생들에게 그 정신을 심어주었다.

우리 사회 민주화에 가장 중요한 영향을 미친 5·18광주민중항쟁에서 10대 청소년은 20대 대학생, 청년과 함께 가장 중요한 참여자이었다. 그동안 5·18민중항쟁에서 대학생과 노동자의 역할은 상당히 밝혀졌지만, 청소년의 역할은 상대적으로 소홀히 다루어져 왔다. 5·18광주민중항쟁에서 10대 청소년은 가두시위에 참여하고, 시민군에 참가하여 무장항쟁을 하였으며, 헌혈, 시신관리, 선전, 식량보급 등에서 중요한 역할을 하였다. 5·18항쟁 이후에는 가두시위와 미문화원 등 공공건물의 점거, 그리고 분신과 투신 등 극단적인 자기희생의 방법을 통해서 진상규명을 요구하였다. 이재호, 이한열 군의 사례에서 본 바와 같이 1980년에 광주에서 중·고등학교를 다녔던 청소년이 대학교에 입학하여 5·18의 진상규명에 앞장을 섰다.

1987년 6월항쟁 이후 어느 정도 민주화가 진전되고, 1988년 청문회가 개최되면서 광주민중항쟁의 진상은 점차 밝혀지고, 책임자 처벌과 명예회복으로 국면이 전환되었다. 특히, 1989년에 전교조가 생기고, 참교육을 주장하던 중고등학교 교사들이 대량으로 해직되면서 참교육선봉대, 광주지역고등학생협의회 등 고등학생연대조직이 생겼다. 이들은 교사운동과 연계해서 청소년운동을 할 뿐만 아니라, 청소년에 의한 청소년운동단체를 만들고, 마침내 학교에서의 체벌금지, 야간자율학습 폐지, 두발자유운동, 18세 선거권운동 등 다양한 이슈를 만들어서 청소년인권운동을 펼치고 있다.

광주청소년의 인권을 역사적 맥락에서 볼 때, 청소년인권은 전체 사회의 인권수준과 매우 밀접한 관계를 맺고 있음을 확인할 수 있다. 청소년은 일제의 식민통치에 저항하고, 신군부가 무력으로 인권을 짓밟을 때 분연히 일어났다. 그리고 우리 사회에서 시민혁명이라고 일컬어지는 1987년 6월항쟁을 계기로 억압되었던 청소년의 인권도 크게 성장하였다. 중고등학생과 근로청소년으로 대표되는 청소년은 각 시기에 적합한 쟁점을 인권운동의 소재로 삼고, 가두시위와 분신과 같은 강렬한 방법 혹은 서명, 사이버시위, 노래와 공연과 같은 부드러운 방법으로 인권운동을 꾸준히 실천하였다.

이러한 청소년의 인권운동을 지지하고, 청소년이 보다 행복하게 살 수 있도록 국가는 국가인권위원회에 특별위원회 혹은 소위원회로 청소년인권위원회를 만들고, 시·도청 소재지와 주요 대도시에 청소년인권센터를 설치할 것을 제안한다. 특히, 인권의 성지라고 할 수 있는 광주에는 국제적 규모의 인권운동 메카로 국제청소년인권센터를 건립할 것을 제안한다.

광주 양림교를 건너는 학생 시위대

1929년 11월 3일. 광주학생독립운동은 이후 5개월간 지속됐고 전국 320개 학교의 5만여 명이 참여한, 지속적이고 전국적인 그리고 간도·상하이·베이징·일본·미주에까지 번져간 국제적 운동이었다.(자료. 광주학생독립운동기념관)

소년이 온다

1980년 5월 26일. 전남도청을 지키던 시민군 중에는 몇 명의 고등학생이 있었다. 당시 고등학교 1학년생이던 문재학 군은 끝내 집에 돌아오지 못했다. 문 군의 이야기는 2014년 작가 한강의 『소년이 온다』로 발간되었다.

김철수 군 노제

1991년 6월 9일, 전남도청 앞 광장에서 열린 김철수 군 노제. 당시 전남 보성고 3학년이었던 김 군은 '참교육 실현', '노태우 정권 퇴진'을 외치며 분신했다.(자료. 연합뉴스)

페드페스타

광주에서는 매년 5·18민중항쟁을 기념하는 청소년 민주주의 축제인 '5·18 레드페스타'를 금남로 일대에서 개최한다. 레드페스타는 청소년단체와 청소년운동가들이 기획하고 청소년들이 자발적으로 참여하는 행사다.

호남지역 복지역사연구에 남다른 열정

임원선(신한대학교 교수, 한국사회복지역사학회 회장)

한국사회복지역사학회 제4대 회장이었던 광주대학교 이용교 교수님으로부터 추천사를 부탁받고 원고를 읽어 보았습니다. 집필 동기를 읽으면서 너무나도 많은 부분에서 공감했습니다. 강단에서 사회복지역사를 강의하면서 주로 서양의 역사를 가르치고 우리나라의 역사를 가르칠 때 제한된 교과서의 틀에서 강의했던 시기가 비슷했기 때문입니다.

한국사회복지역사학회가 출범하면서 보다 적극적인 연구와 학술 활동이 있었지만 체계적인 연구는 다소 부족했던 것이 사실입니다. 삼국시대부터 조선시대까지 사회복지역사에 관한 연구도 부족했거니와 근대 이후 연구도 부족한 것이 현실이었습니다. 이용교 교수님은 광주를 중심으로 호남지역의 사회복지연구에 남다른 열정을 보여주었습니다.

이 교수님은 대학원 제자들과 교학상장敎學相長하면서 사회복지역사를 연구하고 공동으로 출판하며 사회복지역사와 관련된 원고를 투고하거나 저술 활동을 꾸준하게 전개했습니다. 이제 교수 정년을 앞두고 야심찬 계획의 하나로 광주를 비롯한 호남지역의 역사를 체계적으로 정리하고자 그동안 발표하였던 자료들을 모아서 단행본으로 출판합니다.

사회복지역사 연구라는 특수성을 감안하여 보다 정확한 사실에 근거하고자 다양한 자료들을 고증하고 체계적으로 정리하는 수고를 아끼지 않았습니다. 인류 역사는 사람이 주도하고, 사회복지역사 또한 예외가 아닙니다. 본 원고에는 호남지역의 사회복지역사가 있기까지 수고한 선구자들에 대한 관심과 애정이 고스란히 담겨져 있습니다.

사회복지역사와 관련된 사료라는 뼈대를 모아서 살을 붙이고 혈관을 만들고 생명력이 살아나도록 세밀한 작업을 하였습니다. 지역사회의 다양한 기관에서 사료를 찾고 분석하고 해석하며 한편 한편의 옥고를 정성스럽게 다듬었습니다. 그리고 드디어 호남지역의 사회복지 선구자들의 구슬땀이 하나의 결실로 새 생명을 얻게 되었습니다.

이제 후학들이 보다 깊이 있고 폭넓은 연구로 다소 빈 자리가 있다면 채워 나가야 할 것입니다. 이용교 교수님의 옥고를 읽으면서 사회복지학자로서 존경심을 갖게 됩니다. 호남지역에 대한 애정을 담아 지역사회의 사회복지 인물에 대한 깊은 관심을 갖고 자료를 수집하고 분석하며 정리하는 수고를 아끼지 않으셨습니다.

한국사에서도 외면당했던 호남지역에 대한 귀중하고 소중한 역작이라고 생각됩니다. 대한민국 사회복지역사에 있어서 호남지역의 선교사들과 우리나라 선구자들의 헌신으로 인하여 각종 사회복지시설이 발전되어 온 역사적 사실을 하나의 다큐멘터리처럼 생생하게 느껴질 수 있도록 도움을 주신 이 교수님께 동료 사회복지학자로서 박수를 보냅니다.

교수님의 역작이 대한민국 사회복지역사에 대한 새로운 관심을 갖는 계기가 되고 각 지역의 사회복지역사 선구자들에 대한 관심과 연구의 출발점이 될 것으로 확신하며 사회복지학을 공부하는 학생들과 연구자들에게 일독을 권합니다. 후속 저술 작업도 원만하게 이루어져 학자로서 유종의 미를 거둘 수 있기를 기원합니다.

9

인권에 바탕을 둔 광주사회복지의 성찰

인권에 기반한 사회복지실천의 모습은 무엇일까? "사람 위에 사람 없고, 사람 밑에 사람 없다"는 정신을 사회복지사업으로 실천하는 것이다. 지난 한 세기를 되돌아볼 때 광주는 인권에 기반한 사회복지를 실천하였다. 유진 벨(배유지), 포사이드, 윌슨(우월순), 서서평, 최흥종, 강순명, 이현필, 김준호, 조아라 등으로 이어지는 인간사랑의 사회복지실천이 있었다. 그럼에도 불구하고 대학교에서 사회복지학을 배운 사회복지사에 의해 "대한민국 복지성지- 광주"는 잊혀졌다. 그들이 대학교에서 배운 사회복지학은 주로 영국과 미국 혹은 한국의 사회복지였기 때문이다.

이 글은 인권에 바탕을 둔 광주사회복지를 성찰하고자 한다. 지난 한 세기 동안 광주에서 일어난 사회복지의 역사를 간략히 살펴보고,

복지 선각자들이 꿈꾸었던 복지실천을 탐색한 후에 그들의 복지사상을 학습하고자 한다. 나아가서 지구촌 공동체에 맞는 광주복지의 미래를 제안한다.

대한민국 복지성지- 광주

백여 년 전 전라남도 광주군 광주면(성벽안을 성내면이라 했고 성외에 기례방·공수방·부동방의 3방이 있었기에 1면 3방을 '광주면'이라 호칭)의 인구는 약 1만 명이었고, 광주광역시 권역 인구는 5만 명 정도이었다. 당시 광주는 농촌·농업·농민이 중심이었고, 오늘날 도시·상공업·임금노동자가 중심인 사회와는 다른 모습이었다. 백년 전 광주는 다른 지역과 크게 다를 바 없었지만 100여 년간 광주는 "대한민국 복지성지 광주"로 성장하였다. 어떤 역사적 배경이 광주를 복지성지로 성장하게 하였는가? 크게 일제강점기와 해방 후로 나누어서 살펴보면 다음과 같다.

1) 선교, 교육, 보건의료를 통합한 복지

전통사회에서 국가와 사회가 관심을 가진 사회적 약자는 환(홀아비), 과(과부), 고(고아), 독(독거노인)이었다. 이른바 사궁은 가족의 보호를 적절히 받지 못하는 사람들이었다. 조선 정조는 자휼전칙을 통해 유기아와 행걸아를 돕는 등 제도적 장치를 마련하였다. 전정, 군정, 환곡 등 삼정이 문란해지고 나라가 백척간두에 걸리게 되자 사회적 약자를 돕는 복지제도도 제대로 작동되지 않았다.

1904년 12월 25일 유진 벨 목사가 양림동산 사택에서 예배를 드리면서 광주에는 선교, 교육, 보건의료와 복지가 통합되는 새로운 사회복지 모형이 시작되었다. 미국 남장로교의 지원을 받은 유진 벨 목사 등은 양림동산에 선교부를 세우고, 제중원을 중심으로 보건의료활동을 하며, 교육(숭일학교, 수피아여학교)과 사회복지를 실천하였다. 선교사들이 기독교인들과 함께 선교·교육·보건의료·복지를 통합하여 수행했다.

교육·보건의료와 통합적 선교사업은 당시 평양, 서울의 정동(배재학당, 제중원), 전주, 대구, 목포, 군산 등 여러 지역에서 시도되었지만, 선교·교육·보건의료·복지가 통합적으로 이루어지고, 후대에 강력한 영향을 미친 곳은 광주가 으뜸이었다. 평양은 해방 이후 그 맥이 일부 끊겼고, 서울은 교육과 의료가 중심이고 복지는 체계적으로 계승되지 못했다. 따라서 선교·교육·보건의료·복지의 통합적 모델이 체계적으로 이루어진 광주 양림동을 "대한민국 복지성지"라고 부를 수 있다.

2) 가정보호에서 시설보호로 전환

사회복지시설의 원형은 고아 등 사회적 약자를 가정에서 보호하면서 시작되었다. 대표적인 사례는 1912년에 광주에 온 서서평이었다. 그녀는 제중원의 간호사로 일하면서 22년간 고아와 과부들을 지원하고 이름이 없는 여인들에게는 이름을 지어주고 세심한 배려를 아끼지 않았다. 고아 13명을 딸로 입양하고, 나병환자 자녀를 아들로 삼아 함께 살았다. 1934년 서서평 사후에 보호가 필요한 아동은 가정에서 보호받기보다 우월순 사택에서 40여 명까지 아이들을 돌보게 되며, 이는

1952년에 박순이가 '충현영아원'을 설립한 것으로 이어진다.

광주에서 요보호아동에 대한 시설보호는 '무등육아원'의 설립이었다. 그 과정을 보면 공동체 정신의 구현이 고아원 설립으로 이어진다는 것을 확인할 수 있다. 무등육아원은 1928년에 광주지역의 유지들이 연령을 구분하지 않고 부랑걸식 폐질환자를 돌보기 위해서 설립되었다. 이후 시설운영에 대한 책임성을 높이고, 국가의 지원을 제도화시키는 과정에서 임의 복지시설은 재단법인, 사회복지법인으로 전환되었다. 공공성을 높이고 사회적 책임성을 높이기 위한 제도적 장치(법인)가 이사회 결정으로 기관을 운영하게 함으로써 시민 참여라는 공동체성을 훼손시킨 것은 아닌지 성찰해야 할 것이다.

3) 독립운동과 복지운동의 연계

"대한민국 복지성지- 광주"를 이야기할 때 손꼽히는 사람이 오방 최흥종 목사이다. 그는 젊어서 이름은 '최영종'이고 '최망치'라는 별명을 가진 건달이었는데, 유진 벨 목사의 선교활동에 감동을 받고 '최흥종'으로 개명하고 광주에서 선교·교육·보건의료·복지를 통합하여 실천하였다. 한때는 윌슨의 조수이고 한국어 교사로 일하였지만, 평양신학교에서 신학을 공부하여 목회자가 되었다. 당시 선교사들이 일본과 갈등을 빚지 않기 위해서 '영혼구원'만을 외칠 때 최흥종은 '사회구원'을 해야 영혼구원도 할 수 있다고 주장하였다. 이 때문에 최흥종은 선교사들과 갈등을 빚기도 하였는데, 식민지 상황에서 독립운동을 하지 않고는 민중들을 하나님 나라로 이끌 수 없다고 생각했다. 그는 광주에서 만세운동을 거사하기 위해 경성에 갔다가 만세 중에 체포되어 옥고를 치루고, 석방 직후 광주YMCA 창설을 주도하였으며, 노동공제회 등 각종 혁신운동에도 참여하였다.

최흥종 목사의 복지운동 원형이 극명하게 나타난 것은 가장 소외받는 사람들과 더불어 사는 것이었다. 당시에는 '천형'이라고 알려진 나환자를 치료하고, 이들의 공동체를 지원하였다. 1933년 4월에는 나환자의 치료와 정착촌 마련을 위해 광주에서 경성까지 '구라행진'을 주도하였다. 광주에서 150여 명이 출발하여 경성에 도착할 때에는 500여 명이 되었다고 한다. 최흥종 목사는 총독부 안까지 들어가 우가키 총독을 만나 소록도에 있는 자혜의원을 갱생원으로 대폭 확장해주겠다는 약속을 받아냈다.

4) 농촌개발운동의 모델 제시

일제하 사회복지사업은 주로 고아원, 양로원과 같은 사회복지시설을 운영하는 형태가 일반적이었다. 그런데 광주에서는 강순명을 중심으로 한 독신전도단 등이 농촌개발을 활발히 수행하면서 지역개발의 새로운 모델을 창출하였다. 강순명은 일본 동경으로 유학을 갔다가 1923년 관동대지진을 계기로 "나의 인생은 온전히 주님을 위해서 살리라"는 서원을 세웠다. 정칙중학을 졸업한 후 1925년부터 모든 농민의 경제적 향상, 사회적 단결, 정신적 소생을 도모한다는 강령을 세워 외국인 전문가와 재정 그리고 기술을 도입하여 농촌운동을 펼쳤다.

그는 광주YMCA 간사 겸 농촌책임자인 최영균, 어비슨과 함께 농촌사업을 활발하게 추진했다. 그는 여러 지역을 돌며 폐병환자, 부랑자, 병자 등을 도우며 기도하던 중 전주 서문밖교회 배은희 목사를 만나고 훗날 독신전도단을 창단한 계기가 된다. 1929년 뜻을 같이한 유상백 장로 등과 함께 야학교사, 전도사가 되고 협동소비조합을 조직하여 독신전도단을 만들고, 전북 익산군 석찬리 옛뚝이 마을(현 석천동)에 들어가서 진명학원을 설립하고 지역개발운동을 펼쳤다. 한국에 YMCA의 농촌사업을 지도하러 온 쌀박사인 어비슨과 함께 1933년에 광주농업실습학교를 설립한다. 이 학교를 통해서 선진농업기술을 가르쳐 농촌지도자를 양성하였는데, 대표적인 사람이 '맨발의 성자' 이현필, '해남의 성자' 이준묵, 신학교수 차남진 등이었다.

5) 인재양성의 산실

"대한민국 복지성지- 광주"가 그 맥을 이을 수 있었던 것은 인재양성과 조직화에 있었다. 유진 벨 선교사는 1907년 3월 5일에 숭일학교를 설립하였다. 그는 1908년에 대한제국의 인가를 얻어 양림동에 남학교(학생 30명)인 숭일학교와 여학교(20명)인 광주여학교(1911년 수피아여학교로 개명)를 시작하였다. 두 학교는 광주지역에서 일어난 선교·교육·보건의료·복지에 필요한 인재를 양성하는 산실이었다. 광주에서 가장 오래된 서석초등학교가 1896년에 전라남도 관찰부 공립소학교로 개교되고, 1906년에 공립광주보통학교로 이름이 바뀌던 시절에 남장로교 선교부가 세운 학교는 일제에 저항할 수 있는 인재를 양성하는 터전이었다.

1919년 광주에서 일어난 만세운동은 숭일학교와 수피아여학교의 재학생들과 동문들이 중심적인 역할을 했다. 광주지방보훈청의 보고에 따르면, 광주 3·1만세운동은 2·8독립선언으로 거슬러 올라간다. 당시 동경 유학생이었던 광주보통학교 출신인 정광호가 '조선청년독립단' 명의의 '2·8독립선언서'를 숭일학교 교사 김철, 박일구, 김범수 등에게 전달하였다고 한다. 이들은 광주지역 3·1운동 거사를 위해 숭일학교 교사, 양림교회 교인, 북문안교회 교인, 제중병원 직원들과 회합을 가졌다. 숭일학교와 수피아여학교 그리고 광주보통학교 학생들을 포함하여 교인과 주민 등 1천여 명은 3월 10일에 부동교 아래 장터에 모여 태극기를 흔들며 만세를 외치면서 시가행진을 계속하다가 일제 경찰과 헌병에 의해 100여 명이 체포 연행되었다. 광주만세운동은 3월 11일과 18일, 그리고 4월까지 지속되었다. 광주지역의 만세운동은 순천, 여수, 목포 등 인근지역으로 확대되어 3월 중순부터 4월 중순까지 활발하게 전개되었다.

광주복지에 큰 영향을 준 유화례 선교사는 1927년 수피아여학교 음악교사로 부임하였다가 6·25전쟁 때에도 이 땅을 지켰으며 교장으로 은퇴할 때까지 수많은 인재를 양성하였다. 광주를 대표하는 인물인 김필례는 수피아의 교감과 교장을 역임하였고, 조아라도 이 학교 동문이면서 이일학교 교사로 인재를 양성하였다.

숭일학교와 수피아여학교가 설립된 광주 양림동에서 수많은 대학교가 창설되었고 이들은 인재를 양성시켰다. 현재 있는 호남신학대학교, 기독간호대학은 물론이고, 광주이일학교는 전주 한예정신학원과 통합되어 한일장신대학교가 되었다. 신사참배 반대로 폐교된 수피아여학교의 건물에서 1944년 5월에 광주의학전문학교가 개교되었다가 해방후 전남대학교 의과대학으로 발전되었다. 광주보건대학교도 1971년에 양림동에서 수피아여자실업전문학교로 인가를 받았다. 양림동에서 다섯 개의 대학교가 창설되었다는 것은 우리나라 어느 지역에서도 볼 수 없는 역사이다. 미국 남장로교 선교부는 광주에서 숭일학교와 수피아여학교, 목포에서 영흥학교(1903년)와 정명여학교(1903년), 순천에서 매산학교(1910년)를 설립·운영하였다.

인권에 바탕을 둔 광주·전남복지의 성찰

광주·전남복지의 역사를 성찰할 때 소중한 것은 그 시대 가장 심각한 사회적 약자의 복지를 끌어안고 복지 모델을 개척했다는 점이다. 최흥종 목사 등은 나환자, 결핵환자의 치료와 정착지원에 독보적이었다. 흔히 전쟁고아를 위한 복지로 알려진 고아원 운영도 광주에서는 여순사건과 지리산토벌로 생긴 이념전쟁의 희생양을 돌보는 방식이었다. 성매매 여성을 위한 복지, 지적장애인을 위한 복지 등은 당사자의 인권을 보호할 뿐만 아니라 대한민국의 복지를 표준화시킨 것이었다.

1) 나환자와 결핵환자를 위한 복지

나환자를 위한 복지는 광주가 가장 독보적이었다. 1909년 4월 포사이드가 광주 인근에서 여성 나환자 한 명을 말에 태워 제중원으로 데려오면서 나병 치료기관으로 유명해졌다. 제중원은 밀려드는 환자를 감당하기 어려워 1909년에 양림동에 세 칸짜리 민가 한 채를 마련해 남자 환자 7명을 수용했다. 이것이 한센병 전문병원인 '광주나병원'의 출발이었다. 영국 에딘버러 구라협회에서 2천 달러를 지원받아 1911년 효천면 봉선리(현 봉선동) 산기슭에 500여 평 땅을 사서 병원 겸 환자 수용소를 짓고, 1912년에 나환자 정착촌을 지었다.

그 수가 늘어나면서 한센병자들을 1926년부터 여천군 율촌면 신풍리 해안마을(여수애양원)로 이주시키고, 1933년 4월에 최흥종 등은 나환자의 치료와 정착 지원을 총독에게 요구하기 위하여 '구라행진'을 했다. 광주의 복지선각자들은 한센병자를 위한 치료와 정착을 지원하였고, 결핵환자를 위한 복지에도 힘을 썼다. 이현필, 김준호 등은 결핵환자를 돌보는 과정에 결핵에 걸리는 등 혼신을 다해 복지를 실천하였다.

2) 여순사건과 지리산토벌로 인한 아동복지

고아를 위한 아동복지는 구한말과 일제하에서도 전국 주요 도시에서 이루어졌다. 광주에서도 1928년 6월 13일에 부랑걸식 폐질환자 22명을 위해 광주공제조합이 개원되었다. 초기 복지시설은 보호가 필요한 아동만을 따로 보호하지 않고 유랑걸식하는 폐질환자들을 돕기 위해 만들어진 곳에 함께 보호하였다.

광주의 아동복지에서 소중한 것은 여순사건과 빨치산 토벌로 희생된 사람들의 자녀들을 포함하여 돌보았다는 데 있다. '빨갱이'이라는 비난이 비수처럼 꽂히던 시절인 1949년에 이현필은 김준호와 정귀주에게 여순사건(1948년)으로 생긴 고아 8명을 화순군 도암면에서 돌보도록 하였고, 1950년 1월 15일부터 동광원을 운영하였다. 동광원(원장 정인세)은 한때 아동이 600여 명에 이르렀지만 1954년 8월 19일에 해산되었다. 이후 이현필 선생과 제자들은 기독교운동과 복지, 자선운동을 활발히 펼쳤고 기독교수도회동광원을 이루었다.

아동복지시설이 단순히 전쟁고아를 돌본 것이 아니고 양민학살의 피해아동과 지리산에 잔류한 빨치산을 토벌하는 과정에서 생긴 고아를 보호했다. 1952년에 지리산토벌대장이었던 백선엽 장군에 의해 설립된 백선육아원이 대표적이다. 함평 등에 아동양육시설이 많은 것도 양민학살의 피해자가 많았기 때문이었다.

3) 여성인권운동의 산실

수피아여학교에서 성장한 인물들은 광주YWCA를 중심으로 기독운동과 복지활동을 활발하게 펼쳤다. 최흥종의 동생인 최영욱과 결혼한 김필례는 김활란, 유각경과 함께 YWCA(1922년)를 창립하였고, 주로 계몽, 교육, 생활개선, 여권신장, 민족운동 등에 집중하였다. 당시 여성들을 괴롭히던 조혼, 공창제도 폐지와 축첩제 반대 등을 통하여 여성들의 권익보호는 물론 애국정신을 기반으로 물산장려운동에도 앞장섰다.

김필례는 광주YWCA를 창립하여 초대 총무를 맡았고, 수피아여학교에 교사로 재직하며 '광주의 대모'라 불린 조아라 등도 가르쳤다. 조아라는 이일학교에서 교사로 일했고 광주YWCA를 통하여 다양한 복지활동을 전개했다. 그녀는 6·25전쟁 때 전남도청의 부녀계장을 하면서 생계가 막연해진 미망인과 전쟁고아들을 위해 1952년 성빈여사를 건립했다. 이곳에서 그녀는 갓난아이와 고아 등 헐벗고 버림받은 이들의 어머니가 되었다. 성빈여사는 육아원인 동시에 여학사로서 아이들의 자부심과 긍지를 살려주기 위해 교육에 심혈을 기울였다. 또한 조아라는 소외받고 사회의 어두운 그늘 속에 버려진 윤락여성을 위한 기술교육도 실시하였다. 1962년 계명여사를 설립하여 여성도 손쉽게 기술을 배우게 하고 전문 여성인력들을 배출했다. 이후 광주YWCA를 비롯한 광주의 여성운동은 조아라 인맥이 주도하였다.

4) 노인복지의 개척

광주에서 오래된 노인복지시설은 강순명 목사가 세운 천혜경로원으로 알려졌다. 강순명은 1952년 7월 13일에 광주 그리스도의 교회에서 목회하던 중 갈 곳 없이 거리에서 방황하는 노인들의 지친 육신과 외로운 영혼을 회복하고자 천혜경로원을 설립하였다. 그런데, 광주의 최초 양로시설은 1938년 4월에 이일학교 출신인 김화남이 양림동에 세운 전남성노원이다. 김화남은 전도부인으로 활동하던 중 기독교병원 뒷길에서 선교사들에게 먹을 것을 구걸하는 노인들의 모습을 보고 이들을 거두면서 양로사업을 시작하였다. 당시 4명의 홀로된 할머니들과 함께 시작한 전남성노원은 양림동과 방림동 주택에서 60여 년이 넘는 세월동안 운영되었고, 현재 사회복지법인 화남원으로 발전되었다. 이일성로원은 이일성경학교 출신 여자 전도사들이 1959년 노후 안식을 위한 취지로 이정희 원장에 의해 설립되었다.

서서평이 세운 이일학교는 전주에서 한일장신대학교로 발전되었을 뿐만 아니라 광주에서 사회복지 인맥의 발전소가 되었다. 이일학교의 창설자인 서서평은 나환자 근절협회와 금주금연동맹조직, 윤락여성구제, 공창제도 폐지운동을 하였다. 창녀와 윤락여성을 낙적하고 공부시키는데도 큰 공헌을 하였다. 목포공생원의 설립자 윤치호, 전남성노원을 세운 김화남, 은성원의 홍승애, 함평자활원 부원장이었던 윤병진(광주애육원 창설자)도 서서평에게 감동받아 사회사업을 시작하였다고 한다.

5) 장애인복지 모델 개발

대한민국에서 한 동에 가장 많은 사회복지시설이 있는 곳은 아마 광주광역시 봉선동일 것이다. 큰 사회복지시설만도 귀일원, 소화자매원, 인애동산, 형제사 등이 있고 작은 시설을 포함하면 거주시설만도 10개소가 넘는다. 특히 장애인복지시설이 많은데, 이는 가까운 곳에 제중원과 광주나병원이 있었기 때문이다. 한센병자와 결핵환자들은 제중원에서 가까운 봉선리(동)에 움막을 짓고 살았다. 일제강점기에는 광주나병원이 봉선리에 있었고, 해방 후 결핵환자 등을 돕기 위해 귀일원이 생기고, 제2수원지가 생기면서 무등산에서 소개된 결핵환자들이 제석산 아리랑고개 주변으로 이주하면서 소화자매원이 설립되었다.

현재 광주에 있는 장애인복지시실로 역사가 긴 곳은 행복재활원이다. 1956년 12월 27일에 동산보육회가 설립되고, 1957년에 '신체허약아'를 위한 행복원이 시설인가를 받았다. 1963년에 행복원은 육아시설로 갱신되었고, 1979년에 지체장애인시설로 변경되었다. 이러한 변화는 우리나라 사회복지사업의 역사를 그대로 보여준다. 초창기 아동복지시설은 장애인시설을 포함하였다. 따라서 장애인을 위한 다양한 복지 모델은 행복재활원, 귀일원, 소화자매원 등에서 개발되었다. 이러한 전통은 지적장애인을 위한 종합적인 복지시설인 엠마우스복지관에서 꽃을 피웠다. 엠마우스는 성골롬반 외방선교회 천노엘 신부가 1981년 월산동 주택에서 지적장애인과 봉사자와 함께 그룹홈에 살면서 시작되었다. 당시 지적장애인·자폐성장애인은 지체장애인 시설과 부랑인 시설, 정신질환 시설에 알코올중독, 결핵환자, 부랑인 등과 함께 수용되었다. 이들은 복지시설 내에서도 소외된 실정이었다. 처음 그룹홈에서 살기 시작한 지적장애인·자폐성장애인은 무등갱생원에 수용되었던 사람이었다. 천노엘 신부는 천주교 광주대교구 유지재단 소속으로 지적장애인·자폐성장애인의 능력 증진과 삶의 질 향상을 위해 특수교육, 직업훈련, 사회적응훈련은 물론 긍정적인 이미지 보급을 위한 '정신박약아'라는 용어 바꾸기 운동, 사회통합운동, 사회계몽운동 등을 실시하였다. 설립 당시 엠마우스그룹홈과 직업훈련 프로그램은 가정집에서 전개되었고, 오늘날 엠마우스복지관, 엠마우스산업 등으로 발전되었다. 엠마우스의 복지활동은 곧 대한민국 지적장애인·자폐성장애인복지사업의 표준이 되었다.

또한 1958년 11월에 천주의성요한수도회 아일랜드 관구 수사 5명이 광주에 도착하여 1960년에 일반의원(현 천주의성요한병원)을 개원하고, 1973년에 정신과 외래진료를 시작한 이래로 정신보건과 정신건강 사회복지를 알차게 추진한 것도 특기할 만하다.

6) 5·18의 경험이 복지에 미친 영향

광주복지를 성찰할 때 1980년 5월 광주민주화운동에서 시민들이 삶과 죽음을 함께 나눈 '절대 공동체'의 경험, 총칼 앞에서 무자비하게 난도질 당한 인권에 대한 각성, 이후 진상규명과 명예회복 그리고 책임자 처벌 등을 요구한 운동은 다른 지역에서 찾아볼 수 없는 점이다. 제주도를 제외한 전국 비상계엄하에서 유독 광주에서 시민들이 집단적으로 저항한 사건은 역사적 관점으로 보지 않으면 설명하기 어렵다. 광주와 전남은 동학농민전쟁의 중심지이었고, 구한말 의병이 끝까지 싸운 곳이며, 일제강점기에 광주학생독립운동이 일어난 역사적 맥락이 5·18민중항쟁으로 이어진다. 불의에 항거하고 민주주의를 지키려는 광주정신은 큰 희생을 치루면서도 면면히 이어졌다.

이러한 역사적 사실은 광주의 복지선각자들의 행동과도 일치한다. 일찍이 최흥종은 영혼구원에만 머물렀던 선교사들의 활동에 반기를 들고 사회구원을 주장했으며, 강순명은 신사참배에 반대하고, 이들을 따르는 사람들은 다양한 방식으로 기독운동과 사회운동을 결합시켰다. 그 때문에 기성 기독교계에서 비난을 받았지만, 해방을 맞이하여 그 뜻을 펼칠 수 있었다. 또한 광주 사회복지계에 큰 영향을 주었던 서서평, 유화례 선교사는 다른 선교사들 사이에서는 소수파이었지만, 이일학교와 수피아여학교 등을 통해 인재를 양성하였고, 김화남, 김필례, 소아라 등으로 이어지는 여성 인재들은 기독운동과 함께 복지운동에도 크게 기여하였다.

5·18광주민주화운동을 통해 절대 공동체를 함께 경험한 광주시민은 인권에 기반한 복지를 실천하였지만, '전라도에 대한 차별'과 같은 집단적 경험을 공유하였고, 이로 인한 사회적 피해도 적지 않았다. 한때 광주의 민주화운동은 대한민국의 민주화운동을 대표하였지만, 영남을 기반으로 한 집권세력이 '호남고립'을 조장하였고, 이로 말미암아 중앙과의 소통 부재라는 어려움을 겪었다. 김대중 대통령이 집권하고, 노무현 대통령의 참여정부에 의해 어느 정도 극복되었지만, 이후 보수정부에서 별로 나아지지 않고 있다.

광주·전남복지의 미래

인권에 바탕을 둔 광주복지를 성찰하는 목적은 사람답게 사는 세상을 열어가기 위해서 지금 여기에서 내가 무엇을 할 것인지를 결단하기 위해서이다. '세상을 바꾸는 사회복지사'가 되고자 할 때 흔히 다른 사람을 바꾸려는 경향이 있는데, 나를 바꾸는 것을 우선해야 한다. 세상이 바뀌길 원하면 우선 나를 바꾸어서 세상을 바꿀 수 있는 텃밭을 일구어야 한다. 광주복지의 미래를 꿈꾸면서 필자는 과거에 대한 성찰에서 미래를 예측할 수 있고, 복지 선각자들의 정신을 계승하면 길이 열린다고 본다. 지식정보화사회에 맞는 디지털 복지를 실천하고, 인재양성의 중요성과 지구촌복지를 강조하고자 한다.

1) 과거의 성찰과 미래의 예측

광주 사회복지를 성찰할 때 중요한 지점은 복지를 선교, 교육, 보건의료와 함께 구현했다는 점이다. 사회복지를 개인이나 가족의 변화에 한정시키지 않고, 지역사회와 세상의 변화를 꿈꾸었다는 점이다. 특히 식민지하에서 복지운동은 독립운동과 연계되었고, 사회복지에 뚜렷한 흔적은 남긴 분들은 신사참배에 적극적으로 반대하는 등 변화를 꿈꾸었다. 사회복지에 시민이 쉽게 참여할 수 있도록 일작운동과 같은 전통적인 생활양식에 근거하여 실천하였다.

사회복지가 사회복지사업법의 틀에 의해 제도화되면서 나눔과 소통의 사회복지실천이 전문화되고 사회복지법인을 통한 의사결정에서 시민의 참여가 제약되었지만 사회복지의 원형은 공동체이었다. 사회복지의 미래는 사회적 약자를 포함한 모든 시민이 보다 행복하게 살 수 있는 공동체를 어떻게 구현할 것인지에 두어야 할 것이다. 환과고독과 같은 사회적 약자를 포함하여 모든 시민이 보다 행복하게 살 수 있는 복지공동체를 열어가는 것이 복지의 미래상이다.

2) 복지 선각자에 대한 선양과 계승

광주에서 사회복지를 실천한 선각자들은 대한민국을 대표하는 어른이 있다. 최흥종 목사는 멀리 시베리아에서도 활동하였고, 강순명은 일본 유학시절에 서원한 것을 지키기 위해 주로 호남과 서울에서 활동하였으며, 이현필 선생도 전국을 무대로 활동하였다. 복지 선각자들은 나환자, 결핵환자, 여순사건과 양민학살 그리고 빨치산 연루자의 고아, 성매매여성, 지적장애인과 같이 사회적 약자 중에서도 가장 열악한 사람을 위한 활동에 집중하면서 자신의 몸을 돌보지 못해 결핵환자가 되거나 사선을 넘나들기도 하였다.

복지의 미래는 복지 선각자들이 걸어온 길을 성찰하고 그 업적을 선양하면서 모색되어야 할 것이다. 예컨대, 오방 최흥종 목사의 '구라행진'을 계승하여 한센인의 인권옹호를 위한 국토대행진으로 발전시키면 좋겠다. 생전에 '사망통지서'를 보내면서까지 자신을 버리고 이웃을 살릴 때 오방이 기거한 신림마을의 교회를 오방 정신의 계승공간으로 활용할 것을 제안한다. 또한, 동광원에서 이현필을 따르던 제자 김준이 새마을운동의 정신과 실천방법을 정립하였는데, 이를 한국형 지역개발의 본보기로 삼아 국제개발협력과 국제복지의 한 모델로 발전시켜야 할 것이다.

3) 디지털 복지시대의 개척

광주 복지를 발전시킨 선각자들은 특정 시설에 한정하여 사회복지사업을 하지 않고 가정과 마을을 찾아가거나 교회와 확장 주일학교 등을 연계하여 실천하였다. 시설로 대상자를 모아서 하는 사업과 함께 활동가가 찾아가는 서비스를 하고, 네트워크를 통한 운동을 강조하였다. 당시에는 정보통신의 기술이 낮았기에 사람이 직접 대면한 사업이 핵심이었지만, 지식정보사회에서는 오프라인 복지와 온라인 복지를 병행하거나 온라인 복지에 좀 더 강조점을 두어야 할 것이다. '시민과 함께 꿈꾸는 복지공동체' http://cafe.daum.net/ewelfare 에서 보는 바와 같이 2002년 7월에 한 명이 시작한 활동이 20년 후 5만2천 명이 참여한 것은 디지털 복지의 가능성이다. 지역의 경계를 넘어 보다 자유롭게 소통하고, 지구촌 사람들이 쉽게 접속하도록 하기 위해서는 디지털 복지를 더욱 발전시켜야 한다.

4) 인재양성의 중요성

광주 사회복지 선각자들이 소중하게 실천한 것은 인재양성이었다. 광주 복지가 다른 지역과 달리 '배워서 남 주는 복지인상'을 분명하게 정립한 것은 숭일학교와 수피아여학교를 통해 인재를 양성하고, 이일학교 등을 통해 전도부인과 사회사업가를 양성했기 때문이다. 숭일학교의 인맥은 기독운동을 넘어 독립운동과 사회운동의 산실이었고, 수피아여학교의 인맥도 기독운동과 여성운동으로 이어졌다.

또한 광주농업실습학교, 삼애학교 등을 통해서 인재를 교육시켰고 그 인재를 연결시켜서 인맥을 형성하였다. 최흥종은 강순명을 사위로 삼고, 강순명은 이현필, 이준묵 등을 독신전도단으로 키웠으며, 이현필은 정인세, 김준호, 김금남, 김인제, 김준 등 수많은 복지인재를 키웠다. 광주 인맥은 한국YMCA전국연맹과 대한YWCA연합회 등을 통하여 전국화되었고, 5·18 이후에는 전국교직원노동조합, 전국대학생대표자협의회 등 다른 민주·민중·시민운동과도 밀접한 관계를 맺었다. 이제는 광주와 대한민국을 넘어 지구촌복지를 위해 네트워크를 형성해야 할 것이다.

5) 아시아복지공동체의 구축

광주가 지구촌 복지를 꿈꿀 때 먼저 해야 할 일이 '아시아문화 중심도시'의 특성에 맞게 아시아복지공동체를 꿈꾸어야 한다. 광주민주화운동의 경험을 아시아 사람들과 공유하기 위한 다양한 시도를 하고, 아시아 민중과 소통하기 위한 '아시안 브릿지'와 같은 활동이 아시아복지공동체의 텃밭이 되길 기대한다. 전남 보성에 있는 대원사가 티벳 불교를 받아들이고, 현장 스님을 중심으로 광주에서 아시아 민중들을 위한 다양한 조력활동과 문화교류활동을 시도한 것은 시사하는 바가 크다.

6) 복지계와 엔지오의 협력

광주에서 사회복지가 더욱 꽃피기 위해서는 복지계와 시민사회계간의 소통이 더욱 활발해야 한다. 광주의 대표적인 시민사회단체인 참여자치21에 사회복지위원회를 만들어서 복지계와 시민사회계가 소통한 경험이 있고, 사회복지사들이 중심이 되어 광주복지공감플러스를 만들어 복지에 중심을 둔 엔지오활동을 활발히 하고 있다.

광주 복지 선각자들은 시민사회의 어른이었고, 시민사회의 어른들이 복지계를 대표하였다. 최흥종은 나환자와 결핵환자 등을 돕기 위해 평생 동안 헌신하고, 강순명은 독신전도단을 이끌고 노인복지시설을 세웠으며, 이현필은 고아와 장애인 등 사회적 약자를 위해 헌신하면서 기독교수도회동광원을 만들었다. 김필례, 조아라도 종교계와 복지계를 두루 섭렵하였다. 미래 사회복지계도 다양한 영역의 엔지오를 아우르면서 엔지오와 소통할 수 있게 되길 기대한다.

독립운동 거소 흥학관

1929년 9월 10일, 조선청년총동맹전남연맹이 흥학관에서 회의 뒤 기념촬영을 했다(광주 동구청 제공). 흥학관은 광주 부호 최명구 선생이 1921년 환갑을 맞아 기부한 공간이다. 흥학관은 1929년 광주학생독립운동이 모의된 곳이고, 1920년대 각종 신문 발행과 노동운동, 농민운동, 야학, 물산장려운동 등 사회운동과 독립운동의 중심지였다.

1960년대 양림동

1960년대 양림동 일대. 왼쪽 뒤- 수피아고, 왼쪽 앞- 기독병원, 중앙- 호남신학대학, 오른쪽- 양림교회, 숭일고.(자료. 시민과 함께 꿈꾸는 복지공동체)

광주사협 역대 회장단

광주광역시사회복지사협회 제12대 회장단이 역대 회장과 간담회 뒤 기념촬영을 했다. 앞줄 왼쪽부터 민명철 4·5대 회장, 소진택 초대 회장, 고송주 3대 회장이고, 뒷줄 왼쪽부터 서상원 사무처장, 김용목·김선구 부회장, 이용교 회장, 송윤순·한신애·김동수 부회장이다.

광주사협 인권총서

광주사회복지사협회는 인권 기반 사회복지 실천을 위해 분야별 인권총서 13권을 발간했다.

광주복지대토론회

민선 6기 2년의 "복지공약 평가와 향후 과제"에 대한 토론회가 열렸다.(2016년 6월)

광주복지역사 연구 발표

사회복지역사연구회(뒤에 한국사회복지역사학회로 발전) 주관 "최흥종 목사와 박순이 원장의 생애와 활동" 발표회가 있었다.(2016년 6월)

복지성지 탐방

이용교 교수는 종종 양림동에서 학생과 일반 시민과 함께 복지성지 탐방을 진행하는데 출발 장소는 늘 오웬기념각이다.

복지역사와 인물에 대한 관심과 기록의 중요성

이명묵(세상을바꾸는사회복지사 대표)

『사회복지 역사와 인물』이 출간되기까지 30여 년간 준비해오신 이용교 교수님의 노고에 경의를 표하며, 세 가지 이유에서 이 책을 추천합니다.

첫째, 우리나라 사회복지 역사를 요약 정리한 부분이 독자가 사회복지 역사적 맥락을 이해하는 데에 큰 도움이 될 것입니다. 저자는 광주지역의 역사와 인물에 중점을 두면서도 조선시대와 일제강점기를 거쳐 현재에 이르기까지 복지제도와 정책의 변천을 서술하여 독자가 시공간에 갇히지 않도록 배려하였습니다.

둘째, 이 책은 역사를 만든 인물의 기록으로, 현장 사회복지사와 조직에게 도전을 줄 것입니다. 등장 인물들은 구호사업 성격의 사회사업으로 시작하였지만, 그 활동 영역이 의료, 교육, 노동, 여성 등 광범위하였고, 그 실천이 담대하여 구호 수준을 넘어 선구자적 사회운동 철학으로 추진되어 그 끼친 영향이 사회사업이나 사회복지계를 뛰어넘어 지역 전반에 미쳤습니다. 이는 지역사회 리더십 부재라는 현대 사회복지계 숙제에 대한 응답이기도 합니다.

셋째, 인재 양성의 전략적 지점을 확인할 수 있는 진리 확인입니다. 지역운동 차원의 실천이 지속되고 확장되기 위해서는 동지와 후진 양성이 필수인데, 선각 인물들은 이점을 놓치지 않았다는 점입니다. 대학에서나 현장에서나 사회복지사 교육이 소명적이고 거시적이며 체계적이고 장기적일 필요가 있음을 이 책은 보여주고 있습니다.

이용교 교수님은 오래전부터 역사와 인물에 남다른 관심과 기록의 중요함을 강조해 왔습니다. 저자 머리말에서 언급되었듯이 "아는 사람이 없기에 가르치지 않고, 가르치지 않기에 제대로 계승 발전시키기도 어려운 악순환이 반복되었음"을 안타까이 여겨 스스로 연구하고 기록하였습니다. 중요한 것은 이러한 연구를 혼자 하기보다는 제자들과 함께하고, 연구회나 학회를 창설하여 연구 기반을 조성하고 여러 학자와 함께하며 공감대를 넓히고 지속가능성을 꾸준히 키워온 점입니다.

그간 이용교 교수님의 연구에 함께하신 제자와 동료 학자분들, 각종 조사 연구에 증언해 주신 분들, 이전 자료와 사료를 작성하신 분들 모두에게 감사드립니다. 끝으로 이교수님의 바람대로 다른 지역에서도 유사하거나 더욱 발전된 연구서가 발간되기를 기대하며 많은 사회복지사와 학생들이 열독하기를 바랍니다.

광주 사회복지
연표

광주 사회복지 연표

1896년 8월. 광주군 통칭 광주면이 전라남도 관찰부 소재지로 지정.

1896년 11월 3일. 미국남장로교의 선교사로 온 유진 벨Eugene Bell(배유지)과 오웬C. C. Owen(오원 또는 오기원)은 나주에 선교부를 두려고 했지만 주민 반대로 목포에 1897년(그해 네 번째로 개항된 항구) 3월 5일에 장막을 치고 첫 예배로 '목포교회'를 시작.

1896년 11월 6일. 전라남도 관찰부 공립소학교가 개교. 1906년에 공립광주보통학교로 이름이 바뀌고, 현재 서석초등학교.

1898년 9월 11일. 유진벨 가족이 목포로 이사하여 목포선교부를 설립하고 목포 양동교회를 세움.

1903년 9월. 목포영흥학교와 목포정명학교를 설립.

1904년 12월 25일. 광주군 효천면 양림리에서 '미국남장로교 광주선교부'가 유진 벨 선교사 사택 입주 예배를 드리고 교회를 시작. 양림동산에 선교부를 세우고, 제중원을 중심으로 보건의료활동을 하며, 교육(숭일학교, 수피아여학교)과 사회복지를 통합적으로 실천하여 "대한민국 복지성지"로 발전시킴.

1905년 11월 20일. 초대 원장 놀란Dr. Joseph. W. Nolan 선교사가 9명의 환자를 진료하면서 광주제중원을 정식 개원.

1907년 3월 5일. 유진 벨 선교사는 양림동에 숭일학교를 설립하고, 1908년에 대한제국의 인가를 얻어 남학교(학생 30명)인 숭일학교와 광주여학교(20명)를 세워 수피아여학교로 발전시킴.

1907년 4월. 변요한J. F. Preston 선교사가 순천 향교 안 양사재에서 초기 교인을 돌보는 것(현 순천중앙교회)으로 본격화됨.

1908년 5월. 제중원 2대 원장 윌슨R. M. Wilson(우월순 또는 우일선)이 광주로 와서 1926년까지 재직하며 크게 발전시킴.

1909년 4월. 급성 폐렴에 걸린 오웬을 치료하기 위해 목포에서 오던 포사이드W. H.Forsythe가 나환자를 말에 태워 와 가마터에서 치료한 일이 계기가 되어 나환자들이 광주로 몰려옴.

1910년 9월 30일. 조선총독부에 의해 면面제가 시행되고, 당시 광주는 성벽 안을 성내면이라 했고 성외에 기례방·공수방·부동방의 3방이 있었기에 1면 3방을 합쳐 '광주면'이라 호칭.

1911년 윌슨은 그라함씨가 딸을 기리기 위해 기부한 7천 달러로 현대식 건물(지하 1층, 지상 2층)인 '엘린러빈그라함기념병원'을 신축.

1911년 4월 25일. 선교사들이 후원한 기와집에서 7명의 한센병 환자를 치료하던 중, 윌슨(우월순)선교사가 스코틀랜드 에든버러에 있는 '인도와동양한센병선교회'에서 2천달러를 지원받아 봉선리에 40평 규모의 광주나병원을 건립.

1912년 3월 20일. 서서평Elisabeth J. Shepping 선교사가 미국남장로교 조선의료선교사로 광주에 와서 1934년 6월 26일 별세할 때까지 22년간 의료선교사로 광주제중원 등에서 간호사로 일함. 그는 간호부를 양성하여 조선간호부회(현 대한간호협회)를 창설하고, 광주 금정교회에 출석하여 확장 주일학교를 이끌고 부인조력회(현 여전도회)를 최초로 조직하여 전국화시켰으며, 과부와 고아 등을 위해 광주이일학교를 설립하여 전도부인과 사회사업가 등으로 양성.

1912년 11월 15일. 광주제중원은 '인도와동양한센병선교회(극동한센병협회)'의 지원을 받아 나환자촌 낙성식을 가짐.

1913년 남장로교 순천선교부가 읍성 북문 밖 동산에 14.5km²에 이르는 순천선교부 부지를 매입하고, 전주를 시작으로 군산 목포 광주에 이어 전남 동부를 관할하는 순천선교부를 열었음. 교회를 열고, 순천선교병원(1914년), 알렉산더병원(1916년)을 건립하고 전염병과 한센병 등으로 죽어가는 조선 민중을 구함.

1914년 1909년에 사망한 오웬과 그 할아버지를 기념하여 '오웬기념각'을 건립.

1914년 양파 정낙교가 사직공원 입구에 양파정楊波亭을 지어 시민의 휴식 장소로 제공.

1916년 5월 17일. 소록도에 한센병자(73명 환자)만을 위한 19번째 자혜의원을 설립. 당시 총독부는 모든 도에 관립 자혜의원을 1개씩 만들고(전국에 18개소) 전남에만 광주 자혜의원(현 전남대학교병원)과 별도로 소록도 자혜의원을 설치.

1919년 3월 10일. 광주 작은장터에서 만세운동이 일어남.

1920년 4월 11일. 경성에서 최초 대중적 노동단체인 조선노동공제회가 조직되었고, 1921년에 최흥종을 회장으로 전남지부가 결성.

1920년 숭일학교에서 학생YMCA 활동을 한 청년들이 중심이 되어 오웬기념각에서 광주기독청년회YMCA를 조직하고 다양한 사회운동을 실천. 피폐된 농촌을 살리기 위해 1925년부터 전남 각처에서 농촌야학, 신용협동조합 등을 조직하고 문맹퇴치, 농민운동, 농사법 개량, 농산물 제값받기운동을 전개함.

1921년 1월. 최흥종 목사는 북문안교회(현 광주제일교회)에서 분립된 북문밖교회(현 광주중앙교회)의 담임목사로 활동. 북문밖교회는 낮에 유치원을 운영하고, 밤에 야학으로 운영함. 유치원교사인 박화성(소설가)은 야학교사로 봉사.

1921년 광주 부자 최명구는 환갑잔치를 대신하여 '구시청(광주면사무소 터)사거리'에 흥학관興學館을 세워 시민사회단체가 활동하도록 공간을 제공함.

1922년 4월 20일. 김필례는 김활란, 유각경과 함께 조선여자기독교청년회연합회(현 한국YWCA연합회)를 조직했고, 같은 해 11월에 광주YWCA(초대회장 양응도)를 창설하여 총무를 맡음. 광주YWCA는 창립 초기부터 야학반 운영에 전념하면서 문맹퇴치운동 등을 수행함.

1922년 6월 2일. 서서평은 '전도부인 양성학교'를 시작함. 부모의 반대로 보통학교에 입학하지 못한 여인들, 가난하여 학교에 갈 수 없는 여인들, 결혼은 했으나 아이가 없어 소박당한 여인들, 남편과 사별한 여인들, 학령이 초과한 여인 등 불우하고 공교육기회를 놓친 다양한 계층의 여인을 상대로 한 이 학교는 농촌과 교회 여성 지도자를 키우기 시작.

1922년 12월 26일. 북문안교회에서 처음 만들어진 '부인조력회'(현 여전도회)는 전도활동을 활발히 하여 전남지역에서 교회를 성장 발전시키는 산실이 됨. 당시 광주의 대표적인 교회인 북문안교회(금정교회, 현 광주제일교회), 북문밖교회(현 광주중앙교회), 양림교회, 향사리교회(현 서현교회)에 출석하는 부인조력회 회원과 이일학교 학생들은 일요일 오전에는 광주 외곽 마을로 가서 '확장 주일학교'(45~47개소)를 열었는데 시간이 지나면서 확장 주일학교를 바탕으로 교회를 개척함.

1923년 9월 1일. 관동대지진 때에 조선인 사상자가 많이 발생됨.

1926년 서서평은 친구 로이스 닐Ms. Lois Neel이 준 후원금으로 양림 뒷동산에 붉은 벽돌로 3층 교사를 짓고(4개의 교실과 한 개의 사무 실) 그 이름을 따서 사립 '광주이일학교'로 칭함. 여성(15~40세)의 문맹 퇴치와 계몽을 목적으로 한 이 학교는 정부가 인정한 3년제 사립학교로 보통과와 성경과를 둠. 기숙사가 있었고, 서서평은 13명의 딸과 1명의 아들을 키우고 38명 전도부인들과 함께 살았음.

1926년 조선YMCA는 미국에 농사전문가를 파견해달라고 요구하였고, 1926년에 북미YMCA는 캐나다 출신 미국인 농사전문가인 어비슨Gordon W. Avison을 광주YMCA로 파견.

1926년 광주 부자인 지응현이 불로동에 수령당(현 수영경로당, 壽寧敬老堂)을 지어 기부함.

1927년 제중병원 원장인 우월순 선교사가 나환자들과 함께 여수 애양원으로 집단이주함.

1928년 4월 6일. 최흥종 목사는 나환자 근절을 위해 '조선나병근절책연구회'를 만듬. 이 연구회는 회장 윤치호를 비롯하여 김병로, 이인, 김성수, 송진우, 조만식 등 조선의 명망가 38명이 발기인으로 참여해 나환자를 치료하고 재활을 위해 총독부 등에 대책을 요구함.

1928년 6월 13일. 부랑걸식 폐질환자 22명으로 개원하였고, 1930년 12월 1일에 광주공제조합으로 명칭이 바뀜(현 무등육아원).

1928년 10월. 목포에서 윤치호 전도사가 7명의 부랑아와 함께 살면서 '공생원'

을 설립. 주민들과 마찰로 이곳저곳 옮겨 다니다가, 1930년 4월에 목포 유지들과 양동교회의 도움으로 대반동에 목조 원사를 신축하여 1932년 12월 15일에 정식으로 설립인가를 받고, 이후 1937년 4월 죽교동(대반동) 현 위치로 이주.

1929년 11월 3일. 통학기차에서 한 조선인 학생과 일본인 학생 간의 싸움에서 비롯된 광주학생독립운동은 점차 민족 간의 집단 패싸움으로 번졌고 이후 전국적인 독립운동의 기폭제가 되었음.

1929년 일본은 구호법을 제정하여 공공부조를 제도화시킴. 1874년에 제정된 공적 구빈법인 휼구규칙을 폐지한 대안으로 1932년부터 시행. 이 법은 일본 구민법사상 처음으로 빈곤자의 보호를 공공의 의무로 규정하고, 구호기관, 구호내용, 구호방법, 구호비 분담 부분을 명시하였고, 구호대상을 빈곤자와 생활불능자로 한정. 이 법은 식민지 조선에는 적용되지 않았지만, "13세 미만의 고아를 국가가 보호한다"는 기준에 따른 아동복지사업이 확산됨.

1929년 강순명은 광주YMCA 간사 겸 농촌책임자인 최영균, 어비슨과 함께 농촌사업을 활발하게 추진함. 그는 여러 지역을 돌며 폐병환자, 부랑자, 병자 등을 도우며 기도하던 중 전주 서문밖교회의 배은희 목사를 만나고 훗날 독신전도단을 창단한 계기가 됨. 유상백 장로 등과 함께 야학교사, 전도사가 되고 협동소비조합을 조직하여 독신전도단을 만들고, 전북 익산군 석찬리 옛뚝이 부락(현 석천동)에서 진명학원을 설립하고 지역개발운동을 펼쳤음.

1930년 제중병원 3대 원장 부란도L.C.Brand 선교사가 결핵퇴치사업에 열정을 쏟기 시작.

1931년 4월 1일. 지방제도 개정에 따라 성내면을 포함 '광주면'은 광주읍으로 승격됨.

1931년 9월 18일. 일제는 만주사변을 일으킴.

1932년 일본에서 구호법이 시행되면서 방면위원은 구호사무에 대하여 시정촌장의 보조기관으로 활동함.

1933년 어비슨은 사재를 털어 수피아여학교 앞에 농업실습학교를 세워 지도자를 양성하였지만, 일제의 탄압으로 1938년에 중단. 농업실습학교에서 성경을 배우고 농업기술을 익힌 강순명, 이현필, 이준묵 등은 이후 대한민국을 대표하는 기독교 지도자겸 사회운동가로 성장.

1933년 4월 '구라행진'은 오방 최흥종에 의해 주도되고, 서서평 선교사 등이 적극 협력하며, 나환자 500여명이 '나환자의 구제와 근절책의 수립과 실현'을 요구하며 광주에서 경성까지 11일간 신작로(국도1호선)로 '도보행진'을 하여 총독부에서 일곱 시간 동안 연좌시위를 함. 나환자근절책으로 격리, 치료, 구제, 예방 4가지를 요구하였고 우가키 총독을 만나 대책에 대한 확답을 받은 혁명적인 사건임. 구라행진을 계기로 조선총독부가 1935년에 조선나병예방법을 제정하고, 자혜의원(현 국립소록도병원) 옆에 있는 소록도갱생원을 1939년 11월에 대규모 갱생원으로 바꿈.

1933년 흥학관에서 최흥종과 최원순 등 광주지역 유지 37명이 민중계몽운동과 빈민구제사업을 목적으로 계유구락부를 만듬. 계유구락부는 광주천 직강공사로 집이 헐린 200여 명이 경양방죽에 집단생활을 할 수 있는 걸인촌을 만들고 걸인잔치를 열도록 지원하기도 했음.

1934년 6월 26일. 서서평 선교사가 사망하자 27일에 오웬기념각에서 장례를 치름. 장례식 이후 최원순 등 계유구락부 회원들이 "시민사회단체들이 모여 범 시민적으로 추도식"을 제안하여 7월 7일 오웬기념각에서 추도식을 가짐. 서서평의 장례식은 광주지역 최초의 사회장으로 알려졌지만, 사회장 수준의 추도식이었음. 서서평은 유언으로 제자 오복희에게 "광주천변 빈민들에게 전도하고 그들을 돌보라"는 사명을 주었고, 그녀는 스승의 유지를 따랐음.

1934년 10월 30일. 지응현은 덴마크의 그룬트비히의 활동에 감동을 받아서 응세농도학원(현 광주가톨릭대교구청 부지)을 설립.

1935년 10월 1일. 광주읍은 광주부로 바뀌었는데 이때 행정구역은 41개 정으로 확장.

최흥종 목사는 나환자의 재활을 위하여 살았으며, 신사참배하는 한국교회를 향하여 비판하고 '사망통지서'를 보내 사회적 죽음을 선택.

1937년 7월 7일. 일제는 중일전쟁을 치루면서 황국식민정책을 강화함.

1938년 4월. 서서평의 제자이면서 전남노회 최초 여전도사인 김화남은 양림동 53번지(현 양림동행정복지센터 건너)에 '전남성노원'을 개원하고 초대 원장이 됨.

1940년 제중병원은 신사참배 문제로 일제에 의해 선교사들이 추방되고 강제 폐쇄됨.

1943년 동광원은 이현필 선생이 전북 남원읍 삼일목공소 오북환 집사 집에서 비밀리에 예배를 드린다는 이야기를 듣고 찾아가 성경 강해와 하나님 말씀을 전하는 등 남원에서 시작한 수도공동체로 1948년 광주로 이주해 있다가, 1980년 정인세 선생의 주관으로 공동체가 최초로 태동되었던 남원군 대산면 운교리의 토지 147,400㎡를 매입, 교회와 집을 짓고 이전하면서 동광원 본원이 확고하게 재정립됨.

1944년 귀일원歸一園은 1944년 이현필 선생이 남원 지리산 자락 서리내에서 예수 그리스도의 삶을 실천하기 위하여 작은 수도공동체를 이루고 1948년 여순사건으로 인한 민족의 고난과 아픔을 함께 나누고자 1949년 화순군 도암면 청소골에서 고아 8명을 돌보기 시작한 것이 시작임.

1944년 3월 1일. 일본의 구호법에 준거하여 '조선구호령'이 제정. 조선구호령은 태평양전쟁으로 제대로 시행되기 어려웠지만, 그 내용은 미군정기에 후생국보3C호로 이어졌고, 1961년 생활보호법이 제정될 때까지 기준이 됨.

1944년 5월 20일. 신사참배 반대로 폐교된 수피아여학교의 교사에서 광주의학전문학교가 개교되었고, 이 학교는 해방 후 전남대학교 의과대학으로 발전됨.

1947년 9월 4일. 이화여자대학교 '기독교사회사업과'가 생기고, 이 학과는 1951년에 '종교사업과'로 명칭이 바뀌고, 1954년에 '사회사업과'로 변경되어 기독교교육전공과 사회사업전공으로 운영되었다. 1958년 2월에 '사회사업과 사회사업전공'이 '사회사업학과'로 승격됨.

1948년 10월 19일. 여순사건으로 고아들이 늘어나자 1950년 1월 15일에 목포에서 고아원(목포공생원)을 운영하던 윤치호 원장의 제안으로 광주 YMCA를 중심으로 70명이 모여 고아원 '동광원'(원장 정인세)을 설립함. 고아들을 황금동 적산가옥에서 수도공동체 가족들이 주축이 되어 돌보다가, 6·25전쟁 후에는 남자들은 지산동에서, 여자들은 양림동에서 600여 명까지 돌보다 정부 방침에 따라 1954년 8월 19일에 해산됨. 이현필 선생과 그의 제자들은 동광원의 고아들을 헌신적으로 섬겼고, 결국 동광원은 이현필 선생의 운동단체가 되었음.

1949년 8월 15일. 광주부는 광주시로 바뀜.

1951년 제중병원 5대 원장 고허번(카딩턴H.A Codington) 선교사가 병원을 재개원하여 결핵퇴치사업에 힘썼음.

1952년 박순이 여사는 충현영아원을 설립.

1952년 7월 1일. 조아라 여사는 광주YWCA회관에 아동(소녀) 12명과 함께 광주성빈여사를 설립.

1952년 7월 13일. 광주그리스도의 교회에서 목회하던 강수명 목사는 천혜경로원을 설립. 초기에는 직접 운영하였지만, 장신애 사모가 도맡았고 사후에는 장원장이 총괄함.

1952년 육군참모총장을 지낸 백선엽 장군의 지리산 토벌작전의 결과로 생긴 고아를 돌보기위해 1952년 백선육아원을 발족하여 운영하다가 1983년 백선사회봉사원으로 명의를 변경. 1988년 9월에 샬트르 성바오로 수녀회 대구관구에 기증하였고, 1992년 5월에 지적장애인 생활시설 설치허가를 받음.

1953년 3월. 해남등대원의 개원과 해남읍교회 이준묵 목사가 원장으로 취임. 1954년에 동광원에서 일부 고아는 '해남등대원'으로 이주. 1957년 4월 사회복지법인 해남등대원 설립인가, 1964년 2월 아동복지시설로 인가받음.

1953년 부산에서 서울로 복귀한 중앙신학교는 장사동에 있는 일본창가학회 사원이었던 건물을 구하여 6월부터는 사회사업의 지도자를 배출하고자 '사회사업학과'를 한국 최초로 설치함.

1954년 7월 1일. 광주영광원은 광주시 구동 12번지에서 전남영광원과 맹학원(초대 원장 김택만)으로 설립되었음.

1955년 제중병원은 주한 미군과 육군 등의 지원으로 결핵환자 전용 병동 3층(781평)을 증축하였는데 환자로 넘쳤음. 고허번 원장은 결핵환자들을 병원 치료뿐 아니라 전남 여러 곳에 요양원 설립하도록 지원하여 어려운 환자들의 퇴원 이후의 삶까지도 배려함.

1956년 가을에 폐결핵환자 수용시설인 송등원을 운영함.

1956년 7월 1일. 광주희망원(박금현 원장)은 서구 광천동 하천부지에 '무등갱생원'의 설립에서 비롯되었음. 당시 광천동 일대는 하천부지이었고, 전쟁 피난민들이 많이 거주했음.

1956년 10월 1일. 전남농아원은 동구 학동 901번지에서 창립되었고, 1960년 4월 17일에 전남농아학교 설립 인가를 받았음. 1981년에 광주인화원으로 이름이 바뀌고, 이른바 '도가니 사건'으로 2012년에 폐원.

1956년 12월 27일. 동산보육회 설립 인가를 받고, 1957년 4월 22일에 '신체허약아' 보호를 위해 행복원 시설 인가를 받았음.

1958년 서울대학교 대학원 사회학과에 사회사업전공이 생기고, 1959년에 학부에 사회사업학과(초대 주임교수 하상락)가 생겼음.

1958년 광주 대교구장 현 헤롤드 주교가 천주의성요한의료봉사수도회를 초대하고, 아일랜드관구는 1958년에 5명의 수사들을 한국에 파견하였음. 북구 임동에 현대식 병원으로 개축하고 수도원은 신축하여 1960년 1월 2일에 천주의성요한병원을 개소했음.

1960년 11월 10일. 이일학교 출신자들이 이일성로원을 설립하고 11월 18일에 이정희 원장이 취임. 서서평 선교사가 만든 이일학교 출신 일부 전도부인들은 노후에 공동체생활을 하였는데, 그 집을 바탕으로 이일성로원을 설립함.

1961년 11월 19일. 제정되고 그달 10일부터 시행된 윤락행위등방지법으로 부녀복지사업이 체계화됨. 광주YWCA는 1962년에 윤락여성들의 직업훈련을 위해 계명여사를 설립함.

1961년 4월. 이일성경학교는 1961년에 전주 한예정신학원과 통합되어 전주한일여자신학교가 되고, 한일신학교를 거쳐 한일장신대학교로 발전됨. '한일'은 한예정의 '한'과 이일학교의 '일'을 계승한 것임.

1961년 12월 30일. 생활보호법, 아동복리법이 제정되고 1962년에 시행됨.

1962년 2월. 보건사회부 장관 자문기구로 설치된 '사회보장제도심의위원회'(다음해에 사회보장심의위원회로 개칭)의 역할이 매우 컸음. 5·16 쿠데타를 일으킨 군부는 1962년 12월 개정 헌법 제30조에 "모든 국민은 인간다운 생활을 할 권리를 가진다"와 "국가는 사회보장의 증진에 노력하여야 한다"는 내용을 담았음.

1962년 4월 28일. 결핵환자를 치료하기 위해 목포시, 한·노협회, 캐나다유니테리안봉사회가 공동으로 '목포아동결핵병원'을 개원함.

1963년 11월 5일. 산업재해보상보험이 제정되고, 1964년 7월 1일부터 시행되었음.

1964년 11월 16일. '사회복지관'이란 용어를 처음 쓴 목포사회복지관은 캐나다유니테리안봉사회가 목포시에서 건축 대지를 제공하여 건물을 증축하여 설립됨. 이 봉사회는 1965년에 인천사회복지관, 1966년에 이천사회복지관, 1968년에 마포사회복지관을 설치 운영하면서 새로운 복지 모델로 정착시켰음.

1965년 2월 24일. 사회복지시설로서 귀일원은 정인세 선생의 주관하에 "불구폐질자" 보호목적으로 보건사회부로부터 재단법인 귀일원 설립 신청 허가를 받아 초대 이사장으로 오북환 님이 취임하였고, 9월 10일 귀일원은 정원 20명의 "불구폐질자 보호시설 인가"를 받았음.

1966년 8월 18일. 김준호는 사단법인 제14호로 무등자활원을 등록함. 무등산 일대에서 결핵환자의 요양공동체는 상당한 성공을 거두었지만, 식구들이 늘어나면서 지속 가능한 방식을 찾아야 했음. 1967년에 무등산에 제4수원지가 만들어지고 움막 철거령이 내려졌고, 1972년 5월에는 무등산이 도립공원이 되면서 요양소가 모두 철거되었음.

1967년 9월. 정희섭 보건사회부 장관은 '사회개발'프로젝트를 적극 추진함. 유엔은 경제개발이 경제적 불평등의 확대, 과도한 도시집중, 공해의 발생 등 사회적인 폐해를 낳는 것을 고려하여 경제개발과 사회개발의 균형을 추구하는 '균형있는 사회·경제개발'을 강조했음.

1968년 광주사회복지사협회장을 역임한 소진택 회장은 1968년 대흉년에 전남에서 기아가 많이 발생했고, 고아원도 초만원으로 더 이상 아동을 보호할 수 없어서 '대한사회복지회 영아일시보호소'를 만들고 국내외 입양을 적극 실시했다고 증언.

1969년 6월 5일. 은희남 목사가 어머니 홍승애 권사의 후원으로 서구 상무동산 1번지에 무등정신요양원을 개원하면서 이후 은성원, 기독건강병원 등으로 이어짐.

1970년 1월 1일. 제정된 사회복지사업법은 사회복지사업의 정의, 사회복지법인, 사회복지시설, 사회복지사업종사자 등을 담은 체계적인 법률.

1973년 4월. 이애신 원장이 설립한 인애모자원은 낮시간 동안 한부모 가족의 자녀들을 돌봐주며 어머니들이 안심하고 일할 수 있도록 지원함.

1975년 5월 1일. 전남사회복지사협회가 조직되었고(초대 회장 소진택), 이후 광주·전남사회복지사협회로 개칭되었다가, 1998년에 전남사회복지사협회가 독립하면서 광주사회복지사협회로 발전.

1976년 7월 15일. 창립된 실로암사람들은 초기에는 월간 '실로암'을 발간하고, 실로암중창단 창단, 장애인캠프(연 1회), 여성장애인 생활시설인 실로암재활원 개원 등 여성장애인 관련 사업을 집중하였음. 인화학교 성폭력 사건의 피해자를 지원하면서 공동생활가정, 지역아동센터 등 작은 규모 시설을 운영하고, 이후 장애인의 주거, 학습, 취업 등 욕구에 맞는 새 사업을 기획함.

1977년 7월. 의료보험이 직장가입자부터 시행되고 1988년에 농어민에게 확대되고, 1989년에 도시자영자에게로 확대됨.

1978년 4월 29일. 광주선명학교는 공립 특수학교 설립인가를 받고 1980년에 개교.

1980년 5월 18일. 5·18광주민중항쟁에서 10대 청소년은 가두시위와 무장항쟁에서 뿐만 아니라, 선전활동, 헌혈과 간호, 사망자의 수습, 시위대에게 식사제공 등 각종 지원활동에 참여함. 특히, 헌혈, 사망자 수습, 식사제공, 선전활동 등 비전투활동에서는 여고생의 활동이 두드러졌음

1981년 1월 엠마우스는 성골롬반 외방선교회 천노엘 신부가 월산동에 위치한 주택에서 지적장애인과 봉사자와 함께 공동생활가정에 살면서 시작되었음. 천노엘 신부는 천주교 광주대교구 유지재단 소속으로 지적장애인·자폐성장애인의 능력 증진과 삶의 질향상을 위한 특수교육, 직업훈련, 사회적응훈련은 물론 긍정적인 이미지 보급을 위해 '정신박약아'라는 용어 바꾸기 운동, 사회통합운동 등을 체계적으로 시행함.

1981년 아동복지법으로 전면 개정되고, 노인복지법, 심신장애자복지법(현 장애인복지법)이 제정되어 사회복지사업이 보다 체계적으로 발전.

1981년 호남 최초로 전주한일신학교(현 한일장신대학교)에 사회복지학과가 생겼음.

1982년 4월 13일. 1981년 5월 1일에 설립된 한국맹인복지협회가 광주전남지부를 설립하였음. 협회는 1989년에 회관(대지 163평, 건평 130평, 지하 1층 지상 2층)을 준공함.

1982년 9월. 은혜학교는 임동성당 내 '씨튼조기교육센터'를 개설하면서 시작되었음.

1984년 11월 24일. 전라남도사회복지협의회가 창립되고, 12월에 나판수 회장 취임.

1986년 1월 20일. 광주선광학교는 설립 인가를 받고, 그해 3월 25일에 비아초등학교 가교사에서 개교하여, 지적장애와 발달장애를 포함한 특수교육 대상자를 위한 학교로 발전.

1986년 11월 1일. 부산·대구·인천에 이어 네 번째로 광주시는 광주직할시로 승격됨.

1987년 2월 23일. 광주직할시사회복지협의회가 창립됨.

1987년 사회복지전담공무원(7급 별정직)이 도입.

1988년 1월 1일. 전남 송정시와 광산군 전역이 광주직할시에 편입됨.

1988년 1월 1일. 개관한 광주광역시장애인종합복지관은 집에 거주하는 성인장애인을 위한 새로운 개념의 시설. 장애인재활협회가 중심이 되어 공동모금을 하고, 정부 지원을 받아서 설립했음.

1988년 1월 1일. 국민연금이 10인 이상 사업장부터 시행됨.

1989년 전교조가 생기고, 참교육을 주장하던 중고등학교 교사들이 대량으로 해직되면서 참교육선봉대, 광주지역고등학생협의회 등 고등학생연대조직이 생겼음. 이들은 교사 운동과 연계해서 청소년운동을 할 뿐만 아니라, 청소년에 의한 청소년운동단체를 만들고, 학교에서의 체벌금지, 야간자율학습 폐지, 두발자유운동, 18세 선거권운동 등 인권운동을 펼침.

1990년 3월 1일. 광주·전남에서 최초로 광주대학교(4년제)와 광주보건대학(2년제) 사회복지학과가 입학생을 받음

1991년 1월 14일. 영유아보육법이 제정되었고, 이 법에 의한 어린이집은 개인도 일정한 조건만 갖추면 신고하여 운영할 수 있게 되면서, 이른바 '개인 신고시설'의 모형이 도입됨.

1993년 12월 27일. 고용보험법이 제정되었고, 1995년부터 시행되어 '4대 사회보험'의 시대가 열림.

1997년 4월 19일. 광주에서 '청소년을 사랑하는 젊은이들의 모임'이 창립되면서 청소년과 청년에 의한 청소년운동으로 성격이 바뀌었음. 이 모임은 고등학교 시절에 참사랑 배움터(1989) 등을 조직하여 청소년운동을 했던 대학생과 청년들이 중심이 되어 조직.

1999년 9월 7일. 국민기초생활보장법이 제정되고 2000년 10월 1일부터 시행되어, 이른바 '생산적 복지'가 도입됨.

2000년 우리이웃은 오치주공아파트에서 장애인 자립생활을 시도하고, 체험홈에서 생활한 생활인들은 인터넷을 통해 장애인 자립생활의 중요성을 역설하고 장애인활동가로 성장함.

2000년 광주에서 장애인운동 혹은 장애인인권운동은 이른바 '도가니 사건'을

계기로 크게 달라졌음. 2000년부터 5년 동안 광주인화학교에서 청각 장애 아동을 대상으로 교직원들이 저지른 성폭행 사건은 사회문제화 되었지만 덮어졌음. 공지영 작가가 쓴 '소설 도가니'가 2011년에 영화로 만들어지면서 이 사건은 큰 반향을 일으켰음. 피해를 받은 장애인들은 2006년에 공동생활가정으로 옮기고, 지역아동센터 등에서 학습하면서 역량을 키웠음. 이를 계기로 사회복지법인에 외부추천이사가 참여하는 조항을 포함하여 사회복지사업법을 개정하고, 사회복지사 등의 처우 및 지위향상을 위한 법률의 제정에 큰 영향을 줌.

2001년 광주지역 장애인계가 도가니 사건을 주도적으로 이끈 것은 광주장애인차별철폐연대(장차연)가 활동가들을 조직화하고 협상력을 키웠기 때문이었음. 장차연은 이동권투쟁을 중심으로 역량을 키우고, 장애인이 시내버스나 지하철 등을 이용할 때 차별 받지 않는 세상에서 살고 싶다는 운동은 2005년에 전국장애인차별철폐연대를 통해 더욱 조직화 되었음.

2003년 3월 7일. 장애인복지관에 대한 수요가 늘어나면서 광산구장애인복지관이 개관되고, 점차 1개 구에 1개씩 장애인복지관이 설립되었음.

2008년 7월. 노인장기요양보험이 시행.

2009년 2월. 빛고을노인복지재단 설립등기를 하고, 6월에 빛고을노인건강타운을 개원.

2009년 12월 18일. 광주복지공감플러스 창립

2015년 3월. 빛고을노인복지재단은 '광주복지재단 설립 및 운영조례 개정'으로 이름이 바뀌고, 그해 6월부터 광주복지재단 이름으로 빛고을노인건강타운을 운영함

2015년 광주사회복지회관이 만들어지고, 광주사회복지협의회와 광주사회복지사협회가 입주

2020년 10월 13일. 광주광역시사회서비스원 개원식

2023년 3월 18일. 광주광역시와 5개 자치구가 함께 '광주다움통합돌봄'을 시작함

인물 관계도

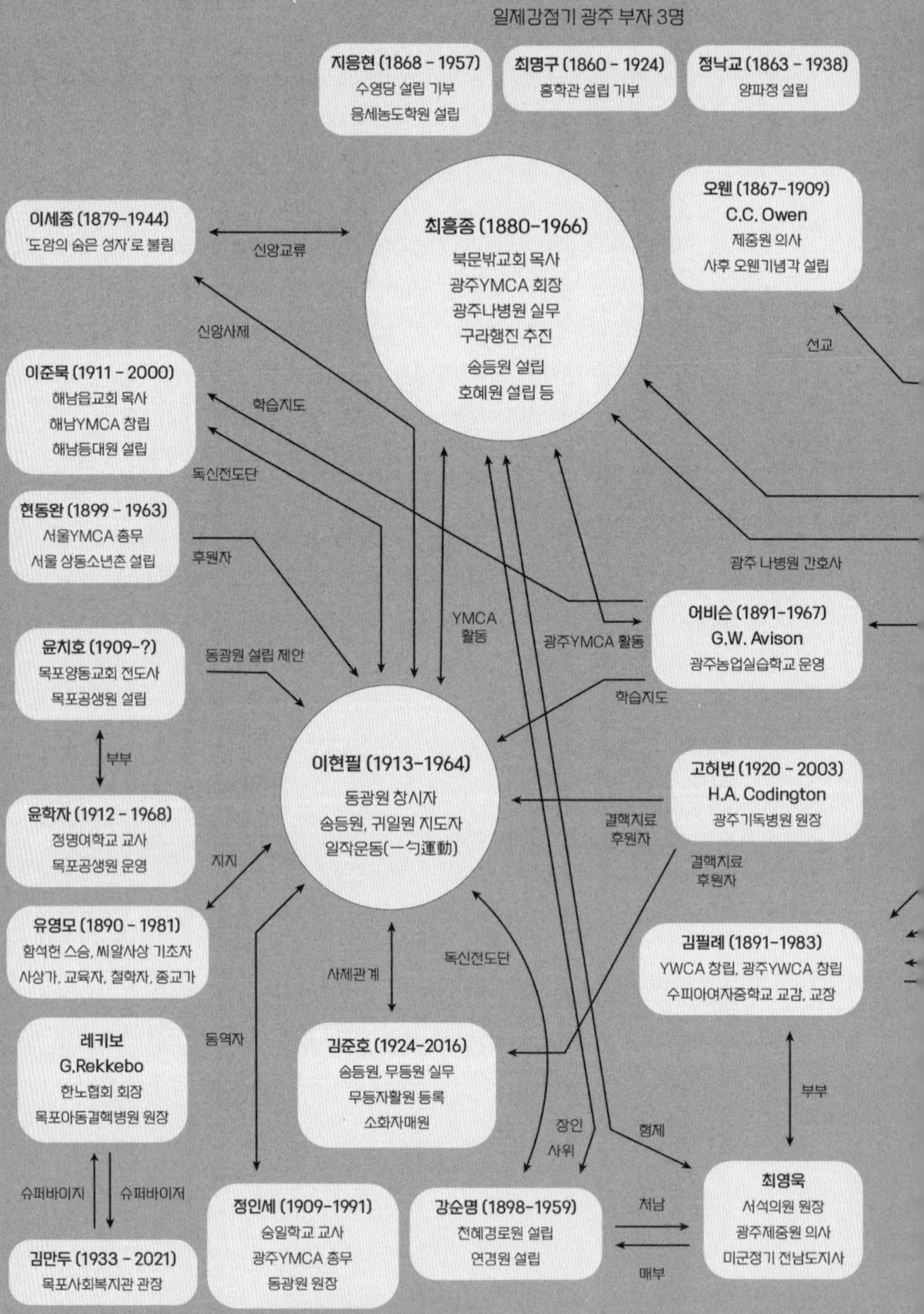

일제강점기 광주 부자 3명

지응현 (1868 - 1957)
수영당 설립 기부
응세농도학원 설립

최명구 (1860 - 1924)
홍학관 설립 기부

정낙교 (1863 - 1938)
양파정 설립

최흥종 (1880-1966)
북문밖교회 목사
광주YMCA 회장
광주나병원 실무
구라행진 추진
송등원 설립
호혜원 설립 등

오웬 (1867-1909)
C.C. Owen
제중원 의사
사후 오웬기념각 설립

이세종 (1879-1944)
'도암의 숨은 성자'로 불림

이준묵 (1911 - 2000)
해남읍교회 목사
해남YMCA 창립
해남등대원 설립

현동완 (1899 - 1963)
서울YMCA 총무
서울 상동소년촌 설립

윤치호 (1909-?)
목포양동교회 전도사
목포공생원 설립

윤학자 (1912 - 1968)
정명여학교 교사
목포공생원 운영

유영모 (1890 - 1981)
함석헌 스승, 씨알사상 기초자
사상가, 교육자, 철학자, 종교가

레키보
G.Rekkebo
한노협회 회장
목포아동결핵병원 원장

김만두 (1933 - 2021)
목포사회복지관 관장

이현필 (1913-1964)
동광원 창시자
송등원, 귀일원 지도자
일작운동(一勺運動)

어비슨 (1891-1967)
G.W. Avison
광주농업실습학교 운영

고허번 (1920 - 2003)
H.A. Codington
광주기독병원 원장

김필례 (1891-1983)
YWCA 창립, 광주YWCA 창립
수피아여자중학교 교감, 교장

김준호 (1924-2016)
송등원, 무등원 실무
무등자활원 등록
소화자매원

정인세 (1909-1991)
숭일학교 교사
광주YMCA 총무
동광원 원장

강순명 (1898-1959)
천혜경로원 설립
연경원 설립

최영욱
서석의원 원장
광주제중원 의사
미군정기 전남도지사

신앙교류
신앙사제
학습지도
독신전도단
후원자
동광원 설립 제안
YMCA 활동
광주YMCA 활동
광주 나병원 간호사
선교
학습지도
부부
지지
결핵치료 후원자
결핵치료 후원자
사제관계
독신전도단
동역자
장인
사위
형제
부부
슈퍼바이지
슈퍼바이저
처남
매부

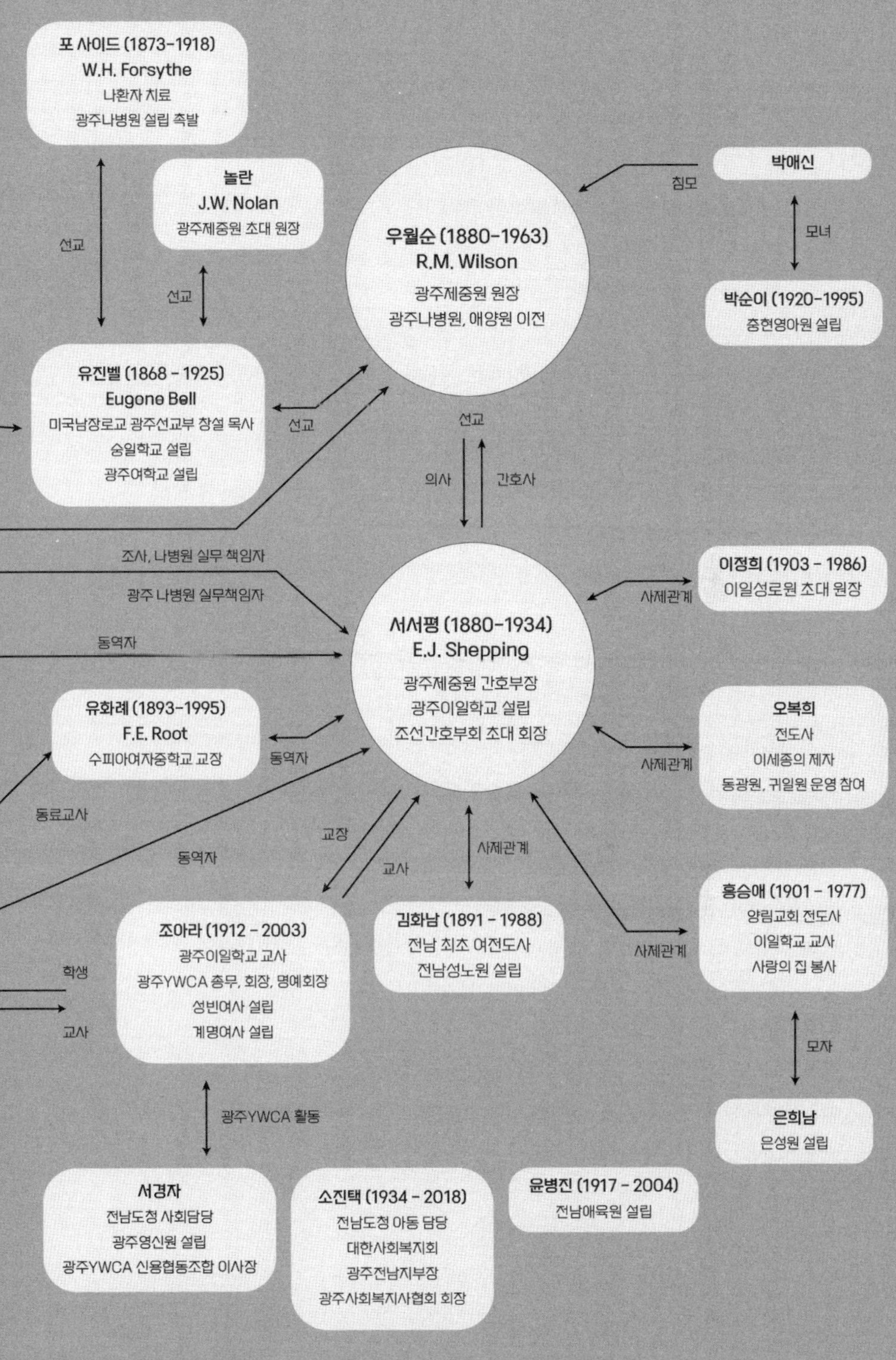

포 사이드 (1873-1918)
W.H. Forsythe
나환자 치료
광주나병원 설립 촉발
놀란
J.W. Nolan
광주제중원 초대 원장
선교
선교
우월순 (1880-1963)
R.M. Wilson
광주제중원 원장
광주나병원, 애양원 이전
박애신
침모
모녀
박순이 (1920-1995)
충현영아원 설립
유진벨 (1868 - 1925)
Eugene Bell
미국남장로교 광주선교부 창설 목사
숭일학교 설립
광주여학교 설립
선교
선교
의사
간호사
조사, 나병원 실무 책임자
광주 나병원 실무책임자
동역자
서서평 (1880-1934)
E.J. Shepping
광주제중원 간호부장
광주이일학교 설립
조선간호부회 초대 회장
이정희 (1903 - 1986)
이일성로원 초대 원장
사제관계
유화례 (1893-1995)
F.E. Root
수피아여자중학교 교장
동역자
오복희
전도사
이세종의 제자
동광원, 귀일원 운영 참여
사제관계
동료교사
동역자
교장
교사
사제관계
홍승애 (1901 - 1977)
양림교회 전도사
이일학교 교사
사랑의 집 봉사
사제관계
조아라 (1912 - 2003)
광주이일학교 교사
광주YWCA 총무, 회장, 명예회장
성빈여사 설립
계명여사 설립
학생
교사
김화남 (1891 - 1988)
전남 최초 여전도사
전남성노원 설립
모자
은희남
은성원 설립
광주YWCA 활동
서경자
전남도청 사회담당
광주영신원 설립
광주YWCA 신용협동조합 이사장
소진택 (1934 - 2018)
전남도청 아동 담당
대한사회복지회
광주전남지부장
광주사회복지사협회 회장
윤병진 (1917 - 2004)
전남애육원 설립

참고문헌

감정기·최원규·진재문(2012), 사회복지의 역사, 나남.

강용복(2007), 정신장애인 요양시설 통합지원체계의 효과성에 관한 연구, 광주대학교 사회복지전문대학원.

광주광역시남구(2009), 광주 근대역사 문화의 보고 양림동, 광주광역시남구.

광주대학교 대학원 사회복지학과 20인(1998), 시설과 인물 1- 광주전남편, 은평천사원 출판부.

광주사회조사연구소(2000), 청소년 종합실태조사.

광주사회조사연구소(2002), 청소년 종합실태조사-자료집-.

광주YMCA역사편찬위원회(2010), 광주YMCA 90년사 1920~2010.

광주학생독립운동동지회(1996), 광주학생독립운동사.

귀일원(2008), 성자 이현필.

기독교동광원수도회(2009), 맨발의 성자 이현필과 동광원, 기독교동광원수도회.

기독교동광원수도회(2018), 예수의 참제자 이현필, 좋은땅.

김준호(2000), 그분께 드리는 고백, 예원.

김준호 엮음(2001), 저 꽃들이 어떻게 자라는가 생각해 보아라, 예원.

문순태(2001), 성자의 지팡이, 다지리.

문순태(2013), 낮은 땅의 어머니, 광주YWCA 소심당 조아라 기념사업회.

박광준(2013), 한국사회복지역사론, 양서원.

박상진·임희국·채송희(2017), 한국에 비쳐진 복음의 빛- 루터 그리고 서서평, 종교개혁 500주년 기념 한국교회 이야기, 기독교문사.

박선홍(2014), 광주1백년 1·2, 광주문화재단.

박선홍(2015), 광주1백년 3- 개화기 이후 광주의 삶과 풍속, 광주문화재단.

백춘성(1980), 천국에서 만납시다: 선교사 서서평 일대기, 대한간호협회.

백춘성(2017), 조선의 작은 예수 서서평- 천천히 평온하게, 두란노서원.

변주나·박원순 편(2000), 치유되지 않은 오월: 20년 후 광주민중항쟁 피해자 실상 및 대책, 다해.

사회복지법인 귀일원(2010), 귀일원60년사– 맨발의 섬김으로 피어오르는 사랑, 대동문화재단.

사회복지법인 소화자매원(2006), 소화설립 50년사, 소화자매원.

사회복지역사연구회 편저(2016), 사회복지와 역사 창간호, 광주대학교 출판부.

소진택·이용교(2014), 소진택의 생애와 복지활동, 광주대학교 출판부.

안성례(1998), "5월 민중항쟁과 여성의 참여", 21세기 동아시아 평화와 인권: 제주 4·3 제50주년기념 국제학술대회 자료집, 제주4·3연구소.

안종철(2000), "광주민중항쟁의 진개과정 연구: 시민군의 형성과 활동을 중심으로", 5·18광주민중항쟁에 대한 재조명: 5·18 20주년 기념학술연구 발표회 자료집, 5·18연구소.

양국주(2012), 바보야 성공이 아니라 섬김이야– 엘리제 쉐핑 이야기, Serving The People.

양국주(2016), 그대 행복한가요?– 행복을 잃고 살아가는 바보들에게 주는 서서평의 편지, Serving The People.

양창삼(2012), 조선을 섬긴 행복– 서서평의 사랑과 인생, Serving The People.

엄두섭(1990), 맨발의 성자– 한국의 성 프란치스코 이현필 전, 은성.

엄두섭 엮음(1993), 순결의 길·초월의 길, 은성.

오방기념사업회(2000), 화광동진의 삶– 오방 최흥종 선생 기념문집, 광주YMCA.

오재일·민형배, "5·18광주민중항쟁 기념사업 평가와 전망", 해외에서의 5월운동에 관한 국제학술토론회, 전남대학교 5·18연구소.

윤남하(1983), 강순명목사 소전, 호남문화사.

이덕주(2008), 광주 선교와 남도 영성 이야기, 진흥.

이용교(2016), "일제하 구라행진의 실행과 성과에 관한 연구", 사회복지역사연구회 편저, 사회복지와 역사 창간호, 광주대학교 출판부.

이용교(2021), "광주에서 결핵환자의 요양과 자활 공동체 연구", 사회복지역사연구 제4권, 한국사회복지역사학회.

이용교 외(1997), 청소년인권보고서, 인간과 복지.
이용교 편저(1993), 이야기 사회복지, 은평천사원 출판부.
이용교 편저(2013), 한국 사회복지를 개척한 인물, 광주대학교 출판부.
이윤구(2007), 사랑의 빵을 들고 땅 끝까지, 아름다운사람들.
이춘문(1990), "5·18과 청년학생들", 현대사사료연구소, 5·18광주민중항쟁과 한국민족민주운동: 5·18광주민중항쟁 9주년 기념 학술토론회 자료집.
인요한(2010), 내 고향은 전라도 내 영혼은 한국인, 생각의나무.
임철우(2000), "5·18 정치폭력의 잔학성", 변주나·박원순 편, 치유되지 않은 오월: 20년 후 광주민중항쟁 피해자 실상 및 대책, 다해.
임희모(2015), "선교적 그리스도인으로서 서서평Elisabeth J. Shepping 선교사의 선교사역:선교적 교회 형성에 주는 함의", 선교신학 제38호, 한국선교신학회.
임희모(2020), 서서평 선교사의 통전적 영혼 구원 선교- 20세기 선교와 21세기 한국교회의 선교신학, 동연.
정근식(1998), "5월 '행사'에서 '축제'로", 축제 민주주의 지역활성화, 전남대학교 사회과학연구소·지역사회학회 공동주최 1998년도 학술대회 자료집.
조성린(2016), "조선시대 행정과 현대행정 비교", 사회복지역사연구회 편저, 사회복지와 역사 창간호, 광주대학교 출판부.
진 어비슨·고든 어비슨·고힌 부부(2011), 어비슨의 한국에서 추억과 고힌부부, 어비스기념관운영위원회.
진용철(2000), "나환자의 영원한 아버지", 오방기념사업회, 화광동진의 삶- 오방 최흥종 선생기념문집, 광주YMCA.
차종순(2010), 성자 이현필의 삶을 찾아서, 대동문화재단.
최윤상(2000), "거지와 고아들의 아버지", 오방기념사업회, 화광동진의 삶- 오방 최흥종 선생기념문집, 광주YMCA.

참고 사이트

광산구장애인복지관	http://www.gsrc.or.kr
광주광역시사회복지사협회	http://www.gasw.or.kr
광주광역시사회복지협의회	http://www.gjwelfare.or.kr
광주광역시시각장애인연합회	http://www.gjbu.or.kr
광주광역시장애인종합복지관	http://www.kjwc.or.kr
광주기독병원	http://www.kch.or.kr
광주선광학교	http://sunkwang.gen.sc.kr
광주선명학교	http://sunmyong.gen.sc.kr
광주세광학교	http://sekwang.gen.sc.kr
광주영광원	https://www.gjw.or.kr
광주영아일시보호소	http://www.kjsws.or.kr
광주YMCA	http://www.iymca.or.kr
광주YWCA	http://www.kjywca.or.kr
귀일원	http://www.gwiilwon.or.kr
동명회	http://www.dmwelfare.or.kr
동산보육회(행복재활원)	http://www.haengbok.or.kr
무등육아원	http://mdkids.org
백선바오로의집	http://www.100sunpaul.or.kr
성빈여사	http://www.gjw.or.kr/sungbin
소화자매원	http://www.sohwaj.or.kr
시민과함께꿈꾸는복지공동체	https://cafe.daum.net/ewelfare
실로암사람들	http://www.실로암사람들.kr

엠아우스복지관	http://www.emmausw.or.kr
여수애양병원	http://www.wlc.or.kr
5·18민주화운동기록관	https://www.518archives.go.kr
위키백과	https://ko.wikipedia.org
은혜학교	http://eunhae.gen.sc.kr
이일성로원	http://www.gjw.or.kr
인애동산	http://www.swinae.org
전남성노원	http://www.전남성노원.kr
천주의 성요한병원	http://www.yohanhos.or.kr
천혜경로원	http://www.chunhye.or.kr
한국사회복지역사학회	http://www.swhistory.or.kr
한일장신대학교	https://www.hanil.ac.kr
호남신학대학교	https://www.htus.ac.kr

출처

1장 광주복지재단이 기획한 전문복지교육(2016년 5월 31일)에서 강의한 "광주 사회복지의 역사와 과제"

2장 전남복지재단이 기획하고 목포시사회복지사협회가 주관한 행사(2020년 6월 25일)에서 강의한 "전남 사회복지의 역사와 인물"

3장 한국사회복지역사학회가 발간한 '사회복지역사연구' 제1권(2018)에 수록된 "일제하 구라행진의 실행과 성과에 관한 연구"

4장 '사회복지역사연구' 제6권(2023)에 수록된 "광주이일학교에서 서서평의 교육과 사회활동에 관한 연구"

5장 '사회복지법인 귀일원 60주년 행사'(2008년 9월 26일)에서 발표된 "복지운동에서 귀일원의 역할과 과제"

6장 '사회복지역사연구' 제4권(2021)에 수록된 "광주에서 결핵환자의 요양과 자활 공동체 연구"

7장 광주광역시장애인종합복지관 '개관 30주년을 기념 세미나'(2018년 1월 26일)에서 발표된 "광주 사회복지에서 장애인복지의 변화"

8장 무등청소년회가 주최한 '청소년인권 세미나'(2003년 9월 30일)에서 발표된 "역사적 맥락에서 본 광주 청소년의 인권"

9장 광주광역시사회복지사협회의 『광주의 사회복지』(2014년)에 실린 "인권에 바탕을 둔 광주사회복지의 성찰"

이용교

중앙대학교와 동 대학원에서 사회복지학을 전공하여 문학박사를 취득하였다. 한국복지정책연구소와 한국청소년정책연구원에서 연구위원으로 일하였고, 광주대학교 사회복지학부 교수로 재직하며, 한국복지교육원을 운영하고 '복지평론가'로 활동하고 있다.

주요 저서로 한국청소년복지의 현실과 대안(1993), 한국청소년정책론(1995), 청소년인권 보고서(1997), 재미있는 자원봉사 길라잡이(1996), 복지는 생활이다(2001), 디지털 청소년복지(2004), 디지털 복지시대(2004), 디지털 사회복지학개론(2011), 한국사회복지론(2012), 산티아고 가족여행(2012), 알아야 챙기는 복지상식(2018), 대한민국 복지상식(2020), 활기찬 노년생활(2020), 디지털 사회보장론(2020), 알아야 챙기는 건강보험상식(2021), 알아야 챙기는 주거복지상식(2021), 더불어 사는 복지상식(2022), 나와 가족을 위한 복지상식(2023), 초고령사회에서 복지상식(2024) 등 50여 권이 있다.

한국청소년복지학회 회장, 국세사회복지학회 회장, 글로벌청소년학회 회장, 한국지역사회학회 회장을 역임하였고, 한국사회복지학회 총무위원장, 한국사회복지교육협의회 인증분과위원장, 광주광역시사회복지사협회 회장, 한국사회복지역사학회 회장, 사회보장위원회(위원장 국무총리) 위원으로, 사회복지공동모금회(중앙회) 배분분과실행위원으로 일하였다.

이 메 일 ewelfare@hanmail.net (강의 문의와 상담)
카 페 http://cafe.daum.net/ewelfare

* 이 연구는 2024년도 광주대학교 대학 연구비의 지원을 받아 수행되었음

사회복지 역사와 인물 광주 편

저자 · 이용교

발행인 · 이명묵
디자인 · 김선미
일러스트 · 이수민

발행일 · 2024.8.21.
발행처 · 도서출판 인간과복지
신 고 · 제 2019-000007호
주 소 · 경기도 파주시 문발로 119 200호
전 화 · 02-383-0743
팩 스 · 02-382-3486
이메일 · hwbook22@daum.net
카 페 · https://cafe.daum.net/hwbook1

값 · 15,000원

ISBN 978-89-8007-229-3 93330